열 번째
인터뷰 특강

은수미
/
정재승
/
표창원
/
홍세화
/
박래군
/
윤여준

한겨레출판

:: 머리말

새로고침,
지금 우리 앞에 놓인 화두

1992년 12월 20일 〈한겨레〉에 실린 박재동 화백의 만평을 기억하시나요? 아마 젊은 층 가운데는 처음 듣는 분도 많을 거라 생각됩니다. 지금이라도 인터넷을 뒤져 한번 찾아보세요. 저마다 뻥 뚫린 가슴으로 거리를 헤매는 사람들의 무표정한 모습을 만날 수 있을 겁니다. 지난해 대선 다음 날, 20년 전의 이 그림을 씁쓸하게 떠올린 사람들이 꽤 많았죠. 역사는 비극적으로만 되풀이되는 모양입니다.

지나간 5년, 다가올 5년. 다리에 힘이 빠지고 눈앞이 캄캄해지신다고요? 도대체 어쩌다가? 마냥 한탄만 하고 있을 순 없습니다. 이쯤에서 주저앉아버릴 수도 없습니다. '무엇을 고칠 것인가', '어떻게 고칠 것인가', 지금 우리 앞에 던져진 화두입니다.

〈한겨레21〉이 해마다 여는 인터뷰 특강은 〈한겨레21〉이 자랑하는 대표 상품입니다. 올해로 꼭 10회째를 맞았죠. 올해 주제는 '새로고침'입니다. 단지 변해야 산다는 강박이 아니라 새로고침을 통해 희망을 찾자는 메시지를 담았습니다. 세상에 등을 돌릴 것만 같은 사람들에게 '다시 한번'이라는 꿈을 키워줄 여섯 분의 강연자를 모셨습니다. 여섯 분이 들려주는 이야기는 각자가 살아온 삶의 궤적만큼이나 다양하면서도, 결국엔 하나의 결을 이룹니다.

민주당의 은수미 의원에게 새로고침이란 곧 게임의 룰을 깨는 일입니다. "20년 인생을 판갈이한 뒤에 더 단단해졌다"고 말하는 그는, 잘 알려져 있다시피, 관련자들의 총구형량만 500여 년에 이르는 사노맹 사건*의 주역이었습니다. 운동가에서 연구자로, 다시 정치인으로 거침없이 내달려온 그는 '나만 잘되는 삶'을 향한 무한경쟁에서 벗어나자고 호소합니다. "당신이 사는 집이 당신을 말해준다"거나 "내 아이가 명품이다"라는 광고 문구가 쉴 새 없이 우리 머리를 내려치는 세상으로부터의 집단탈출을 '선동'하는 것이죠.

인터뷰 특강의 단골손님인 정재승 카이스트 교수는 올해도 어김없이 무대에 섰습니다. 안식년을 맞아 미국에서 머물다가 인터뷰 특강을 위해 잠시 귀국하는 수고도 마다하지 않으셨죠. 항상 정연한 논리와 풍부한 지식을 바탕으로 우리의 뇌세포가 잔뜩 팽창하는 귀한 경험을 선사하는 그는 역시나 '뇌도 리셋이 되나요?'라는 흥미로운 주제로 새로고침의 메시지를 풀어냈습니다. "우리 뇌는 '새로고침'을 거부하고 안정적으로 어제와 같은 삶, 인지적 노력을 많이 하지 않고도 얻을 수 있는 습관적인 안락함을 선호한다"고 그는 말합니다. 그럼 새로고침의 가능성은 어디에서부터 찾아야 할까요? 이 대목에서 그는 새로고침에 대한 '욕구'를 강조했습니다. 절박함이야말로 새로고침을 이끄는 동력이라는 것이죠.

범죄심리학자인 표창원 전 경찰대 교수는 요즘 우리 사회에서 가장 '핫'한 사람입니다. '자유롭게 말하기 위해 경찰대 교수직을 벗어던진 보수주의자'라는 문구는 그에게 붙은 딱지입니다. 공산주의를 피해 남으로 내려온 부친을 둔 탓에 어려서부터 "절대로 공산당을, 공산주의를 믿어서는 안 된다"는 반공 교육을 철저하게 받고 자라난

● 사노맹은 남한사회주의노동자동맹의 약자로, 노태우 군사독재 정권 타도와 민주주의 정권 수립, 그리고 사회주의적 제도로의 변혁, 진보적인 노동자 정당 건설 등을 목표로 활동한 단체다. 사노맹 사건은 1991년을 전후해 안기부에 의해 사노맹의 주요 활동가들이 체포·구속되고 국가보안법 등을 근거로 실형을 선고받은 사건을 이른다. 사노맹 사건으로 기소된 인원은 총 300여 명, 총구형량은 500년으로, 해방 이후 최대의 조직 사건으로 평가받고 있다.

그는 인생에서 큰 전환점을 돌았습니다. '자유인으로서의 새 출발'을 자랑하는 그의 목소리엔 자유와 행복이란 두 글자가 선명하게 찍혀 있습니다.

수구와 보수, 진보의 차이를 아시나요? 수구란 어제가 좋았던 사람들, 보수란 오늘이 좋은 사람들, 그리고 진보란 바로 내일이 좋아야 할 사람들입니다. 홍세화 전 〈르몽드 디플로마티크〉 발행인이 내린 정의입니다. 그에게 새로고침이란 곧 구멍 뚫린 진보의 교양을 재구성하는 것입니다. 협동조합 '가장자리'를 무대로 사유와 실천의 공동체를 가꿔나가는 그는 스스로 진보라고 하면 진보가 되어버리는 한국 사회를 매섭게 질타합니다. 폭 넓은 독서, 열린 자세에서 이뤄지는 토론, 직접 보고 듣고 느끼는 것, 그리고 자신의 의식세계 안에서 생각을 버무리고 고민하는 과정을 주문하는 그의 목소리는 따뜻하면서도 깊은 울림을 안겨줍니다.

우리나라 인권운동의 산증인인 박래군 인권중심 사람 소장의 별명은 '집행위원장'입니다. 평택 대추리에서, 용산참사 현장에서, 그의 존재감은 확실하게 각인됐습니다. '다시 인권으로'를 외치는 그는 "가능하면 인권운동도 새로고침 하고 싶다"고 말합니다. 그가 말하는 '다시 인권으로'의 인권은 무엇일까요? 바로 "여기, 사람이 있다"는 깨달음 그 자체입니다. "무한경쟁이 아니라 연대를 확장하기 위해 인권은 '사회경제적 권리'에 주목해야 한다"고 말하는 그에게 연대의 힘이야말로 그 어떤 어려움에도 절대로 무너지지 않는 낙관의 근거입니다.

지난 대선에서 야권의 문재인 후보를 지지하는 명연설로 많은 사람들에게 감동을 안겨준 윤여준 전 환경부 장관은 우리나라에서 흔치 않은 '합리적 보수주의자'란 평을 듣고 있습니다. 그는 합리적 보수주의자의 입장에서 '우리 사회를 떠받치고 있는 네 개의 기둥들'에 대해 이야기합니다. 네 개의 기둥이란 이데올로기, 리더십, 구조와 제도, 시민의 참여입니다. 그는 "냉전의 종식과 더불어 이데올로기의 대립도 크게 약화되고 세계는 이미 생활정치로 나아가고 있는 반면, 우리 정치는 여전히 냉전식 무한대결의 흑백논리가 지배하고 있다"며, 자신만의 이야기로 비판과 대안을 찾기 위한 여정을 들려줍니다.

올해 인터뷰 특강은 새로고침이란 주제에 걸맞게 새로운 얼굴이 사회자로 나서 화제를 모으기도 했습니다. 주인공은 노종면 YTN 해직기자입니다. 이명박 정권 '1호 해직기자'로 기록된 그가 함께함으로써 올해 행사는 더욱 풍성해졌습니다.

과연 새로 하면 고쳐질까요? 고쳐지면 새로워질까요? 여섯 명의 강연자와 사회자, 청중이 가까운 거리에서 한바탕 풀어놓는 내밀하면서도 묵직한 이야기에 푹 빠져들어 보시길 권합니다.

〈한겨레21〉 편집장
최우성

차례

머리말
새로고침, 지금 우리 앞에 놓인 화두 … 4
최우성〈한겨레21〉편집장

제1강
시시포스의 신화를 바꿔라: 경쟁의 굴레 벗어나기 … 10
은수미(민주당 국회의원)

제2강
뇌도 리셋이 되나요?: 우리가 결심과 후회를 반복하는 이유 … 50
정재승(카이스트 바이오및뇌공학과 교수)

제3강
사직서가 선물한 행복: 자유인으로서의 새 출발 … 110
표창원(범죄심리학자, 전 경찰대 교수)

제4강
긴장을 유지하라, 끊임없이: 내 삶의 변곡점들 … 156
홍세화(격월간〈말과 활〉발행인)

제5강
여기, 사람이 있습니다: 다시 인권으로 … 196
박래군(인권중심 사람 소장)

제6강
정치, 바꿀 수 있을까?: 우리 정치를 떠받치고 있는 기둥들 … 246
윤여준(정치소비자협동조합 울림 이사장)

제4강

제5강

제6강

제1강

시시포스의
신화를 바꿔라
: 경쟁의 굴레 벗어나기

*

2013년 3월 26일(화) 저녁 7시
서울 용산 백범김구기념관

제3강

제2강

은수미 국회의원. 1982년 서울대학교 사회학과에 입학, 반독재 민주화 운동을 하다 제적된 뒤 인천, 안양, 서울에서 노동운동을 했다. 1992년 사노맹 사건으로 백태웅, 박노해 등과 함께 구속되어 6년의 수감 생활을 거친 뒤 1997년 자유의 몸이 되었다. 다시 대학으로 돌아가 박사학위를 받고, 그 후 한국노동연구원 부연구위원으로 각종 저서와 논문을 통해 노동 문제와 노동 정책을 제기해왔다. 2012년 4월 국회의원에 당선되었고, 현재 불합리한 노동 현안을 개선하기 위한 의정 활동을 활발히 펼치고 있다.

사회자 안녕하세요. 사회를 맡은 노종면입니다. 10회째를 맞은 이번 〈한겨레21〉 인터뷰 특강의 주제는 '새로고침' 입니다.

지난 2012년 세계는 그야말로 선거의 연속이었습니다. 우리나라뿐 아니라 미국, 프랑스, 러시아, 멕시코, 이집트 등 세계 60여 개국에서 국가 지도자를 새로 뽑았습니다. 그리고 최근에는 권력 교체 주기가 매우 긴 중국에서도 새로운 국가 주석이 선출되기도 했죠. 정치권력의 '새로고침'이 전 지구적으로 진행되고 있는 상황입니다.

정치권력이 바뀐다는 것, 우리와 결코 떨어져 있는 사안은 아닌 것 같아요. 통치 방식이 바뀌고, 우리 삶과 연관된 여러 가지 제도들이 바뀝니다. 당연히 우리의 생활, 우리의 삶도 그 영향을 받을 수밖에 없습니다. 그래서 선거 결과에 따라서 우리의 희비도 엇갈립니다. 어떤 분은 광화문에 나가서 춤을 추기도 하고, 어떤 분은 '멘붕'을 겪기도 하죠. 그러나 우리가 외부 변수에 우리의 생활을 모두 맡겨놓을 수는 없잖아요. 올해 특강 주제인 '새로고침', 저는 적극적이고 능동적인 의지로서의 '새로고침'으로 이해하고 있습니다. 여러분이 이 자리에 모인 것도 무엇을 어떻게 '새로고침' 할 것인지 찾아가고 고민하는 과정으로 이해합니다.

모두 여섯 분의 쟁쟁한 강연자들이 여러분의 성공적인 '새로고침'을 위해 기다리고 계십니다. 오늘 여러분이 만나게 될 첫 번째 강연자는 본인 스스로 인생을 판갈이했다고 말씀하셨던 분입니다. 민주당 은수미 의원을 박수로 모시겠습니다.

은수미 반갑습니다. 은수미입니다.

사회자 제가 의원님을 소개하면서 '인생을 판갈이했다'는 표현을 썼는데요, 사실 인터뷰에서 읽은 내용입니다. '20년 인생을 판갈이한 뒤에 더 단단해졌다'는 말씀을 하셨어요.

은수미 네, 작년에 인터뷰를 하면서 했던 말입니다. 노동계에서만 알려진 제가 갑자기 비례대표 3번이 됐는데요, 왜 정치인이 됐느냐는 질문에 제가 판갈이를 했다면서, 소명 혹은 시대정신의 부름이라는 대답을 했던 걸로 기억합니다.

사회자 은수미 의원께서는 삶의 굴곡을 여러 차례 헤쳐오셨습니다. 제가 조사를 해봤더니 1982년에 서울대 입학하셨고, 두 해 있다가 요즘 말로 잘리셨어요. 그리고 사노맹 사건 때문에 오랫동안 옥고도 치르셨습니다. 제가 가장 의아한 부분은, 만 5년 정도 옥살이를 하고 나오셔서 힘든 상황이었을 텐데 공부를 하셨단 말이에요. 그리고 박사 학위까지 받으셨습니다. 공부를 하기로 마음먹은 이유가 있었습니까?

은수미 제가 서른다섯 살에 나왔는데요. 당시에 저한텐 아무것도 없었어요. 심지어는 운전면허증도 없었어요. 수술을 받고 육체적으로 완전히 회복되지 않은 상황이었고, 정신적으로도 아픈 상태였어요. 먹고살려면 대학 졸업장은 있어야겠더라고요. 그리고 학업을 한다는 데는 조금 쉰다는 의미도 있었습니다. 그래서 교수님들을 찾아가 복학하겠다고 했는데 운 좋게도 다들 고개를 끄덕여주셔서 1998년에 대학교 4학년으로 복학한 거죠.

사회자 그 이후에 공부를 계속하셔서 2005년도에 박사 학위를 따신 건데, 공부 과정에서 힘들지 않으셨어요?

은수미 이런 말씀 드리기 좀 그런데, 제가 공부는 굉장히 잘합니다.(웃음) 제가 그나마 유일하게 잘하는 게 공부예요. 그래도 석사 과정이 굉장히 힘들었습니다. 당시 제 별명이 '전교 1등'이었어요. 고등학교 3학년 때보다 더 공부를 많이 한 탓이죠. 감옥에서 꽤 많은 책을 읽었습니다만, 그건 학교 공부와는 좀 다르거든요. 특히 영어로 된 책을 읽는다는 게 굉장히 힘들더라고요. 일주일에 한 권 이상의 원서를 독파해야 했습니다. 그다음에 학비도 문제였어요. 대학 입학 후 집에서 학비를 받은 적이 없습니다. 국립대라 학비가 싸기는 했습니다만, 그래도 학비 감당이 쉽지 않았죠. 우선 석사 2년 해보고 공부를 계속할지 결정하기로 했습니다. 그런데 2년을 해보고 나니, '여전히 나는 공부를 잘하는구나' 싶더라고요.

사회자 여기서 끊겠습니다.(웃음) 그럼 정치 입문 순간에 대해 여줘보겠습니다. 민주당으로부터 비례대표 출마 제의를 받으셨을 때의 상황을 말씀해주세요. 결심하기가 쉽지는 않으셨을 것 같습니다.

은수미 아주 순간적인 결정이었어요. 왜냐하면, 다섯 시간 이내에 마음의 결정을 내려야 했으니까요. 감옥에서 나올 때 사회운동 이상의 정치 활동을 하지 않겠다고 결심했던 탓에 제가 "네"라고 대답할 거라고는 생각을 못 했습니다.

당시에 한국의 극심한 승자독식의 사회구조를 넘어서야 한다는 사람들의 요구 같은 것을 느끼고는 있었어요. 그래서 그때 딱 여섯 명의 제 절친들에게 전화를 했습니다. 그중에 한 명이라도 하지 말라고 하면, 안 하겠다고 답을 하려고 했어요. 그 여섯 명의 친구 중에는 정치 불신이 강한 사람도 있고, 특히 민주당에 비판적인 친구도 있었어요. 그런데 그날 여섯 명 모두가 하라더군요. 미안하다는 친구도 있었어요. 저 혼자 사지에 몰아넣는다고 말이죠.(웃음)

사회자 제가 2009년에 구속당해서 갇혀 있을 때, 민주당에서 출마 제의를 받았습니다. 2009년 4월 재보선 때, 마침 제가 살고 있는 동네에서 자리가 빈 거죠. 그래서 저도 똑같은 절차를 밟았어요. 제 동료 다섯 명한테 물어봤습니다. 저는 다섯 명이 다 하지 말라고 했습니다.(웃음) 1년 가까이 의원 생활을 하셨는데 자평을 해주세요, 몇 점입니까?

은수미 과락입니다. 50점 정도 될까요. 노동 문제를 사회적 쟁점으로 만드는 것에는 기여했습니다. 국회 환경노동위원회(환노위)에서 민주당 역사상 처음으로 한 회기에 청문회를 세 번 했거든요. 하지만 그 이상의 행위, 예를 들어서 민주당을 근본적으로 바꾼다든가, 한국 사회의 정치 지도를 바꾸는 데에는 기여하지 못했습니다. 그 때문에 대선 이후 2~3개월 동안 굉장히 고통스러웠고요. '과락'이라고 결론 내린 것도 그 때문입니다.

사회자 쌍용차 문제가 여전히 해결되지 않고 있고, 철탑농성이 벌써 넉 달이 넘었죠. 지금 여야 간에 협의체가 구성돼서 활동이 진행 중인데, 전망이 어떻습니까?

은수미 원래 제가 여야 협의체를 제안한 이유는 이렇습니다. 당시 민주당 개원협상 조건으로 쌍용차 국정조사가 걸려 있었는데, 그것을 협상 조건에서 아예 뺀다는 결정을 통보받았어요. 그러면 쌍용차 의제 자체가 완전히 사라질 것 같아서, 제가 의원총회에서 호소했습니다. 개원협상 테이블과 쌍용차 문제 해결을 논의하는 테이블을 분리하자고요. 등원 보이콧을 요구하기도 어려웠어요. 정부조직개편안이나 인사청문회를 포기할 수가 없으니까요. 때문에 별도의 테이블을 만들자고 제안했고, 그 안이 받아들여진 것이죠.

여야 협의체의 실질적인 목표는 두 가지인데, 하나는 국정조사입니다. 쌍용차 노동자들이 가장 요구하는 건, 자신들의 명예회복입니다. 우리는 선량한 시민이고 열심히 일한 죄밖에 없는데, 왜 3년 7개월간 내 아이들까지 폭도의 자식으로 낙인이 찍혀서 전전해야 하느냐, 명예회복을 해달라. 전 이게 인간으로서의 기본적인 외침이며, 국정조사가 필요한 부분이라고 봅니다. 다른 한 축은 복직 일정 마련입니다. 쌍용차 정리해고자와 일반 퇴직자, 비정규직까지 합치면 2,300명 정도입니다. 그중에 50퍼센트는 3년 7개월 동안 취업을 못 해서 지금도 거리에 계십니다. 그분들의 실질적인 복직 프로그램을 마련하는 것이 여야 협의체의 최대치라고 생각하고 있습니다. 여당에서 회의를 비공식으로 해달라고 요청하여서 공개하기는 어렵지만, 협의는 계속하고 있습니다.

사회자 조속한 성과가 나오기를 기대하고, 더 많이 뛰어주시기를 부탁드리겠습니다. 오늘 강연의 제목이 이렇습니다. '시시포스의 신화를 바꿔라.' 궁금증을 자아내는 제목인데요. 강연 속에 나오는 시시포스와 우리 자신은 어떻게 같은지, 그리고 그 시시포스의 신화가 바뀐다는 것이 우리 삶과는 어떤 관계가 있는지 생각하면서 강연을 들으면 재미있을 거 같습니다. 그럼 은수미 의원님의 강연을 박수로 청해서 듣도록 하겠습니다.

＊＊＊

한국의 중산층 기준이 말하는 것

은수미 요즘 인터넷에서 떠돌아다니는 국가별 중산층 기준을 혹시 보셨나요? 한국과 미국, 프랑스 세 나라의 중산층 기준입니다. 이 기준을 보면 한국은 다섯 가지 조건이 있습니다. 부채 없는 30평 이상의 아파트, 월 급여 500만 원 이상, 2,000cc급 이상 중형차 소유, 예금 1억 원 이상, 해외여행 1년에 한 차례 이상. 한국은 무엇을 가지고 있느냐는 물질적인 수준을 중시하는데, 그 기준에 따르면 국회의

원인 저도 중산층이 아니더라고요. 반면, 미국이나 프랑스의 중산층 기준은 비물질적입니다. 예를 들어 미국은, 사회적 약자를 돕고, 부정과 불법에 저항하고, 테이블 위에 정기적으로 받아 보는 비평지가 놓여 있을 것. 프랑스는, 외국어를 하나 정도 할 수 있어야 하고, 직접 즐기는 스포츠가 있어야 하고, 다룰 줄 아는 악기가 있고, 다른 사람과 다른 맛을 내는 자신만의 특별한 요리가 있고, 사회적인 공분에 의연히 참여하는 것이 중요해요.

왜 한국의 중산층 기준과 미국이나 프랑스의 중산층 기준이 이렇게 다른 걸까요? 우리가 부채 없는 30평 이상 아파트 때문에 아이들을 공부시키는 건 아니잖아요. 그런데 왜 한국에서만 유독 노골적으로 '돈돈돈' 하는 것일까요. 얼마 전에 들은 모 팟캐스트에 출연한 홍세화 선생님이 롯데캐슬 광고, "당신이 사는 곳이 당신을 말해줍니다"를 언급하시더군요. 임대 아파트에 사는지, 30평 아파트에 사는지, 예금액이 얼마인지, 그게 우리를 말해준다면 인간으로서의 존엄은 없어지지요. 저도 참 듣기 힘들었던 광고 문안이 있습니다. "내 아이가 명품이다." 스웨덴 복지국가의 문구 중에 "모든 아이는 모두의 아이다"라는 말이 있습니다. 내 아이가 예쁘듯이 남의 아이도 예쁘고, 내 조카가 예쁘듯이 남의 조카도 예쁜 게 맞는데, 이 광고가 말하는 것은 내 아이만 명품이라는 거죠. 이러한 광고가 왜 아무렇지도 않게 공중파 방송에서 떠돌아다닐까요. "부자 되세요"는 그렇다고 쳐도, 당신이 타는 차, 당신이 메는 가방, 당신이 신은 구두, 그것이 당신을 말해준다는 광고가 넘쳐나잖아요. 이렇게 돈에 의해 인간의 가치가 정해집니다. 인간 위에 돈이 있는 거예요. 내가 어떤 취향을 가졌는지, 내가 누구를 사랑하는지, 내가 어떤 인생의 가치를 가지고 있는지는 전혀 중요하지 않죠. 내가 명품 가방을 들었는지가 행복의 기준인 것이 국민행복시대의 모습입니다. 물질적으로 풍요로워야 고용불안도 없어지고, 살림살이 걱정 없이 살 수 있긴 하지요. 하지만 그 사회의 모습은 더 세밀하게 살펴봐야 합니다. 이 표를 함께 보시죠.

기본재의 몫(행복)	사회 A	사회 B
10	30명	
9	15명	
8	10명	30명
7		
6		15명
5		10명
4		10명
3	10명	10명
2	10명	25명
1	25명	
계	590	500

(존스턴, 2011; 박제성, 2013에서 수정 인용)

이 표는 행복의 기준을 물질이라고 보고 기본재가 많을수록, 즉 열 개일 때 개인은 가장 행복하다고 간주합니다. 한 사회에 100명이 있다고 생각해보세요. A라는 사회는 30명한테 열 개를 주고, 25명에게는 한 개만 줍니다. 물질 지수가 590으로 더 높지만 양극화 사회이지요. 사회 B는 물질 지수는 조금 낮지만 좀 더 공평하게 분배합니다. 물질만 기준으로 최대 다수의 최대 행복을 고려하면 사회 A를 선택할 수도 있겠지만, 과연 어느 사회가 더 행복할까요? 대한민국의 현재 1인당 GDP가 달러로 환산할 경우에는 2만 2,000달러 정도지만,

더 중요한 건 구매력 지수거든요. 구매력 지수로 보면 우리가 3만 1,000~3만 2,000달러 정도가 되는 사회입니다. 중진국을 넘어섰어요. 이처럼 물질적으로는 굉장히 풍요롭지만, 사실은 양극화가 심한 사회이죠. 그대로 두어야 할까요? 저는 '노동' 속에서 그 답을 찾습니다.

제가 노동 문제를 고민한 지는 꽤 오래되었습니다. 맨 처음 기억은 이렇습니다. 제가 20년을 살았던 신림동에는 판자촌이 많았습니다. 제가 신림초등학교를 나왔는데, 제 친구들 대부분이 판자촌에 살았어요. 어느 날 친구 집에서 놀다가 친구를 확 밀쳤는데, 벽에 구멍이 뚫렸어요. 굉장히 놀랐습니다. 그래서 집에 돌아와 저희 집 벽에 부딪쳐봤더니 머리만 아프고 벽에 구멍이 뚫리지는 않더군요. 저희 집은 벽돌로 된 아주 튼튼한 집인 반면, 친구들 집은 판자로 만들어진 탓이죠. '내 친구들의 집은 왜 그럴까' 하는 의문을 가졌습니다. 제가 중학교 3학년 때도 충격적인 경험을 했습니다. 친구의 아버님이 돌아가셨어요. 제가 반장이어서, 학급비를 모아 친구 집에 갔는데 흙집에, 그것도 월세를 살고 있었어요. 친구의 아버님은 날품팔이하는 일용직 노동자셨고, 사고로 돌아가셨어요. 제 친구는 갑자기 중학교 3학년 때, 가장이 된 거예요. 그래서 학업을 포기하더라고요.

저희 아버님은 군인이셨습니다. 공무원인 거죠. 공무원도 노동자고, 똑같이 노동을 하고 똑같이 열심히 아이를 키우잖아요. 그런데 나는 오디오를 들으며 아이스크림을 먹으면서 책을 읽을 수 있고, 내 친구는 공장에 가는구나. 정말 놀라웠습니다. 세상이 이상해 보이더라고요. 그 당시에 제가 존경하는 선생님께서 《난장이가 쏘아올린 작은 공》이라는 책을 읽어보라고 주셨습니다. 그 책의 내용이 너무 힘들어서, '이건 거짓말이야, 이건 가짜야' 하며 책을 덮었죠. 그러다가 대학에 들어가서 노동을 다시 접하면서 노동하는 사람들을 조금씩 제대로 보게 되었고, 그것이 지금까지 이어진 셈입니다.

***

노동자와 노예의 차이

저를 포함해서 대부분의 사람들이 노동을 합니다. 아리스토텔레스는 노동은 필연적인 것이라고 얘기했습니다. 먹고살려면 일을 해야 한다는 것이죠. 그런데 일을 하는 방식이 나라마다, 역사마다 조금 다릅니다. 고대에는 일반 시민이 자신의 노동능력을 사고팔 필요가 없었습니다. 노동하는 사람인 노예가 따로 있었기 때문입니다. 노예는 인간으로 취급이 안 되었어요. 노예의 소유주, 즉 일반 시민이 뭘 사고 빌릴 때 '내 노예 다섯 개 줄게' 하는 얘기가 가능한 사회였던 겁니다. 노예가 없어서 자기 손으로 일을 해야 하는 자는 시민이 아니었습니다. 중세에도 일을 하는 사람은 농노였고, 이들은 인간으로 대접을 받지 못했습니다. 일하는 사람이 대접을 받기 시작한 게, 근대사회예요. 일을 해야만 하나님의 나라에 들어갈 수 있다는 종교가 보편화된 것도 현대사회입니다.

그런데 여기서 하나의 문제가 생겼어요. 제가 노종면 선생님의 글쓰기 능력을 산다고 합시다. 이게 노동능력이죠. 하루에 여덟 시간을 산다고 쳐요. 그런데 인간은 로봇이 아니기 때문에, 노종면 선생님의 글쓰기 능력과 노종면 선생님의 인격은 하나잖아요. 한 인간 속에 같이 있는 것이지요. 내가 이 사람의 노동능력을 산다고 했을 때, 노동하는 사람의 인격도 따라와요. 이게 노예와 뭐가 다르냐는 겁니다. 노동능력은 사야 하고 노예처럼 인격까지 사고파는 것은 안 되고 해서 만들어진 게 노동법이에요. 노종면 선생님의 노동능력과 노종면 선생님의 인격은 절대로 분리할 수가 없는데, 우리가 법적으로 분리했다고 치는 겁니다. 법적으로 이 사람의 노동능력만을 사고, 인격적으로는 동등하게 대우해야 합니다. 즉 이 노동능력에 대해서만 이 사람을 부리는 거죠. 사용자라는 개념은, 부린다는 뜻이잖아요. 이 사람의 노동능력을 사용하지만 이 사람의 인격 전체에 대해서는 지배하지 않겠다는 것이 노동법입니다. 그러니까 노동법은 있지도 않은 허구에 기초한 게 맞지만, 노동법이 없다면 인간은 노예가 되어버립니다. 그래서 노동법을 지키는 것이 매우 중요해요.

초기 근대적 근로계약은 무기 계약이 아니라 기간제 계약이었어요. 노동법이 없어서 노예 기간을 한 달, 혹은 1년만으로 제한하는 기간제 근로계약을 한 것입니다. 노동법이 만들어지면서, 나의 노동능력을 너한테 팔았지만 나의 인격은 너한테 예속된 게 아니라고 선언할 수 있는 사회적 합의가 이루어졌고, 그와 동시에 무기 계약이 생겼습니다.

노동법에 따르면, 노동은 상품이 아닙니다. 1일 여덟 시간만 그것도 그 사람의 능력만을 빼서 쓴다는 거지, 이 사람한테 마음대로 이래라저래라 법 이외의 일을 시킬 순 없다는 거예요. 그렇지만 그게 어디 잘 되나요. 여러분도 경험하시겠지만, 1일 여덟 시간 노동을 끝내고 회식 자리에 갔을 때 서로 '과장님, 부장님' 이렇게 부르잖아요. 노동능력에 대한 계약이 인격적 지배와 완전히 분리되기 어려운 탓입니다. 언제나 그런 문제가 발생합니다. 그래서 제가 노동을 고용이라고 부르는 걸 굉장히 싫어합니다. 노동이라고 하면 노동권이 중요하지만, 고용이라고 하면 고용주가 중요합니다. 노동자는 피고용인이 되고요. 노동의 한 부분인 고용이 중심이 되면 사실상 노동은 사라지거나 위험해집니다. 현대사회에서, 노동자는 무조건 약자입니다. 아무리 정규직 노조 조합원이라 하더라도, 고용이 된 사람은 무조건 약자라는 전제 조건이 있습니다. 약자들이 스스로를 보호할 수 있도록 집단적인 결속을 허용하는 겁니다. 그러지 않으면 노동능력만이 아니라 인격까지 사고팔게 되니까요. 우리나라 헌법, 그리고 세계적으로 거의 모든 나라의 헌법상에 노동자가 자유롭게 결속할 권리를 만든 이유는 그 인격을 떼어낼 수 있는 유일한 방법이 집단적인 저항의 목소리라고 결론 내렸기 때문이에요. 바로 그 권리가 노동입니다.

그런데 현대사회로 들어오고, 기술이 발전하면서 비정규직이 늘고 있죠. 비정규직은, 근대적인 노동법으로부터 보호를 받지 못하는 사람들, 결사의 자유조차 누리지 못하는 사람들입니다. 예를 들어, 퀵서비스를 하시는 분들은 대부분 자영업으로 등록하지만, 실질적으로는 노동자와 똑같이 종속되어 있습니다. 하지만 이분들은 자영업자로 등록되어 있기 때문에, 노동법으로 보호를 받지 못합니다. 이와 비슷한 일들이 굉장히 많이 일어나요. 요즘에는 인적자본이라는 용어를 자주 쓰죠. 인적자본은 나치나 스탈린의 개념입니다. 인적자본, 인력수급이라는 말을 하는 순간, 갑자기 노동하는 사람, 노동법으로 보호받을 권리가 있는 시민은 사라지고 사람들은 사물처럼 취급됩니다. 자동차 부품을 조달하는 것처럼 사람도 조달하는 것이지요.

2008년 1월에 이천 냉동창고에서 불이 났습니다. 하청 노동자 40명이 타 죽었어요. 하청 노동이란, 이렇게 생각하시면 됩니다. 예를 들어, 지주가 소작을 칠 때 직접 소작을 치면, 이게 직접고용입니다. 근데 중간에 마름이 끼어요. '마름, 나는 너와만 계약한 거야. 네가 소작 다 부려서 마음대로 해라', 이것이 하청이에요. 마름이 지금의 하청 업자인 거죠. 그래서 외주, 혹은 하청은 근대 이전의 노동 개념이었습니다. 그런데 이천 냉동창고의 원청이 마름을 준 거예요. 하청 업자한테 맡겨서 40명의 노동자를 고용했는데, 화재로 모두 죽었습니다. 원청이 맨 처음 인터뷰에서, 자신들은 법적으로 책임이 없다고 합니다. 40명이 죽었는데, 당시 원청이 받은 벌금형은 2000만 원이었습니다. 그것도 벌금형치고 많이 낸 거예요. 이게 현실입니다. 원청은 하청 노동자와 직접 계약을 하지 않았어요. 직접고용을 하면 노동법으로 보호가 돼요. 하지만 원청이 개별 노동자가 아닌 업체와 계약하는 건, 경제법 적용 대상입니다. 하청계약, 도급계약은 우리가 땅이나 아파트를 사듯 매매계약을 하는 것이기 때문에 이때 하청 노동자는 원청과 아무런 근로계약을 맺고 있지 않습니다. 그래서 원청은 아무런 책임이 없습니다. 삼성에서 얼마 전에 사고가 났죠. 삼성 사고도 이런 겁니다. 위험물질을 관리하는 라인을 하청 줬다고 생각하시면 돼요. 여기서 사고가 나면 법적으로 삼성은 책임이 없습니다. 만약에 삼성이 직접고용을 했으면 사용자로서 책임이 있습니다. 하지만 원청으로서의 책임은 매매계약을 한 것 정도의 책임이지, 사용자로서의 책임은 전혀 없습니다.

    직접고용이 된 기간제는 정규직으로 전환할 가능성이라도 있습니다. 그런데 하청의 경우는 아예 노동자가 아니라고 생각하죠. 어느 라인이 하청이라면, 그 옆 라인에서 함께 일하는 사람이 하청 라인에서 일하는 사람을 같은 노동자가 아니라고 생각합니다. 혹시 사무직이신 분들, 그 사무실을 청소하는 아주머니들을 같은 노동자라고 생각하십니까? 아니잖아요. 이런 일이 한국에 많습니다. 인천국제공항에 가보셨을 겁니다. 인천국제공항을 처음 설계할 때가 노무현 정권 때인 2003년입니다. 정규직 700명, 비정규직 3,500명의 규모로 시작했습니다. 그리고 7년 동안 세계 1위의 국제공항이 되었습니다. 사업이 확장되고 직원도 늘었습니다. 정규직은 고작 100명 늘어 800명이 되었지만, 비정규직인 사내하청은 급증하여 5,950명입니다. 인천공항에 가시면 정규직을 보기 어렵습니다. 보안 검색대를 지나가실 때, 거기서 일하는 분들은 대개의 경우 하청이거나 기간제입니다. 민간 공항은 외국에도 더러 그런 경우가 있는데, 국가가 운영하는 국제공항에서 보안 검색대까지 하청으로 쓰는 나라는 한국밖에 없습니다. 그리고 바로 그러한 곳에 우리 청년들이 입사를 합니다.

2012년 9월에 구미에서 불산 가스 누출 사고가 일어났습니다. 그 당시에 다섯 분이 돌아가셨어요. 그중에 네 명이 20~30대이고, 가장 어린 분이 스물두 살의 청년이었습니다. 그분의 어머님 나이가 저와 비슷했어요. 그 어머님께서 나중에 딱 한 번 인터뷰를 하셨더라고요. "내 새끼가 위험물질을 다루는 줄 몰랐다." 다만 정상적인 직장을 구하라고만 한 거죠. 그 청년은 눈높이를 낮추어서, 직장에 들어간 거고요. 그리고 내 새끼가 시체가 되어서 돌아왔는데, 언론에서는 노동자의 실수라고 합니다. 그렇게 하루 종일 방송을 했어요. 이 사람이 가해자라고요. 어머님께서는 그것 때문에 소리 높여 울지도 못했노라고 인터뷰를 하셨습니다. 이게 한국의 현실이에요. 상당수의 청년들이 이런 작업을 하고 있고, 연세 드신 분들은 그런 일자리라도 얻

을 수 있으면 좋겠다고 생각하며, 위로 올라갈 수 있는 기회는 점점 더 적어지는, 그러한 사회입니다.

정규직도 예외가 아닙니다. 노동자가 10년 이상 한 직장에서 일하는 장기근속 비율이 한국은 OECD 국가 중 최저인 16.9퍼센트밖에 안 되죠. KT나 쌍용차 사례처럼 불법적인 정리해고도 있지만, 노조나 노동법의 보호를 받는 사람들을 없애고 비정규직을 만드는 것도 중요한 이유입니다. 노조 파괴 시나리오 역시 주범이고요. 그런데 우리 또한 지난 시기 정리해고 등에 암묵적으로 동의했던 건 아닌가 해요. 순응하면 부채 없는 아파트를 살 수 있을까 해서요. 물론 저는 이것이 일반 시민들의 책임이라고 생각하지 않습니다. 거의 전적으로 정치권과 정부의 아주 심각한 책임입니다.

***

통장으로 월급 받는 게 꿈인 사람

지금도 급여를 현금으로 받는 사람이 있다는 게 상상이 되시나요? 제가 2010년에 만난 김범(가명) 씨는 열심히 사는 성실한 청년이었는데, 집이 가난해서 대학을 중퇴한 후 곧바로 군대에 갔습니다. 제대를 했는데 대학 중퇴잖아요, 갈 곳이 없는 거죠. 모텔에서 시트 까는 일을 했습니다. 1년 하다가, 도저히 돈이 안 된다 싶어서 다른 모텔로 옮깁니다. 그렇게 모텔을 계속 전전하다가 경찰공무원 시험 준비를 했습니다. 그 당시 경찰공무원 경쟁률이 100대 1이 넘어, 2년을 준비하고도 떨어졌습니다. 하지만 이분이 굉장히 성실한 청년이어서 그 사이에도 돈을 좀 모은 덕에 자기의 전 재산을 털어서 어학연수를 1년

갔다 오고, 그 경력으로 작은 섬유회사 정규직으로 취업해 4년을 근무합니다. 이 과정에서 사랑하는 사람을 만나서 결혼도 해요. 그런데 중소기업은 단가인하 압력이나 경기불황 때문에 부도가 자주 납니다. 결국 다니던 회사가 부도가 났어요. 그래도 정규직이다 보니까 실업급여도 좀 받고, 퇴직금도 좀 받고, 돈도 좀 모은 게 있어서 분식집을 합니다. 제가 항상 말씀드리는데, 웬만하면 자영업은 하지 마십시오. 자영업으로 임금 근로자의 평균 임금을 벌기가 어렵습니다. 물론 자영업 외에는 할 일이 없는 경우도 많기 때문에, 이렇게 말씀드리는 것도 죄송합니다. 아무튼 분식집을 1년 하고 망했습니다. 그러고 나서 모텔에 다시 들어가요. 이분이 저한테 자기 소망은 두 가지라고 말합니다. 하나는, 급여를 통장으로 받는 겁니다. 모텔에서는 보통 급여를 현금으로 줍니다. 현금으로 주면, 사용자 입장에서는 사회보험료 같은 걸 안 내도 됩니다. 그리고 탈세를 할 수가 있습니다. 1년에 1500만 원까지는 경비로 인정이 되는데, 이 돈을 통장이 아니라 현금으로 주면 탈세를 할 수가 있는 거죠. 모텔 열 군데 중에 일고여덟 개가 그렇게 하고 있습니다. 반면 노동자는 최저임금이나 퇴직금을 받지 못하고 공적연금 역시 엄두도 못 내는 비공식 고용입니다. 아무런 보호가 없는 것이지요. 그런 분들이 일하는 사람 1700만 중에 700만 명 정도 돼요. 그분의 두 번째 소망이 대출을 받는 거였어요. 한번은 어머님이 아프신 거예요. 대출을 받아야겠는데 근로 기록이 없는 겁니다. 그간 열심히 일했는데 말이죠. 은행 문을 두드릴 수가 없어서 카드채를 쓰는데 500만 원을 빌리면, 1년 만에 5000만 원도 될 수 있는 게 이 사채입니다. 결국 이분이 너무 화가 나서 고소고발을 준비하다가 저와 만났습니다. 이런 게 한국 사회입니다. 우리

뭉크의 〈절규〉

사회 전체가 불안하다 보니까 어느새 우리의 꿈은 당당한 가치를 갖는 것, 당당한 이상을 갖고 비판적인 신문을 보는 것, 이런 게 아닙니다. '아파트라도 한 채 있었으면 좋겠다.' '나이 예순, 칠순 됐을 때 상자 주우러 안 다녔으면 좋겠다.' 이렇게 되는 겁니다.

이런 사회에 대응하는 방법이 몇 가지 있습니다. 《꽃들에게 희망을》이라는 책을 보면, 애벌레들이 본인들이 나비가 될 수 있는 줄 모르고 끊임없이 기어올라요. 이처럼 경쟁하는 것이 한 가지 방법입니다. 하지만 이것도 길은 아니지요. 끝없이 올라가면 뭔가 있을 거라고 기대하지만, 올라가 봤자 결국 떨어지는 일만 남습니다. 아까 제가 앞에서 보여드린 사회 A, 즉 이미 양극화가 구조화된 사회에서는 올라갈 수 있는 사람도 적을 뿐만 아니라 올라가 봤자 《꽃들에게 희망을》에서처럼 결국 떨어질 수밖에 없습니다. 그 책에서 애벌레들이 이런 질문을 하죠. "저 꼭대기에 올라가면 뭐가 있어?" "몰라." 그래도 올라갑니다. 청년층을 겨냥해서 나온 책에 가장 많이 달려 있는 제목이 '미쳐라' 입니다. 부동산 재테크에 미쳐라, 면접에 미쳐라, 공부에 미쳐라, 1년만 미쳐라…… 다 미치래요. 미친 듯이 경쟁하고, 미칠 듯이 스펙을 쌓으라는 거죠.

두 번째 방법은 개인 책임이라 생각하고 사는 겁니다. 뭉크의 그림 〈절규〉를 보면, '아악' 하고 소리를 지르는 인물이 나오죠. 저는 이 그림이 가끔 꿈에 나타나서 가슴이 아플 때가 있습니다. 사회가 이 정도 되면, 임계점에 다다라요. 누군가 소리를 지르고, 옆에서 누가 죽어가요. 그래도 가만히 있어요. 나도 죽을까 봐. "비정규직 문제에 왜 관심을 가지지 않나요?"라고 물으면, "제코도 석 자입니다"라는 답이 돌아옵니다. 정규직 교수님들이

프란츠 폰 슈투크의 〈시시포스〉

점잖게 제조업 정규직들한테 양보하라고 그러시거든요. 그러면 저는, "교수님은 시간강사한테 양보하실 겁니까?"라고 물어봐요. 그럼 그 교수님도 이것저것 안 되는 이유를 말하세요. 결국 모두가 다른 사람을 배려하지 못하고, 서로 비명을 질러대요. 자기만 아프다고, 힘들다고.

시시포스 신화를 바탕으로 한 프란츠 폰 슈투크(Franz von Stuck)의 그림을 보시죠. 제가 이해하는 시시포스 신화의 내용은 이런 겁니다. 삶을 사랑한 죄, 인간세계를 사랑한 죄로 시시포스는 제우스에 의해 산 아래부터 꼭대기까지 돌을 밀고 올라가는 벌을 받습니다. 그런데 그 돌은 매번 굴러떨어집니다. 저는 처음에 이 사람이 헛고생을 한다고 생각했습니다. 그런데 카뮈는《시시포스 신화》에서 이렇게 말합니다. "이 신화가 비극적인 것은 주인공의 의식이 깨어 있기 때문이다." 《꽃들에게 희망을》의 애벌레들처럼 꼭대기 이후의 상황을 모르지 않는다는 것, 이 신화의 비극은 바로 이 점에 있습니다. 하지만 카뮈는

덧붙입니다. 신은 언제나 헛수고라며 시시포스에게 운명을 부여했지만, 깨어 있던 시시포스는 바로 그 운명을 직시한다고 말입니다. 자신의 운명임을 알기 때문에, 그것이 자신이 인간으로서의 삶을 사랑했던 대가라는 것을 받아들이기 때문에 웃을 수 있는 순간이 찾아온다고 합니다. 그것이 대가라면, 비록 실패할지라도 당당하게 영웅적으로 치르겠노라 다짐하는 것이죠.

당시 유럽은 전쟁에 휩싸여 있었습니다. 그런데 전쟁 중단을 외치며, 총을 안 들겠노라고 거부하고 반민족주의자, 반애국주의자, 혹은 간첩으로 몰리는 대가를 치른 사람들이 있습니다. 마치 시시포스처럼 말이죠. 대단한 용기입니다. 하지만 우리 사회에 영웅만 있는 것은 아니죠. 대부분이 평범한 사람들이잖아요. 그렇다면 우리 주위의 많은 사람들이, 또한 저조차도 함께할 수 있는 판갈이 방법에는 뭐가 있을까요. '깨어 있는 시민으로서 나는 다른 길을 선택할 거야', '내 아이한테도 다른 길을 선택하게 할 거야', '그 대가는 내가 치르겠어'라고 하는 것 이상의 방법은 없을까. 저는 지금도 고민하고 있습니다.

카뮈의 《반항적 인간》에 대한 서평에 이런 표현이 나옵니다. "부조리한 체험에서의 고통, 즉 부조리한 사회에서의 고통은 개인적인 것이다. 하지만 우리 모두가, 혹은 나와 내 친구만이라도 일정하게 지속적이고 꾸준한 반항을 한다면, 일어나는 순간부터 그 고통은 모든 사람의 사건이 된다. 그래서 그때까지 단지 한 사람이 느낀 악, 질병, 페스트는 우리 사회의 페스트가 되는 것이다." 저도 그런 종류의 사람인 거 같습니다. 그리고 그런 종류의 사람으로서의 삶이 저는 개인적으로 즐거운 편입니다. 저 말고도 그런 종류의 사람들이 꽤 있지 않을까요. 그런 사람들끼리 함께 판갈이를 해보면 어떨까요.

***
작은 곳에서부터 룰을 깨보자

혹시 〈헝거게임: 판엠의 불꽃〉이라는 영화를 보셨는지요. 그 영화에서 판엠이라는 독재국가는 열두 개의 식민지로부터 소녀·소년 각각 한 명씩 총 스물네 명을 매년 뽑아 딱 한 명만 살아남을 때까지, 서로 죽이게 합니다. '혼자 살라'는 룰을 강요하는 것이지요. 놀라운 건, 이 살육의 현장이 오디션 프로그램처럼 판엠과 식민지 전체에 생중계된다는 사실입니다. 여기서 주인공인 캣니스(제니퍼 로렌스 분)는 혼자 살라는 룰을 바꿉니다. 자신의 생존을 위해 타인을 죽이는 게 아니라, 타인과 손을 잡고 같이 사는 방식으로 룰을 바꿔버립니다. 이 게임이 미디어를 통해서 방영되기 때문에 시청자들 역시 주인공에 공감하여 혼자 살기가 아니라 함께 살기에 동의합니다.

제가 노동조합에서 강연할 때, 이런 얘기를 해요. "내 아이와 다른 아이가 있는데, 점심 도시락이 하나여서 처음에는 내 아이에게만 점심을 먹였다. 그런데 다음에는 점심을 두 개 싸서 다른 아이를 먹일 수는 없을까. 우리가 바로 그런 경험을 공유하는 실천들을 할 순 없을까. 만약 노동조합들이 이렇게 바뀐다면 우리 사회가 조금 달라질 수 있지 않을까." 18세에서 39세까지의 청년들이 모여 있는 단체, 청년유니온이 있습니다. 이 청년유니온이 유명해진 계기가 있어요. 한 유명한 커피 체인점이 있는데, 이 업체에서 아르바이트생들에게 주휴수당을 주지 않았어요. 개인으로는 이게 얼마 안 됩니다만, 1년간 떼먹은 주휴수당이 총 5억 원이에요. 근데 청년유니온에 가입된 한 친구가 노동법을 공부하다가 자신이 주휴수당을 1년간 못 받았다는 걸 깨닫고 계산해보니 250만 원이더라는 겁니다. 그래서 본사를 고소합니다. 회사 측에서 이 친구한테 250만 원에 좀 더 얹어줄 테니 너만 받고 고소를 취하하라고 합니다. 이 친구가 며칠간 고민합니다. 250만 원이면 정말 큰돈이니까요. 결국 이 친구가 급여통장을 없앱니다. 회사가 급여통장으로 이 친구에게만 그냥 돈을 넣어줄 수도 있으니까요. 모든 알바들에게 그동안 지급하지 않은 주휴수당을 내놓기 전에는 소 취하 못 한다, 버텼지요. 그래서 서로 한 번도 본 적이 없는 커피 체인점의 아르바이트생들이 주휴수당으로 몇십만 원에서 몇백만 원 정도까지를 받습니다. 함께 살기를 시도한 것이지요. 영웅적 행위라고요? 결과만 보면 그럴 수도 있지만, 그 친구는 자기가 얼마나 찌질했는가를 쭉 설명해요. 누워도 250만 원, 앉아도 250만 원이 머릿속을 떠나지 않았다고요. 그런데 노동법도 공부했고, 청년유니온 친구들과 얘기도 해보면서 힘들더라도 조금만 더 해보자는 생각이 들더래요. 그리고 그 경험을 같이하면서 어쨌든 청년유니온은 지금 성장하고 있습니다. 시작은 사소하고 작은 것일지 모르지만 이 경험이 우리가 동의해온 게임의 룰, '혼자만 잘 살면 돼', '내 새끼만 잘하면 돼', '내 자식만 명품이야'라는 바로 그 룰을 깨는 아주 작은 계기일 수 있다고 생각합니다.

한나 아렌트라는 여성 철학자가 있습니다. 그녀는 유대인으로, 나치의 수용소에서 도망쳐 미국으로 망명합니다. 아렌트는 유대인을 죽였던 전범 중 한 사람인 아이히만이 예루살렘에서 재판을 받게 되자 〈뉴요커〉와 계약을 맺고 재판 방청기를 써서 거기에 실은 후에 그것을 묶어 《예루살렘의 아이히만》이라는 책을 썼습니다. 아렌트가 복수심이 얼마나 컸겠어요. 자기도 당했고, 얼마나 많은 사람들이 죽었는데요. 그런데 아렌트는 말합니다. "아이히만이 그럴 수 있었던 것은, 그가 특별한 사람이기 때문이 아니다. 그 사람은 다만 자기 직무, 즉 상사의 지휘에 복종한 것이다. 우리는 대개의 경우, 상사의 부당한 명령에 복종한다. 그 역시 거기에 복종한 것에 불과하다." 그녀에 따르면, 나치라는 악은 특별한 무엇이 아니라 평범한 인간사에서 발견되는 악일 뿐입니다. 그것을 아렌트는 '악의 평범성'이라고 해요. 이 때문에 아렌트는 나치를 괴물이나 악마로 간주했던 유대인들로부터 엄청나게 공격을 받습니다. 고 김근태 씨를 고문한 이근안을 기억하실지 모르지만, 그 사람도 자기는 국가의 명령에 따른 애국자라고 얘기를 했습니다. "나는 내 직무를 한 거다." 저를 고문했던 사람도 똑같은 얘기를 했어요. 충정에 불타올라서 아무런 사고를 하지 않는 것이죠. 내가 지금 저 사람을 고문하는 게 정당한 건가, 이것이 사회적 가치에 맞는 건가, 인간적인 정의에 맞는 건가, 이런 사고를 아예 하지 않지요. 아렌트는 "이렇게 사고력이 결여된 인간은 보지도 못하고, 말하지도 못하고, 듣지도 못하는 세 가지 무능력이 있다. 즉 정치적으로 생각하고 상상하지 못하며, 진실을 보지도 듣지도 못한다. 인간으로서 사고하지 못하는 무능력이 우리 사회를 지배하고 있다"라고 말합니다. 아렌트는 이것이 근대사회의 기본적인 요소이기 때문에 언제나 나치와 유사한 문제가 발생할 수 있다고 합니다. 하지만 바로 그 때문에 룰을 바꿀 수 있는 가능성이 있어요. 악을 결국 평범한 사람들이 만드는 것이라면, 바로 그 사람들에게 해결책이 있을 테니까요. 저 같은 국회의원부터 룰을 바꾸기 위해 실천한다면, 이 사회가 좀 달라질 수 있지 않을까요.

한나 아렌트의 책이 어려우시면, 영화로 나온 〈더 리더: 책 읽어주는 남자〉를 추천합니다. 주연 배우가 케이트 윈슬렛인데, 이 배우가 분한 여주인공은 유대인 수용소의 간수입니다. 이 여성은 유대인 아이들이 불타 죽는 과정에서도 자신의 직무에만 충실합니다. 그런데 이 여성이 읽지를 못하는 문맹이었던 겁니다. 여기서는 인간으로서의 사고력 결여의 핵심을 문맹이라고 봅니다. 이 여자가 전범으로 붙잡혀 재판을 받고 감옥에 있다가 글을 깨쳐요. 그리고 복역 기간이 끝나는 그 순간, 자살합니다. 그게 나의 죄였다고 깨달은 거죠. 그 이전에는 전혀 죄라고 생각하지 않습니다. 저는 우리의 일상생활에서도 이런 일들이 많다고 생각합니다. 내가 의도적으로 보지 않으려 하거나 듣지 않으려 했던 것을 보고 듣는 순간, 무척 고통스럽거든요. 시시포스처럼 그 고통을 보려고 하는 순간, 고통을 선택하는 것이 진정한 인간이지요. 그러고 나서 계속 돌을 들어 올릴 건지, 옆 사람과 함께 룰 자체를 깨기 위한 첫걸음을 뗄 건지는 또 다른 문제라고 생각합니다. 영화의 원작인 《더 리더》라는 책에서 반복적으로 나오는 대목이 있는데요, 고문을 했던 사람한테 왜 했느냐고 묻는 것입니다. 그럼 그/그녀는 그것이 자기 직무였다고 답합니다. 예를 들어서, 부당하게 어떤 노동자를 해고한 사람한테 왜 그랬느냐고 묻습니다. 시켰는데요, 라고 답하는 거죠. 회장이 시키고, 사장이 시키고, 혹은 부장이 시킵니다. 부당하다는 걸 알고 있으면서도, 그 명령에 따르면 직장은 유지할 수 있고 승진도 가능하니까요. 만약 시키는 대로 따르지 않으면 해고되어 아이를 학교에 보내지 못할 수 있습니다. 제가 강조하는 것은 그걸 하라거나 하지 말라는 것이 아닙니다. 다만 내가 무엇을 선택했는가는 알고 있어야 한다는 겁니다. 그걸 아는 사람들이 점점 더 많아지는 순간, 그중 누군가 혹은 어떤 무리가 그 룰을 깰 겁니다. 제가 80년대에 민주화 운동을 했습니다만, 저는 독재가 무너질 거라고 생각하지 않았습니다. 그런데 룰을 깨는 과정을 봤어요. 그것이 굉장히 어렵기는 하지만, 또 다른 누군가는 그 룰을 깰 겁니다. 정치인으로서 그 룰을 깨는 데 기여할 수 있다면, 저로서는 굉장히 큰 행복일 것입니다.

***

정치, 포기하지 마세요

그래서 저는 정치가 중요하다고 생각합니다. 여러분이 정치를 불신하고, 민주당을 불신하는 것에는 동의합니다. 다만 정치 혹은 정치 제도는 권력이 집중되어 있는 곳이라서 룰을 깨는 중요한 수단이라는 것을 잊으면 안 됩니다. 특히 입법부는 스스로 룰을 만드는 기관입니다. 기존의 룰을 깰 수가 있어요. '그런 권력을 내가 너희한테 주었는데, 너희는 왜 아무것도 안 하는 거냐. 우리가 이렇게 아픈데, 내가 내 새끼 기르느라고 남의 새끼에게 무심했던 적도 있는데, 이러다가는 내 새끼도 죽겠다 싶어서 바꾸라는데, 그래서 권력을 집중해주었는데, 너희는 왜 안 했느냐.' 이런 마음 당연합니다. 노무현 정부 때 사실은 양극화가 굉장히 심화되었습니다. MB 정부 때는 더 커진 거죠. 정치 원죄가 있습니다. 공기업을 민영화하고, 외주화하고, 노동보다 성장이 중요하다고 말하고, 시민의 권리보다 어떤 일자리든 일자리만 있으면 된다고 주장하는 집단이나 정부가 승자독식의 사회를 만들었지요. 그 옆에서 팔짱 끼고 방임한 사람도, 방임한 정치도 죄가 있습니다. 저는 이런 면에서 정치 불신을 해석합니다. 안철수 현상은 바로 정치 불신의 다른 표현이며, 그 정치 불신은 우리가 만들었다, 정치가 만들었다고 생각합니다.

그러므로 그 정치가 '혼자 살라'는 룰을 깨는 데 적극적으로 나서야지요. 룰을 깨는 방법을 만들기 위해 고민하고 계획을 세워야 하는 곳이 정치권이죠. 그것에 성공하는 게 50점짜리 의원인 제가 60점, 70점을 맞는 의원이 되는 길입니다.

마지막으로 하나 부탁드리고 싶은 게 있습니다. 제가 좀 겁이 나는 게 있는데요, 정치 불신이 의회로 집중된다는 겁니다. 예를 들어서 국회의원 수를 줄여라, 전 반대합니다. 앞으로는 그런 반대를 아주 분명히 할 생각입니다. 그건 의회를 약화시키는 겁니다. 이 의회 약화가 누구한테 이로울까요? 나치는 정치 불신을 이용해 의회를 해산시킵니다. 불체포 특권을 기득권이라며 비난하는 한국과 비슷해요. 물론 불체포 특권이 악용되는 것은 방지해야 합니다. 하지만 불체포 특권을 내려놓아라, 의원 수를 줄여라, 기초단체장 공천을 포기하라고 하는 것은 사실은 의회를 완전히 죽이는 겁니다. 그것을 나치도 대중의 목소리라며 사용합니다. 의회를 해산시키고, 나치 스스로 법을 제정할 권리를 가집니다. 그리고 그 법으로 유대인을 죽인 겁니다. 나치를 몰아내고 나서 독일 사람들은 '합법적으로 한 이 행위를 우리가 불법이라고 얘기할 수가 있느냐'를 두고 고민했습니다. 의회의 약화는 안 됩니다. 의회가 약화되는 순간, 더 이상 룰을 깰 수 있는 기회조차 만들 수 없습니다. 정치 불신은 법을 제대로 바꿀, 제대로 된 의회, 의회의 강화로 바뀌어야 할 겁니다. 저는 정치 불신을 만든 민주당 의원이고, 거기에 대한 책임을 통감하며, 룰을 바꿀 수 있는 방법을 찾아야 한다고 생각합니다. 그것이 제가 의원인 이유겠지요.

사회자 의원님께서 시시포스의 신화 속 우리든, 일상생활 속 우리든, 정치제도로서의 우리든, 거기에 아무 책임이 없을 거 같은 우리가 실은 다 동의한 것일지도 모른다고 말씀하신 부분에서 제가 뜨끔했어요. 사실 그게 형식적이든, 실질적이든지 간에 정치제도의 어떤 틀에 대해서 유권자들이 결국은 동의한 거죠. 그런데 그런 동의를 여러분이 알게 모르게 하도록 만들어서 우리의 제도로 만들고, 우리를 억압하는 도구로 만든 것이 과연 정치권만의 책임인가. 저는 언론인으로서, 그러한 잘못된 룰을 만들고, 그 룰을 만드는 데 일조했을 언론의 책임을 익히 알기 때문에 말씀을 들으면서 뜨끔했습니다. 물질을 우선시하고, 노동의 가치를 무시하고, 여러 노동 탄압 사례에 대한 보도를 방기한 것 등이 미디어의 책임이죠. 그럼 이제 질문 받겠습니다.

청중1 비공식 노동에 대해서 말씀하셨는데, 아르바이트를 많이 하는 입장에서 공감했거든요. 비공식 노동에 대한 의회 차원, 법 차원에서의 대책 같은 게 있다면 듣고 싶습니다.

은수미 비공식 노동은 전 세계에 다 있습니다만, 한국에 유독 많아요. 경제 쪽에서 세금을 안 내면 지하경제이고, 노동 쪽에서는 노동자 보호가 안 되면 비공식 노동이죠. 해법이 있습니다. 문재인 후보의 일자리 정책 중 핵심이 '일자리 최소 기준'을 만드는 거였어요. 일자리 최소 기준을 뭐라고 생각했느냐면, 최저임금을 준수하고 사회보험을 적용하며 근로기준법을 지키는 것입니다. 이 세 가지를 일자리 정책의 핵심으로 차기 정부에서 하겠노라고 얘기했습니다. 행정적으로 가능합니다. 외국에서도 많이 이렇게 해요.

박근혜 정부의 공약 중 상당수도 사실은 제가 다녔던 한국노동연구원에서 만들어낸 정책이었습니다. 예를 들어, 사회보험의 혜택을 모두가 누릴 수 있도록 하기 위해서 특정 소득, 혹은 특정 규모 이하의 노사 모두에게 정부가 사회보험료를 지원해주는 겁니다. 세금도 일정 소득 이하면 면세하잖아요. 정상적인 고용을 하면 사회보험료 등을 지원하는 인센티브를 제공해서 비공식 노동을 공식 노동으로 끌어들이는 것이지요. 임금의 18퍼센트가 사회보험료이기 때문에 영세 사업장 노사 모두에게 상당한 이익입니다. 물론 최저임금을 지킨다는 전제 조건이 있어야죠. 그렇게 지원을 해도 최저임금을 주지 않으면 행정적 강제를 하면 됩니다. 고용부에 지금 준사법권을 가진 근로감독관이 1,000명 있습니다. 이 1,000명이 최저임금을 안 지키는 경우만 잡아내도 꽤 되는데, 티끌 난 삽아냅니다. 근로감독관을 늘려서라도 해야지요. 그런데 이런 경우도 있습니다. "최저임금을 안 주고 싶어서 안 주는 게 아니다." 맞습니다. 20~30퍼센트 정도의 사용자들은 못 줍니다. 대기업이 부당한 단가인하와 밀어내기를 하니까요. 따라서 경제민주화를 통해 이 문제를 개선하는 한편, 영세 사업자들을 지원하는 방식이 있어요. 외국에 유사한 제도가 많이 있고, 그 효과도 꽤 나타나요. 이런 정책들을 쓰면 실제로 몇 년 안에 비공식 노동 비중을 줄일 수 있다는 통계도 나와 있습니다. 정부가 정책적으로 최소 1~2조 정도를 쏟아붓고 근로 행정을 조금 바꾸기만 하면, 4~5년 정도면 굉장히 많이 바꿀 수 있습니다. 이 결과, 국가는 탈세를 막고 세금을 내는 시민들을 더 많이 만들 수 있습니다. 그러면 오히려 투자한 것 이상으로 재정이 더 튼실해져요. 세금이 걷히니까요. 전체적으로 소비 수준이 올라가서 구매력이 늘어나고 나라경제가 활성화되지요.

청중 2 우리나라 대표 기업이라고 할 수 있는 삼성에 대해서 여쭤보고 싶은 게 있는데요. 삼성에 지금 노조가 있나요?

은수미 삼성 그룹 내에 일부 노조가 있습니다. 그룹의 일부 계열사에는 두세 명, 네다섯 명으로 조직된 노조가 있는 곳이 몇 군데 있더라고요. 두세 군데 정도 있습니다.

청중 2 그럼 노조가 필요하다고 생각하십니까. 거기에 대해서 답변 부탁드리겠습니다.

***
노조는 많아져야 한다

은수미 저는 노조의 조직률을 무조건 올려야 한다는 생각을 가지고 있습니다. 여기에 반대하는 분들이 굉장히 많으실 겁니다. 노조가 매우 이기적이라고 생각해서요. 물론 노조의 조직률을 그냥 올리자는 얘기는 아닙니다. 정부는 법을 바꾸고 노조는 조직률을 올리는 것이 일하는 사람 모두에게 도움이 된다는 것을 알려야죠. 우리나라 노조 조직률이 10퍼센트 정도로 OECD 국가에서 최저 수준입니다만, 프랑스는 8퍼센트로 우리보다 더 낮죠. 근데 8퍼센트의 노동자들이 사용자와 협약을 맺으면, 그 협약을 모든 노동자에게 적용한다는 것이 우리와 달라요. 예를 들어서, 노사가 임금 인상률 3퍼센트 협약을 맺으면 우리나라는 해당 조합원에게만 적용이 되는데, 프랑스는 '만인효(Erga omnes)'라는 제도를 가지고 있어서 모두에게 적용됩니다. 만인에게 적용된다는 게 만인효죠. 근데 한국의 노조법 제29조에는, 한국의 노동조합은 오직 조합원만을 위해서 단체교섭을 해야 한다고 규정되어 있습니다. 만인효는커녕 한국에서는 정규직 이기주의를 하지 않으면 불법입니다. A라는 정규직 노조가 B라는 비정규직 노조와 동맹파업을 하면 불법입니다. 삼성전자에는 지금 노조가 없습니다만, 삼성전자에 노조가 있다고 치고요. 삼성전자 노조가 삼성 에버랜드 노조와 동맹파업을 하면 불법입니다. 이런 일도 있었어요. 2008년에 미국산 소고기 수입 때문에 굉장히 문제가 됐어요. 그래서 보건의료노조 산하 100여 개 병원의 노조가 사용자에게 환자식과 가족식에는 절대로 미국산 소고기를 쓰지 않겠다는 협약을 맺자고 얘기하는 순간, 고용부에서 그건 불법의 혐의가 크다고 했습니다. 전 세계적으로 이런 법이 없지만 한국에서는 정규직 이기주의를 하면 합법이고, 연대를 하면 불법입니다. 그러니까 이 법이 있는 한에서는 노조 조직률을 올리려고 해도 올릴 수가 없고, 노조가 만들어지는 순간 항상 자기 조합원만 생각해야 합니다. 정부와 의회가 이 제도를 바꿔야 합니다.

물론 프랑스에서 만인효가 만들어진 이유가 있어요. 프랑스는 복수노조입니다. 한 사업장에 산별노조의 지부가 일고여덟 개 있어요. 그중에서 교섭을 할 자격이 있는 대표 노조를 결정해야 합니다. 그런데 그 결정 기준이 굉장히 재미있어요. 민주주의를 위해서 헌신한 선배가 있느냐. 우리나라로 말하면 87년 민주화 운동 때, 5·18 광주 민주화 운동 때 너희 노조는 뭘 했느냐가 첫 번째 기준이지요. 왜 이런 기준을 적용할까요? 프랑스에 가면 페르 라세즈라는 굉장히 유명한 시민 묘지가 있습니다. 《레미제라블》의 저자인 빅토르 위고가 묻혀 있는 곳이기도 하고요. 거기에 가면 무슨 섬유조합 누구, 무슨 지역 누구, 이런 노동자들이 합장되어 묻힌 구역이 따로 있어요. 가서 보니 묘 앞에 조각들이 있는데, 틀림없이 고문을 받는 형상을 조각한 것입니다. 손이 묶여 있다거나 가슴이 뻥 뚫려 있거나 비명을 지르는 모습이었죠. 알고 보니 프랑스 레지스탕스 운동을 하다 돌아가신 노동자들을 합장한 곳이며, 레지스탕스 운동을 했던 사람들의 상당수가 노동자들이라는 겁니다. 그걸 시민들한테 반복적으로 교육시키는 거죠. 영화 〈레미제라블〉 보셨습니까? 〈레미제라블〉은 1831년 리옹 봉기가 배경 중의 하나인데요. 그 봉기에서 시민 800명이 몰살을 당했습니다. 노예처럼 사느니 싸우다가 죽겠다고 말이죠. 그리고 그들은 서로를 노동시민이라고 불렀어요. 프랑스에는 조합원의 임금과 근로조건만이 아니라 프랑스 국민 모두의 삶과 민주주의를 위해 자기 목숨을 버린, 노동운동의 역사와 전통이 있습니다. 그것이 인정되어서 프랑스 노조는 기업과 정부로부터 온갖 지원을 받고, 대표 노조의 기준도 그러한 역사와 전통으로 정해지는 것입니다. 한국의 노동조합도 앞으로 이런 경험을 시민과 공유해야 합니다.

비정규직분들이 쭉 모여 있는 자리에서 제가 이런 말씀을 드린 적이 있습니다. "여러분이 힘들다는 걸 알고 있습니다. 여러분이 법적인 보호조차도 제대로 받지 못한다는 걸 알고 있습니다. 그렇지만 지금 여러분이 들고 있는 저 펄럭이는 기치에 노조만이 아니라 모든 일하는 시민의 권리가 적혀야 합니다. 그걸 시민들이 인정해서, 당신들이 한국의 양극화를 넘어서는 데 정말 많은 노력을 했노라고 반복적으로 인지한다면, 법을 바꿀 수 있을 거 같습니다." 물론 그것보다 더 빠른 건 야당이 여당이 되거나 다수당이 되는 방식이죠. 하지만 그조차도 시민들이 '정말 노조가 필요하구나', '삼성에 노조가 있으면 이런 일이 벌어지지 않겠구나' 하며 동의해야 합니다. 물론 노력하는 사람들도 있어요. 2007년에 보건의료노조는 산별교섭에서 정규직 임금 인상분의 30퍼센트를 떼어내 300억 기금을 만들고 비정규직의 4퍼센트를 정규직으로 전환시킨 아름다운 연대를 한 적이 있습니다. 잘 알려지지 않은 일입니다만, 제게는 소중한 기억입니다. 비정규직 조차도 자기 임금을 1퍼센트 올릴 때, 이웃의 노동자를 위해 0.1퍼센트는 생각해야 해요. 이런 것이 확산되고 인정될 때, 국회에서도 법을 바꾸는 것이 조금 더 쉬워지겠죠. 물론 저는 이런 것들이 잘 진행되지 않는다고 해도 법을 바꾸기 위해 노력할 것입니다. 저는 정규직 이기주의를 허용하는 법에는 동의할 수 없습니다. 노조 조직률을 올리고, 노조법을 개정하고, 삼성에도 노조가 만들어져야 한다고 생각합니다.

사회자 우리 사회에서 기업을 하는 데 있어서 생산성, 조직효율이 중요한데 노조가 커지면 이 부분에 악영향을 미친다는 인식도 있는 것 같아요. 스스로 노동자임에도 불구하고 일반 대중이 말이죠. 저는 그게 언론이 만들어낸 일종의 환상이라고 생각합니다. 노조의 잘못도 있겠죠. 그건 바로 잡아야죠. 그런데 언론에서는 노조를 늘 기업의 발목을 잡고 자기 이익만 챙기는 족속들로 몰아갑니다. 잘못된 기업이 얼마나 많습니까. 탈세하고, 이상한 추문도 나오고 말이죠. 그런데도 정부는 늘 기업 프렌들리입니다. 이런 것들이 변해야 한다는 점에서 입법부의 역할을 말씀해주신 거 같습니다. 또 다른 질문 있으시면 손들어주시죠.

***

다름은 틀림이 아님을

청중3 박근혜 정부가 들어오고 난 다음에, '전교조 해고 조합원을 조합원으로 인정하고 있는 규약을 개정하라, 그러지 않으면 법외 노조화하겠다' 하는 얘기가 있습니다. 그렇지만 조합 활동을 하다가 해고되었는데, 해고되었다고 조합원으로 인정하지 말라는 것은 말이 안 됩니다. 이런 규정이 과연 타당한 것인지, 앞으로 어떻게 될 것인지에 대해서 말씀 부탁드리고요. 우리나라에서는 노동쟁의가 일어나면 항상 불법 투쟁이므로 엄벌하겠다는 얘기가 따라 나오는데, 과연 우리나라에서 합법 노동 투쟁이라는 것은 어떤 형태를 가져야 하는지 말씀해주시기 바랍니다.

은수미 불법 투쟁에 대한 얘기부터 하겠습니다. 아까 제가 우리나라에서는 정규직 이기주의가 아니면 불법일 가능성이 높아서 법 자체가 불리하다는 말씀을 드렸습니다. 지금 송전탑 위에서 현대자동차 노동자 최병승 씨, 천의봉 씨 두 사람이 고공농성을 하고 있는데요.● 현대자동차, 명백한 불법을 했습니다. 법적으로 결론이 났어요.

● 2013년 8월 8일 두 사람은 296일간의 철탑농성을 마치고 지상으로 내려왔다.

근데 불법을 8년 이상 저지른 정몽구 회장은 1년에 주식 배당으로만 460억을 벌지만, 단 한 번도 그 불법 파견 행위로 벌금형을 받은 적이 없습니다. 반면, 지금 송전탑에 올라가 있는 사람들은 국가 물건인 한국전력의 송전탑을 점유했다는 이유로 매일 30만 원씩 벌금을 물고 있습니다. 그렇기 때문에 '불법이냐, 합법이냐'만으로 보기엔 문제가 있습니다. 대개의 경우 선진국에서는 불법, 합법을 나누는 기준이 사회적 약자를 어느 정도 포함시킬 수 있느냐 하는 것인데, 한국에서는 그렇지 않지요. 그 법을 개정해야 합니다. 즉 룰을 바꾸는 거죠. 룰을 바꾸는 건 정치의 역할이라고 생각하고요.

두 번째로, 전교조 부분은 두 가지로 답을 드릴 수가 있습니다. 한국 사회에서 해고자는 조합원이 아닙니다. 하지만 외국에서는 해고자가 다 조합원입니다. 왜냐고요? 한국은 기업별 노조이지만 외국은 산별노조라서 그렇습니다. 산별노조는 노동자 기준으로 노조를 조직하는 것입니다. 즉 삼성차에 있든, 현대차에 있든 자동차 업계에서 일하는 노동자면 다 같은 조합원이에요. 그 사람이 해고가 되었든, 실직을 했든, 혹은 지금 구직 청년이든 간에 자동차 업종에 있는 자이면 하나의 조합에 가입할 수 있습니다. 반면, 한국은 사용자가 누구냐에 따라서 노조를 결정해요. 예를 들어, 현대자동차에서는 앞좌석과 뒷좌석을 정규직과 사내하청이 각각 만듭니다. 앞좌석은 정규직이 만들고, 뒷좌석은 사내하청이 만들어요. 같은 라인에서 서로 마주 보며 10년 동안 섞여서 일을 하고 있어요. 외국에서는 무조건 하나의 노조이지만 한국에서는 사용자가 다르다는 이유로 다른 노조입니다. 또한 해고자는 사용자가 없잖아요. 실직돼도 마찬가지입니다. 청년유니온의 노조설립 불허 사유가, 구직자이기 때문입니다. 그런데 글로벌 스탠더드, 혹은 전 세계적인 노동법의 기준에 따르면 한국의 법은 바꾸어야 합니다. 룰을 바꿔야 합니다. 질문하신 부분에 대해서는 제가 고용부 장관께 함부로 결정하지 않겠노라는 정도의 대답은 얻었고요. 이 문제를 만약 전교조 해산으로 풀려고 한다면, 그것은 전면전을 하겠다는 정부의 신호라고 생각하기 때문에 의회로서는 가만히 있을 수가 없습니다.

결국, 바뀌지 않는 룰 때문에 수많은 사람들이 고통을 받는데요. 저 혼자라면 '악법도 법'이라며 독약을 받아 마실 수도 있지만, 제 친구까지 독약을 마시는 것에는 동의할 수가 없습니다. 헌법과 노동법을 제대로 준수할 수 있는 최고의 방법을 내놓아야 한다고 생각합니다. 다른 야당 의원들도 저와 비슷한 생각을 하실 겁니다.

사회자 언론계가 지난해 파업을 많이 했죠. MBC가 170일 파업을 했고, KBS와 YTN도 했습니다. 대부분 불법 파업이라고 하잖아요. 근로조건과 무관하다는 거예요. 언론인의 근로조건은 공정보도잖아요. 여러분이 늘 접하는 보도를 잘 만들어서 그것을 상품으로 전달하는 게 소위 말하는 보도공장 다니는 사람들의 역할인데, 그걸 제대로 못 하게 하는 구조를 깨는 걸 불법이라고 합니다. 그걸 고쳐주셔야 합니다. 질문 한 분만 더 받겠습니다.

청중4 현대사회에서 소통과 설득은 중요한 화두인데요. 텔레비전을 보면, 국회에서는 싸우고 고함지르는 방식이 주로 나옵니다. 미디어에 노출이 안 된 상태에서는 어떤 소통과 설득 방법을 택하고 계시는지 궁금합니다. 그리고 또 한 가지는, 우리 국민들이 '새로고침'

을 하기 위해서 어떤 소통과 설득 방법을 공부해야 한다고 생각하시는지 듣고 싶습니다.

은수미 저도 국회에 들어가기 전까지는 몰랐습니다만, 지금 야당의 가장 큰 한계는 언론을 통해서만 말할 수 있도록 스스로 법을 고쳤다는 겁니다. 실제 법이 그렇게 되어 있더라고요. 2004년부터 원내정당이냐, 대중정당이냐를 놓고 논의가 있었습니다. 그리고 원내정당으로 만들겠다고 하면서 많은 것을 없앴습니다. 지구당 없애기가 대표적입니다만, 대중정당으로서 시민들과 접촉할 수 있는 손발을 없앴습니다. 그걸 '오세훈법'이라고 하는데요. 물론 이유가 있습니다. 이것도 정치 불신인데, 시민들 다수가 원내정당에 동의하고 국회도 그 방향으로 개혁했던 이유는 지구당 활동을 하면서 불법적으로 돈만 쓴다는 비판의 목소리가 컸던 탓입니다. 몰래 돈을 나눠주고 하는 일들이 워낙 많았던 겁니다. 문제는 그 결과 현장을 직접 방문하려는 의도적인 노력을 하지 않는 한, 일상적이고 제도적으로 현장과 소통할 수가 없게 되었습니다. 지금은 지역 사무소를 내는 게 사실상 불가능해요. 의회에서의 활동만 하게 된 것이지요. 상대적으로 깨끗해지긴 했지만 정당의 손발이 묶이고 대중정당으로서의 모습이 사라진 것이지요. 그래서 이제는 정치관계법을 바꾸어야 합니다. 정당이 스스로 지속적인 조직화를 해야 하죠. 당원을 확보하고, 지지자 속에서 일상적인 활동을 하는 게 가능해야 합니다.

저는 어떻게 소통을 해야 한다, 이건 잘 모르겠습니다. 다만 제가 대화하면서 항상 느끼는 건 이런 겁니다. 서로 의견이 다를 때, '다르다'고 하지 않고 '틀렸다'고 합니다. 상당수 시민들의 어깨에는 각자의 짐이 있고, 내 어깨에 짐이 있는 만큼 남의 어깨에도 짐이 있습니다. 또한 나의 의견이 중한 만큼 남의 의견도 중한데, 이런 상호존중이 아직까지는 잘 정착된 것 같지가 않습니다. 다른 의견을 존중하는 문화가 부족한 것이지요. 저도 너무 자주 '틀렸다'는 말을 듣게 돼요. 물론 제가 잘못된 의견을 가질 수는 있습니다. 저 스스로 '이게 틀렸을까, 다른 걸까'라는 질문을 합니다만, 타인한테 그 얘기를 들으면 반감이 생길 때가 있거든요. 남의 짐도 나의 짐만큼 무겁다는 그 기준을 매번 견지하려는 '긴장감'은 소통의 예의로서 갖춰야 하는 게 아닐까요. 물론 저도 잘 못합니다만, 저는 그것이 중요하다고 생각합니다.

사회자 특히 노동계 관련 보도를 접하다 보면 늘 편이 갈려 있습니다. 어용노조와 민주노조, 심지어는 노동자와 용역 같은 관계도 말이죠. 쌍용차 사태에서도 그렇고, 유성기업도 그렇습니다. 유성기업에서 지난해 12월에 목숨을 끊은 분은 흔히 말하는 어용노조에 소속되어 있던 분이었습니다. 쌍용차 공장에서 목매 자살하신 분도 파업에서 이탈하셨던 분입니다. 결국 누군가가 만든 구조 속에서 우리끼리 싸우면, 우리는 다 피해자인 거 같아요. 상대의 짐을 이해하는 것이 소통의 출발이 아닌가, 하는 의원님의 말씀을 들으면서 그런 얘기가 생각나서 제가 주제넘게 한마디 보탰습니다.

앞으로 무엇을 '새로고침' 할지는 모두 여러분의 의지와 판단에 달려 있지만, 오늘 은수미 의원께서 여러 차례 말씀하셨던 '연대'라는 의미를 다시 한 번 살펴주시기를 부탁드리면서 강연 마치도록 하겠습니다. 고맙습니다.

제5강

제6강

제1강

뇌도 리셋이 되나요?
: 우리가 결심과 후회를 반복하는 이유

*

2013년 3월 27일(수) 저녁 7시
서울 용산 백범김구기념관

제2강

제4강

제3강

정재승 카이스트 바이오및뇌공학과 교수. 카이스트에서 '알츠하이머 치매 환자의 대뇌모델링'으로 박사 학위를 받고, 미국 예일의과대학 소아정신과와 콜롬비아 의과대학 정신과에서 정신질환의 신경물리학을 연구했다. 전공 외에도 자연과학, 인문학, 예술 등 다방면에 관심을 두고 있어, 이런 여러 영역을 따뜻한 상상력으로 버무려 흥미로운 이야기를 들려준다. 저서로 《정재승의 과학 콘서트》, 《뇌과학자는 영화에서 인간을 본다》, 《크로스》 1, 2(공저) 등이 있다.

사회자 안녕하세요. 사회자 노종면입니다. 〈한겨레21〉에서 이번 특강을 소개하면서 저에 대해 이런 표현을 썼더군요. "유려한 사회의 내공을 선보일 것이다." 굉장히 위험한 표현입니다.(웃음) 제가 뉴스를 진행한 경험은 있습니다만, 이런 행사의 진행을 맡은 경험은 별로 없어요. 그 두 영역은 상당히 다르다고 생각합니다. 진행한다는 본질적인 면에서야 여러모로 통하겠지만, 진행하는 기술에 있어서는 확연히 다릅니다. 대표적인 차이점은, 뉴스를 진행하는 사람들은 거의 모두가 '프롬프트'라는 과학문명의 이기에 의존해서 뉴스를 진행합니다. 그러나 행사 진행을 하는 사회자들은 미리 대본을 작성해서 기억하고, 그때그때 상황에 맞게 즉흥적인 말을 생각해내서 진행을 하죠. 자신의 뇌에 의존하는 겁니다. 자, 오늘의 강연자와 관련된 키워드가 다 나왔습니다. 뇌와 과학.(웃음) 〈한겨레21〉 인터뷰 특강의 최다 출연자이십니다. 이번 특강 주제가 '새로고침'이잖아요? 그럼에도 불구하고 주최 측이 차마 '새로고침' 하지 못한 분. 뇌를 연구하는 과학자, 카이스트 정재승 교수를 박수로 모시겠습니다.

정재승 안녕하세요. 정재승입니다. 반갑습니다.

사회자 교수님, 여섯 번째 출연이신 줄 아셨어요?

정재승 몰랐는데, 그렇게나 됐군요. 사실 〈한겨레21〉 인터뷰 특강은 제가 굉장히 즐기는 강연입니다. 항상 끝나고 나면, '이제 다음에는 하지 말아야지' 생각하는데요. 매년 주제를 듣고 나면, '아, 이건 정말 안 할 수가 없겠구나' 하게 되죠. 늘 제가 한 번도 해보지 않은 주제로 강연을 요청하십니다. 이 강연은 준비를 많이 해야 하고, 새로 강연 자료들을 다 만들어야 해요. 평소에 제가 자주 하는 주제의 강연이 훨씬 편하지만, 이 강연은 늘 도전해보고 싶은 마음이 생깁니다. 그리고 '인터뷰' 특강이잖아요. 질문을 많이 받는데, 여기서 받은 질문에는 정말 잊을 수 없는 것들이 많습니다. "제 뇌에 있는 첫사랑의 방은 어떻게 없앨 수 있을까요?" 열여덟 살 남학생부터 이런 질문을 시작해요. 오늘은 또 어떤 질문들을 하실지 기대하면서 왔습니다.

사회자 신문을 읽다 보면 과학 기사들이 나오죠. 자주는 안 나와요. 왜냐하면, 기자들 스스로가 과학을 상당히 어려워합니다. 대부분 기자들이 과학 쪽을 전공한 분들이 아니에요. 그래서 언론에 보도된 과학 기사들이 상당수는 세계 최초다, 한국 최초다, 이런 의미 부여가 되는 부분들이죠. 오늘 교수님께 제가 과학 기사를 좀 쉽게 전달하는 법을 전수받아 가려고, 기사 하나를 준비해 왔습니다. 아마 여러분도 들어보시면, '이게 무슨 말인가' 하실 거예요. 교수님께 내용을 풀어달라고 부탁드려 보겠습니다. 제가 지금 읽는 짧은 기사는 실제로 보도가 되었던 내용입니다.

"한국표준과학연구원은 김용일 박사팀이 고려대 김홍 교수팀과 공동으로 차세대 압전소자 물질로 기대를 모으고 있는 칼륨니오베이트 나노선의 결정 구조를 세계 최초로 규명했다고 밝혔습니다. 이번 연구 결과를 통해 관련 소자의 물성 제어, 그리고 신뢰성을 확보할 수 있는 새로운 길이 열렸으며, 새로운 물성을 갖는 맞춤형 소자 생산 연구에도 영향을 미칠 것으로 예상됩니다."

저는 '세계 최초'라는 말밖에 안 들어오는데요. 교수님, 어떤 내용입니까?

정재승 좋은 일을 했다는 얘기이고요.(웃음) 나노선이라는 게 나오잖아요. 사람들이 흔히 나노튜브라고 얘기하는 건데요. 탄소는 평소에는 연필심 같은 거대한 석탄 덩어리 같지만, 나노 스케일로 아주 작게 있으면 성질이 완전히 달라집니다. 어떻게 달라지느냐 하면, 누르면 전류가 통했다가 떼면 전류가 안 통하는 이런 일이 벌어져요. 그래서 이걸 잘 활용하면, 컴퓨터 소자를 만들 수 있어서 나노튜브에 관한 관심이 굉장히 큽니다. 표준과학연구원과 고려대의 연구팀이 그중에서도 어떤 특정한 물질의 나노선 구조를 파악하신 거 같아요. 압전소자라는 게, 압력을 가하면 전류가 흐르는 특징을 가진 소자를 말하거든요. 컴퓨터에서 아주 중요한 기본 소자인데, 그걸 만들 수 있는 획기적인 전기를 마련한 것 같아요. 특히나 맞춤형으로요. 만약 이게 가능해지면, 노트북이 7만 분의 1 정도 크기로 줄어듭니다. 예를 들면, 우리가 알약을 하나 먹으면 그 알약이 거의 잠수함 수준이 되어서 우리 몸 안에서 세포들과 싸우기도 하고 암세포를 찾아내기도 하는 거죠. 아주 작은 컴퓨터를 만들 수 있다는 의미니까요. 굉장히 좋은 일을 하신 거 같습니다. 그런데 세상의 모든 연구는 세계 최초입니다. 남이 한 연구를 이번에 또 했습니다, 라고 하는 연구는 없습니다. 왜냐하면, 그러면 논문이 저널에 실릴 수가 없거든요. 세계 최초라는 것에 너무 현혹되시면 안 되고요. 세계 최초로 뭘 했느냐가 중요하죠. 이 기사 중에서 '세계 최초'만 들으셨잖아요. 결국은 아무것도 얻지 못하신 거예요.(웃음)

사회자 그렇군요. 뉴스에 이렇게 문제가 많아요.(웃음) 대선 때 특이한 실험을 하신 것으로 알고 있습니다. 어떤 실험이었는지 소개 좀 해주시죠.

***
부동층의 표심은 실제로 흔들릴까?

정재승 사람들이 판단하고 결정하고 행동에 옮기는 그 중추가 뇌잖아요. 뇌를 연구하는 큰 즐거움 중의 하나가 뇌를 이해하면 개인의 행동과 집단행동을 이해할 수 있는 실마리들을 얻을 수 있다는 점입니다. 그러다 보니, 신경과학으로 뭔가 재미있는 일을 시도해볼 수 없을까 항상 궁리합니다. 지지난 대선 때도 그런 일을 했어요. 그때는 이명박 후보와 정동영 후보를 열렬히 지지하는 유권자들을 모셔다가 기능성 자기공명 뇌영상장치(functional MRI) 안에 눕혀 놓고 이명박 후보와 정동영 후보의 사진을 보여주면서 그분들의 뇌를 찍었죠. 정동영 후보의 공약을 이명박 후보의 공약이라고 보여줘도, 이명박 후보 지지자들의 '쾌락의 중추' 영역은 난리가 나요. '매우 좋음' 버튼을 누르세요. 역시 정책은 중요한 게 아니구나, 공약은 중요한 게 아니구나, 이런 걸 저희가 배웠죠.

근데 지지자들이 지지 후보를 열렬히 좋아하는 건 너무 당연하잖아요. 그래서 이번에는 흔들리는 표심의 속마음을 읽어보자는 생각을 했습니다. 선거 전에 서로 물어보면 굉장히 많은 사람들이 "나 아직 못 정했어"라고 얘기하는데 그분들이 정말 못 정한 걸까, 마음속에는 사실 지지하는 사람이 있는 거 아닐까, 그리고 그 이후에 무슨 사건이 벌어지더라도 초기의 그 마음이 결국엔 선거 결과에 영향을 미치지 않을까, 이런 생각을 한 거죠. 저희가 트위터로 1,000명이 넘는 분들에게 속마음의 선호도를 물어보는 테스트를 했어요. 방법은 간단해요. 박근혜 후보 사진 위에 '좋다' 혹은 '싫다' 라는 글자를 주고요. '좋다'가 나오면 왼쪽 버튼, '싫다'가 나오면 오른쪽 버튼을 누르게 하는 거예요. 그리고 문재인 후보 사진으로도 똑같이 합니다. 이걸 반복적으로 해요. 그런데 자신이 박근혜 후보를 지지하면, 박근혜 후보 사진 위에 '싫다' 라는 글자가 떴을 때 오른쪽 버튼을 단번에 누르지 못하고 약간 머뭇거려요. 약 0.02초 정도 머뭇거리는데, 그 0.02초를 측정하면 이 사람이 두 후보 중 누구를 좀 더 좋아하는지 알 수 있거든요.

사회자 겉으로는 부동층이라고 하면서도 속으로는 그런 마음을 가지고 있군요.

정재승 저는 그분들이 투표를 하게 되면, 결국 처음에 선호했던 그 사람을 뽑을 것이라고 생각했어요. 그래서 테스트를 한 후에 선거 때 누구를 뽑았는지 나중에 추후 조사까지 해본 거죠. 그랬더니 85퍼센트 이상이 테스트에서 노출된 약간의 선호대로 투표를 했습니다. 부동층의 속마음을 한 달 전에 예측하고, 그들의 표심을 구별해낼 수가 있다는 게 저희 연구 결과였죠.

사회자 지난 대선 전에 언론에서는 부동층이 대선의 향배를 결정할 것이라고 거의 습관적으로 보도를 했단 말이에요. 정치평론가들도 그렇게 말했고요. 그런데 사실은 그때 이미 결론이 다 났다고 볼 수 있는 거 아닌가요.

정재승 네. 그때 부동층의 속마음을 보니까 4대 6 정도로 문재인 후보를 지지하고 있었거든요. 근데 부동층의 비율이 높지 않기 때문에 4 대 6 정도의 차이는 두 후보의 격차를 뒤집을 수 있을 정도가 아니었어요. 유세 기간 막판에 여러 가지 변수들이 있어서, '바뀔 수 있으려나' 생각했다가, 사람이 쉽게 바뀌지는 않는다는 걸 느꼈죠. 처음의 선호도가 계속 간다는 느낌이 들었습니다.

사회자 정치권에서는 이 실험이 상당히 매력적일 것 같습니다. 비교적 이른 시간에 판세를 좀 더 정확하게 포착해낼 수 있는 것인데, 정치권에서 의뢰는 없었나요?

정재승 물론 있었습니다. 그런데 직접적인 당의 요청으로 하는 건 적절하지 않은 거 같아서 안 한다고 말씀을 드렸어요. 지금 생각해보면, 그냥 모든 당에 다 하겠다고 얘기하고 연구비를 좀 받았어도 됐을 법한 일이라는 생각도 드네요.(웃음) 오히려 많은 연구팀이 정당의 지원을 받으면서 이런 연구를 본격적으로 할 수 있다면 조금 더 믿을 만한 결과를 얻을 수 있지 않을까, 이런 생각이 들었습니다.

사회자 다음 선거 때도 이와 같은 실험을 계속하실 용의가 있으신 건가요?

정재승 5년 후 상황을 봐서요. 후보자분들이 어떤 상황인지를 좀 보고요. 그때는 더 재밌는 실험을 해보고 싶기도 하거든요. 어떻게 하면 A 후보를 지지하는 사람을 B 후보를 지지하게 만들까, 이런 연구가 더 궁금하지 않으세요?(웃음)

사회자 욕심이 크신 것 같아요.(웃음) 그러면 혹시 나도 모르게 어떤 정보를 습득했을 때, 그것을 꼭 찍어서 지워버릴 수 있는 그런 능력도 우리 뇌에 있나요? 있다면 우리가 그걸 활용할 수 있나요?

정재승 그런 능력이 있고요, 활용할 수도 있죠. 사실 이런 걸 할 수 있게 된 지 얼마 안 됐어요. 비슷한 실험을 쥐를 대상으로 했는데요. 뇌의 특정한 영역에다 강한 자기장을 걸면 어느 특정한 기억 하나를 지울 수가 있어요. 우리 뇌는 원래 그런 능력을 가지고 있고요. 예를 들어서, 자기가 같이 살고 있는 가족에게 성폭행을 당하는 아이의 경우, 날마다 집에 들어가야 하잖아요. 거기에는 범죄자가 있고요. 그 기억을 계속 가지고는 도저히 생활할 수가 없는 거예요. 그래서 자신의 기억을 날마다 지워요. 그래야만 그 방, 그 집에 들어갈 수 있으니까요. 그런 망각을 통해서만 힘든 삶을 견뎌낼 수 있는 거죠. 우리 뇌에는 생존에 필요하면 망각하는 기능들이 있는데, 그 영역을 자극해 줘서 특정한 기억을 지울 수 있습니다. 저희도 쥐를 가지고 실험에 성공한 거죠. 이걸 아주 강력한 트라우마를 얻은 외상 후 증후군 환자들의 기억을 지워주는 데 활용할 수 있을 것 같습니다.

사회자 우리가 뉴스를 접할 때 스스로의 의지로 정보를 선별해서 기억하는 것 같진 않아요. 지하철역을 지나가다가 가판대에 놓여 있는 굵은 신문 제목을 얼핏 본다든가, 식당에서 틀어놓은 텔레비전 뉴스를 슬쩍 본다든가, 그러면 알게 모르게 그때 보고 들은 정보와 이미지들이 쌓이게 되잖아요. 그것을 우리가 일상적으로 기억에서 지울 수는 없을 것 같아요.

정재승 그렇죠. 오히려 그렇게 무의식적으로 무심코 본 영상들이 막강한 영향을 미칠 수도 있거든요. 예를 들면, 어떤 사람을 어떤 각도에서 찍느냐도 중요하죠. 화면이 어떤 각도로 어떤 사람을 담고 있을 때, 그 사람에 대해서 호감이나 비호감이 들 수도 있거든요. 그런 것들이 아주 교묘하게 여론을 바꿀 수 있는 장치이기도 하니까, 뉴스를 만드는 사람들이 굉장히 주의해야겠죠.

사회자 제가 여기저기 강연을 다니면 늘 그 얘기를 합니다. 똑똑한 사람일수록 미디어에 당하기 쉽다. '내가 특정한 매체는 안 보면 된다', '나는 기사를 꼼꼼히 읽기 때문에 기사의 이면을 볼 수 있다'라고 자신하는 사람들이 오히려 미디어에 당할 수 있다. 그래서 그것에 대한 주의를 늘 당부하는데요. 교수님을 통해서, 우리가 미디어로부터 안전하지 않다는 과학적 근거를 확인하고 싶었습니다.

정재승 맞는 말씀입니다. 오바마 대통령 같은 경우에는 항상 다른 사람들과 대화하고 있는 모습을 찍은 사진만 내보낸다고 하더라고요. 이 사람이 얼마나 소통을 잘하는 사람인지 강조하는 거죠. 대화하는 사람과 비슷한 눈높이로, 정면이 아닌 측면으로 주로 나오죠. 그런 것들이 좋은 이미지를 만드는 데 도움이 되는 것처럼, 반대의 조작도 가능하겠죠.

***

내 인생, 새로고침 할 수 있을까?

사회자 오늘 강연 제목이 '뇌도 리셋이 되나요?' 입니다. 아직 결론을 알지는 못하지만, 강연을 듣고 나면 확실히 뇌가 시원해질 것 같아요. 박수로 교수님의 강연을 맞도록 하겠습니다.

정재승 여러분, 반갑습니다. 오늘 주제가 '새로고침' 이잖아요. 그래서 제가 처음 주제를 듣고 머릿속에 떠올렸던 '새로고침' 이 어떤 건지 먼저 말씀을 드리려고 합니다. 그리고 우리가 어떻게 '새로고침' 을 잘할 수 있을까, 왜 '새로고침' 은 어려운가, 그런 이야기들을 신경과학적인 관점에서 소개해 드리겠습니다. 또한 저는 어떻게 '새로고침' 을 하려고 노력하고 있는지, 제 개인적인 경험을 공유하는 내용도 말씀드려 보겠습니다.

여기 오신 분들은 다 인생을 한 번쯤 '새로고침' 하고 싶으신 분들인 거죠? 굉장히 바꾸고 싶은 인생을 살고 있는 분도 계실 거고요. 그것까진 아니더라도 뭔가 변화가 필요하다고 느끼는 분도 계실 거예요. 그리고 본의 아니게 '새로고침'을 해야 하는 상황인 분도 계실 겁니다. 제가 드리는 말씀이 작게나마 도움이 됐으면 좋겠습니다. 인터뷰 특강이 흥미롭고 도전적이면서도 조심스럽고 어려운 이유는, 제가 뭔가 인생에 대해서 말씀을 드려야 하거든요. 그런데 저보다 연세도 많고 경험도 많으신 분들이 다수 계셔서, 제가 인생에 대해서 얘기하는 게 굉장히 조심스럽습니다. 제 얘기를 그동안 삶에서의 경험들을 공유하려는 노력 정도라고 알아주시면 좋을 것 같습니다. 과학자가 과학적 연구 결과를 모두 사실인 양 실제 상황에 적용하려 한다고 받아들이기보다는, '새로고침'과 관련된 다양한 과학적 결과 중에서 저의 관심을 끌었던 내용을 추려서 가지고 온 정도로 여러분께서 인지해주시기 바랍니다. "누가 그러는데 원래 인생은 새로고침이 안 되는 거래"라든가, "이러면 인생이 새로 고쳐진대" 같은 단정적 표현은 강연 이후에도 되도록 자제해주셨으면 합니다.(웃음)

제가 올해 마흔입니다. 제가 1972년 5월생이거든요. 그리고 올해가 제 안식년입니다. 지금 가족들과 함께 미국에 있습니다. 이 강연을 하려고 그저께 밤에 왔습니다. 그래서 올해 제 화두가 뭐냐. 앞으로 40대를 어떻게 보내야 할까, 하는 겁니다. 40대를 '새로고침' 하려는 마음으로 안식년을 맞이하게 된 거죠. 40대에는 이런 걸 지켜야지, 하면서 제 나름대로 목록을 작성했어요. 그중의 하나가 강연 자료를 미리 만드는 겁니다.

제가 강연을 가끔 다닙니다. 미리 강연 준비를 하면, 더 좋은 강연을 할 수 있을 거 같은데, 항상 다른 일을 하다가 마감에 쫓겨서 강연한 시간 전에 발표 자료가 완성됩니다. 그래서 강연을 요청한 분이 빨리 강연 자료를 보내달라고 하면, "저는 미리 강연 자료를 드리지 않습니다"라고 얘기합니다. 이게 마치 정책인 것처럼 말이죠.(웃음) 그렇게 얘기하면서 열심히 강연 자료를 만들죠. 그리고 완성된 걸 가지고 강연장에 오는 동안, 머릿속에서 정리해서 강연을 합니다. 이게 좋은 습관은 아닌 거 같아서, 2013년부터는 그러지 말아야겠다고 결심했습니다. 그런데 제가 오늘 강연 자료를 몇 시에 완성했을까요? 6시 10분에 완성했습니다. 7시 강연인데, 한 시간도 부족해서 50분 전에 완성한 거예요. 그래서 제가 드리려는 말씀은, 그만큼 '새로고침'이 어렵다는 겁니다.(웃음)

제 생각에 사람들은 인생을 '새로고침' 하고 싶어 합니다. 우리의 삶이 컴퓨터라면, 새롭게 하는 데에는 여러 가지 방식이 있을 겁니다. 우선, 그냥 코드를 뽑는 방식이 있습니다. 재부팅을 하는 것이죠. 컴퓨터가 작동을 잘 안 하고 갑자기 화면이 멈출 때, 가장 좋은 방법은 강제 종료를 한 후에 다시 부팅하는 방법입니다. 컴퓨터의 F5 키, 리프레시(refresh) 버튼이 있죠. F5 키를 눌러 화면을 업데이트하는 수준의 리프레시먼트(refreshment)가 필요하신 분도 있을 겁니다. 리셋(reset)으로 인생을 다시 시작하고 싶다고 생각하는 분들도 있을 거고요. 더 강력하게는, 내 삶을 하드 포맷하고 싶은 분들도 계실 겁니다. 그간의 삶의 궤적을 다 지워버리고, 어디 가서 완전히 새로운 사람으로 다시 태어나고 싶은 거죠. 저는 이러한 여러 욕망들의 집합체로 '새로고침'을 생각해봤습니다. '이건 업데이트 정도의 수준이다', '이건 완전히 재부팅을 한 거 같은데', 혹은 '내 삶을 완전히 하드 포맷하려면 어떻게 해야 하나' 같은 다양한 욕망들이 중첩된 개념으로

'새로고침'을 이해해주셨으면 좋겠습니다.

삶을 다시 시작하고 싶은 욕망은 누구에게나 있습니다. 다만, 정도의 차이는 있을 겁니다. 예를 들면, 일상을 '새로고침'하고 싶은 분들도 계실 겁니다. 자신이 갖고 있는 안 좋은 습관, 즉 오락에 빠져 있다거나 술이나 담배를 못 끊는다든가 하는 일상의 태도와 관련된 문제점들이 있을 거고요. 사랑을 '새로고침'하고 싶은 분들도 많이 계실 겁니다. 남자 친구를 바꾸고 싶다거나 남자 친구와의 관계를 바꾸고 싶은 경우가 많이 있죠. "나는 늘 사랑에 빠지면 비슷한 행동들을 한다. 초기에는 어떻고, 나중에는 어떻다. 그래서 꼭 헤어지고, '이러지 말아야지' 하는데, 새로운 사람을 만나면 또 유사한 행동을 한다. 그래서 나는 내 사랑을 업그레이드하고 싶다"는 분도 계실 겁니다. 직장 생활도 마찬가지겠죠. 신뢰를 회복하고 싶다거나 사람들과의 관계를 재정립하고 싶은 욕망도 있습니다.

그래서 매년 1월 1일에 우리는 이런 다양한 '새로고침'의 욕망들을 가지고 새해 결심을 합니다. 그리고 설날 때쯤에 한 번 더 합니다. '아, 그동안 못 했구나' 하면서 다시 한 번 기회를 주지요. 그렇지만 실패하고 여름쯤 됐을 때, '한 해가 벌써 반이나 갔네. 이제부터는 잘 살아야지' 하고 '새로고침'을 한 번 더 하지요. 10월쯤 됐을 때, 다시 한 번 가슴이 철렁 내려앉습니다. '올해가 벌써 다 가네. 근데 난 크게 달라지지 않았네' 하면서 못다 한 '새로고침'의 욕망을 다시 한 번 불태우겠다고 다짐하나, 11월을 허탈하게 맞이하게 되죠. 그리고 12월이 되었을 때, 한 해가 다 갔는데 자기가 한 해 동안 뭘 했는지 고민하면서, 1월 1일에 모든 걸 '새로고침' 하겠다는 마음으로 편하게 크리스마스와 연말을 보냅니다. 작년에도, 재작년에도 그런 패턴을 '새로고침' 하지 못한 채 사셨을 거라는 생각이 듭니다.

연초에 '새로고침' 하고 싶은 사항들 많이 적어두셨을 겁니다. 그리고 가끔 그걸 들여다보실 겁니다. 그러면서 아직 시간이 남아 있다고 위로하거나, 이게 과연 이루어질 수 있는 것이었는가를 회의하는 시간을 종종 갖죠. 연말이 되었을 때, 그 새해 결심이 얼마나 허황되고 무모한 것이었는가를 깨달으면서 그다음 해 1월 1일을 맞이하기 전에 또다시 새해 결심을 적어보지만, 작년에 적은 결심과 크게 다르지 않아요. '작년에도 살을 빼기로 했는데, 올해도 살을 빼야 하네', '어, 몸무게는 오히려 늘었네' 하는 것들을 경험하게 되죠. 지금 제 얘기를 드리고 있는 겁니다. 굉장히 많은 사람들이 저와 비슷한 경험을 하고 있을 거라고 생각합니다.(웃음)

새해 결심은 왜 그토록 지켜지지 못하는 것인가를 연구한 과학자들이 있습니다. 그들의 논문에 따르면, 약 77퍼센트의 사람들이 새해 결심을 일주일 정도 지킵니다. 그리고 대부분은 다 포기하게 됩니다. 결심은 그저 결심일 뿐, 삶은 크게 바뀌지 않는 상황들이 되고요. 약 19퍼센트의 사람만이 새해 결심을 나름대로 지키면서 2년 정도의 시간을 보낸다는 겁니다. 이렇게 보면 새해 결심이라는 게 아무도 못 지키는 어려운 일은 아닌 거예요. 20퍼센트 정도는 지키는 겁니다. 그런데 저는 지켜진 새해 결심 중 많은 부분이, 예를 들면 '올해는 남자 친구 만들어야지' 같은 류의 결심이 아닐까 합니다. 가볍게 한번 생각해본 건데, 남자 친구가 실제로 생겨서 본의 아니게 지키게 되는 그런 경우들도 있을 거라는 거죠. 냉정하게 얘기하자면, 약 10퍼센트 정도가 새해 결심을 지키는 훌륭한 분들이 아닐까 싶습니다. 그리고 여기 계신 분들은 77퍼센트, 혹은 90퍼센트에 포함된 분이 다수가 아닐까 합니다. 저 역시 마찬가지고요. 그런 공감대를 형성하면서 본격적으로 이야기를 시작하려고 합니다.

'새해 결심은 왜 못 지키는가', '새로고침은 왜 그토록 어렵나', '인생은 왜 리셋이 쉽지 않을까', 이게 제가 여러분에게 드리는 화두입니다. 그리고 '새해 결심은 지켜지지 않는 게 너무나도 당연하다. 우리 뇌는 그렇게 디자인되어 있다' 라는 말씀을 드리려는 겁니다. '우리 모두 그걸로 너무 죄책감을 갖지 맙시다' 라는 말씀을 드리려는 거예요. 인생을 새로고침 하고 싶으면 결국엔 생각과 행동을 바꾸어야 하고, 그것의 중추인 뇌가 다른 방식으로 정보를 처리하고 행동하라고 해야만 합니다. 그런데 그게 쉽지 않다는 겁니다.

✻✻✻
중국집에 가면 무슨 메뉴를 고르시나요?

최근에 했던 실험 하나를 소개하면서, 인생을 리셋하는 게 얼마나 힘든 일인지 말씀드리려고 합니다. 제가 지난 3년 반 동안 굉장히 재밌는 실험을 했습니다. 얼마 전에 그 결과를 논문으로 제출했고요. 이른바 '올드보이' 실험이라는 겁니다. 영화 〈올드보이〉에서처럼 사람을 호텔 방 같은 곳에 가둡니다. 그리고 그 사람에게 15년간 같은 음식을 주는 겁니다. 그런데 저는 박찬욱 감독보다 좀 더 관대해서, 군만두만 계속 주는 게 아니라 네 가지 음식 중에서 선택할 수 있게 해주는 겁니다. 예를 들면, 짜장면, 짬뽕, 군만두, 볶음밥. 네 개 중에서 골라 먹으라고 하면, 15년간 그 사람이 음식을 골라 먹을 거 아니에요. 도대체 그분이 음식을 골라 먹는 패턴이 어떤 특징을 가질까,

그게 제가 궁금했던 내용입니다. 그래서 피험자를 지금도 모집하고 있는데, 아직 자원자를 못 찾았어요.(웃음)

실험 자원자를 찾는 동안, 저희가 쥐를 대상으로 똑같은 실험을 해봤습니다. 쥐를 상자 안에 놔둡니다. 상자 안에는 네 개

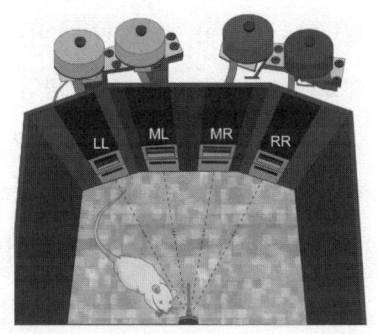

쥐 실험 장치

의 레버가 있어요. 쥐가 이 중에 한 버튼을 누르면 거기서 먹을 게 나오는 겁니다. 이 네 개의 구멍에서 나오는 음식의 영양분은 똑같아요. 영양학적으로는 뭘 먹어도 상관이 없는데, 향이 다른 네 개의 조그마한 음식 덩어리가 내려옵니다. 하나는 커피 향, 하나는 초콜릿 향, 하나는 바나나 향, 하나는 시나몬 향. 쥐는 하루에 200끼를 먹습니다. 체구가 굉장히 작기 때문에 한 번에 많이 못 먹어요. 조금씩 먹지만 그걸 다 소화하고 나면, 금방 또 다음 음식을 먹어야 하는 거예요. 그래서 계속 뭔가를 먹어야 합니다. 쥐는 야행성이라서 주로 밤에 깨어 있는데, 깨어 있는 동안 열심히 200끼를 먹습니다. 쥐가 버튼을 눌러서 먹을 때마다 어떤 순서로, 뭘 제일 많이 먹고, 어떤 선택을 하는지를 저희가 기록했습니다. 쥐를 두세 달 정도 감금해놓으면, 마치 한 사람을 15년 감금한 만큼의 끼니 수가 나옵니다. 그래서 쥐를 석 달 정도 감금하고 지금과 같은 실험을 하면, 사람을 15년 감금해서 얻은 결과와 유사한 결과를 얻을 수가 있습니다.

다음과 같은 결과가 나왔습니다. 여러분은 이 결과를 보면 머리가 아프시겠지만, 저 같은 물리학자는 '아, 너무 아름답다'라는 생각이

듭니다.(웃음) 이 그래프가 왜 아름다운지 설명해 드리겠습니다. A 그 래프에서 L이 낮이고, D가 밤입니다. 쥐는 낮에는 잘 안 먹고 밤에 많이 먹는다는 걸 보여주는 겁니다. 그리고 쥐에게도 향에 대한 아주 확연한 선호가 있어요. 아무렇게나 먹는 게 아니라 어떤 쥐는 커피 향을 굉장히 좋아하고요. 어떤 쥐는 초콜릿 향을 좋아하고, 어떤 쥐는 시나몬 향을 좋아합니다. 쥐들마다 취향은 다르지만 제일 좋아하는 것, 두 번째로 좋아하는 것, 세 번째로 좋아하는 것, 네 번째로 좋아하는 게 나름 있다는 겁니다. B 그래프는 음식이 나오는 위치와는 상관없이 음식을 먹는다는 거지요. C는 초콜릿 향을 좋아하는 쥐가 제일 많고, 커피 향을 좋아하는 쥐가 제일 적다는 것을 보여줍니다. 여기까지는 무난한 결과입니다.

이 그래프가 아름다운 건, D와 E 때문입니다. 이건 뭘 얘기해주는 거냐 하면요. 쥐들이 커피 향을 좋아하든, 초콜릿 향을 좋아하든 그건 중요하지 않습니다. 자기가 제일 좋아하는 향을 '랭크 1'이라고 하면, 전체 끼니 중에서 거의 반수, 50퍼센트를 그걸 먹습니다. 그다음에 두 번째로 좋아하는 '랭크 2'는요, 제일 좋아하는 음식을 먹는 횟수의 반 정도를 먹습니다. 세 번째로 좋아하는 음식은, 두 번째로 좋아하는 음식의 반 정도를 먹습니다. 네 번째로 좋아하는 음식은, 세 번째로 좋아하는 음식의 반 정도를 먹습니다. 그러니까 쥐가 석 달 동안 하루에 200끼씩 먹는데, 그걸 다 더하면 아주 정확한 분포가 나온다는 거죠. 쥐 한 마리가 아니라 여러 마리의 쥐를 살펴봐도 정확하게 50퍼센트의 분포로, 첫 음식의 반, 두 번째 음식의 반, 세 번째 음식의 반을 먹는다는 거예요. 그래서 이걸 로그 스케일로 그려보면, 이 그래프처럼 딱 직선이 나오는 거예요. 아름답죠? 너무 신기하

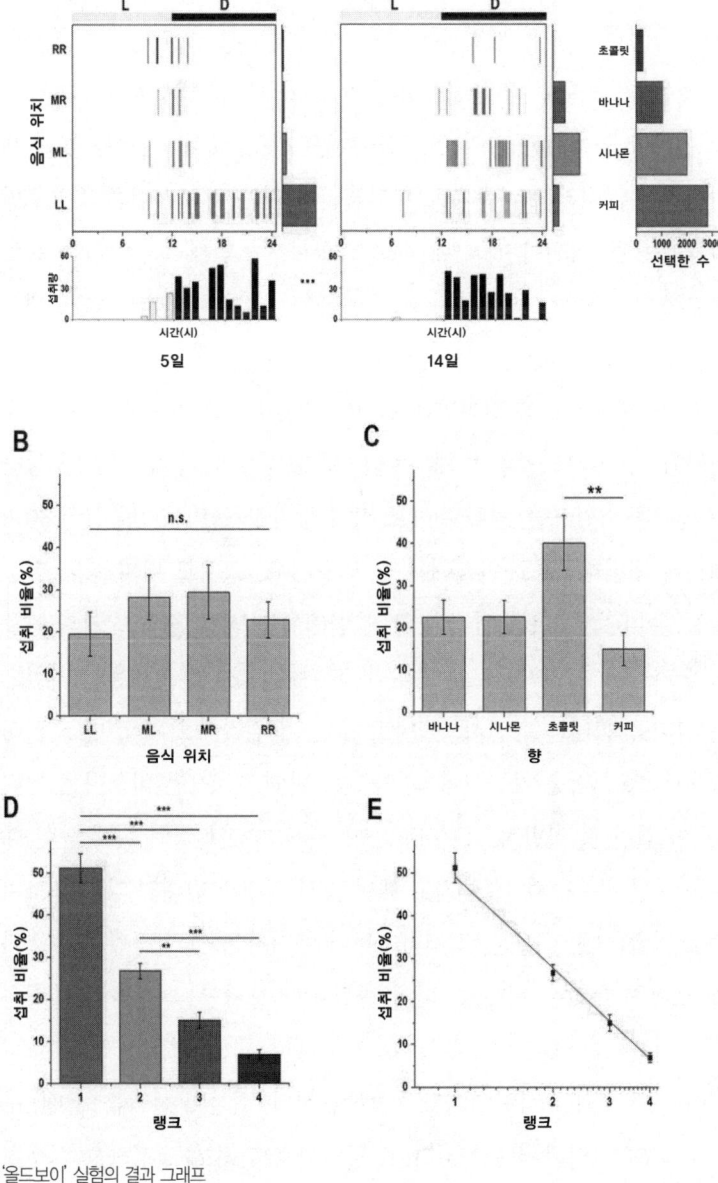

'올드보이' 실험의 결과 그래프

지 않나요. 쥐들이 아무 생각 없이 먹는 것 같은데, 희한하게도 두 번째로 좋아하는 것은 제일 좋아하는 것의 반 정도, 세 번째로 좋아하는 것은 두 번째로 좋아하는 것의 반 정도, 네 번째로 좋아하는 것은 세 번째로 좋아하는 것의 반 정도 먹는다는 겁니다. 전체를 놓고 생각하지는 않더라도 나름대로 생각하면서 먹는 거죠. '이쯤 먹었으면 다음에는 좀 바꿔야지. 근데 뭘로 바꿀까. 두 번째로 좋아하는 걸로 바꿀까, 세 번째로 좋아하는 걸로 바꿀까.' 그게 매우 정교하게 계산되어서 끼니가 결정된다는 거예요.

더 재밌는 건 다음 결과인데요. 이 쥐는 지난 열 번 동안 커피 향을 먹었어요. 그러면 열한 번째는 어떤 향을 먹을까요. 지난 열 번 동안 커피 향을 먹었으면, 열한 번째도 커피 향 푸드를 먹을 가능성이 80퍼센트가 됩니다. 열두 번째에는 뭘 먹을까요. 그때도 커피 향을 먹을 가능성이 83퍼센트쯤 됩니다. 열세 번째에는 뭘 먹을까요. 커피 향을 먹을 가능성이 85퍼센트쯤 됩니다. 과거에 내가 뭘 오랫동안 먹었으면 그다음 끼니는 당연히 딴 데로 옮길 거 같잖아요. 그런데 오히려 그대로 그걸 먹을 가능성이 더 높다는 거예요. 잘 안 바꾼다는 겁니다. 이 결과는, 일반적으로 사람들이 '우리가 반복적인 선택을 할 때 취하는 전략은 이럴 거다' 라고 했던 것과 완전히 반대의 양상을 보여주고 있습니다. 사실은, 경제학자들이 얘기하는 것과 정반대의 결과를 보여주고 있는 건데요. 뇌의 관점에서 보자면, 너무 자연스러운 일인 거예요.

이 실험 결과를 사람에게도 적용해봅시다. 쥐들이 선택을 할 땐, 두 가지 뇌의 영역이 작동합니다. 행동하고 판단하고 결정하고 실행에 옮길 때, 두 영역이 관여해요. 특히나 반복적으로 어떤 걸 선택해야 하는 상황일 때, 여러분이 일상적으로 늘 하는 행동에도 이 두 시스템이 작동합니다. 하나는 '목표지향 시스템(Goal-Directed system)'이라는 겁니다. '내가 지금 이걸 해서 뭘 얻어야 하지', 그 목표를 생각한 다음에 가장 큰 보상을 얻을 수 있는 옵션을 찾아서 선택하는 거예요. 예를 들면, 여러분이 남자 친구 혹은 여자 친구와 함께 이탈리안 레스토랑에 갔습니다. 메뉴판에 이탈리아어로 된 글자들이 씌어 있어요. 그럼 그중에서 골라야 하잖아요. 그때 여러분의 머릿속에서는 무슨 일이 벌어지느냐, 이 영역이 난리가 납니다. '내가 지금 뭘 먹어야 여기서 제일 맛있는 음식을 선택할 수 있을까.' 그래서 웨이터에게 "이건 뭐예요, 여기 원래 뭐가 맛있어요"라고 계속 물어보면서, 가장 좋은 선택을 하려고 노력하는 뇌의 영역이 바로 여깁니다.

그리고 또 하나는 이른바 '습관 시스템(Habit system)'이라는 겁니다. 일상적으로 반복되는 일을 할 때, 목표의 아웃풋은 그렇게 중요하지 않아요. 내가 이걸 선택하면, 어느 정도의 보상이 오는지는 이미 경험했어요. 내가 이걸 선택했을 때 이 정도의 음식이 나온다는 걸 이미 알고 나면, 그다음에는 더 맛있는 걸 찾으려고 하기보다는 그냥 그걸 선택하는 거죠. 습관적인 의사결정을 하는 곳이 바로 저 습관 시스템입니다. 저기는 어떤 곳이냐. 아까 이탈리안 레스토랑에서의 여러분의 선택이 목표지향 시스템이 하는 일이라면, 이 습관 시스템은 가정식 백반집에 가서 "아줌마 2인분이요" 하는 겁니다. 메뉴판을 보면서 뭘 먹어야 할지 고르기는 싫고, 그냥 알아서 주면 좋겠다는 거죠. 우리는 어떤 습관적인 선택을 반복적으로 해야 하는 상황에서 그중 하나를 으레 고르게 됩니다. '나는 이 집에 오면 늘 이걸 먹지' 하면서 그걸 선택할 때, 여러분의 뇌에서 작동하는 곳이 바로 습관 시스템입니다.

여러분이 아주 중요하다고 생각하고, 처음 해보는 일을 할 때는 목표지향 시스템이 활동합니다. 그래서 뭔가 선택을 하겠죠. 근데 그게 두 번이 되고, 세 번이 되고, 여러 번 반복되면 이제 그 결과는 그렇게 중요하지 않고요. 그 선택을 하는 데 나의 뇌를 쓰고 싶지 않아 합니다. 그래서 습관 시스템은 아주 최소한의 노력으로 예측 가능한 결과를 얻을 수 있는, 습관이라는 걸 만들어서 사람들에게 그 선택을 하도록 하는 거예요. 처음에는 목표지향 시스템이 막 활동하다가, 나중에는 습관 시스템으로 옮겨 가는 게 우리의 일상인 겁니다.

이건 우리한테 무슨 의미가 있느냐. 우선, 짜장면과 짬뽕이라는 인류의 화두에 대해서 아주 놀라운 통찰력을 제공해주고 있습니다. 중국집에서 '짜장면을 먹을까, 짬뽕을 먹을까'는 너무나도 고민되는 일이고, 대한민국 사람들이 영원히 풀지 못하는 화두라고 언론에서 계속 얘기하잖아요. 근데 이 실험 결과는 '짜장면과 짬뽕'이라는 질문이 그다지 어려운 문제가 아니라는 걸 말해주고 있습니다. 무슨 얘기냐, 사람들은 짜장면과 짬뽕을 선택하는 문제에서 나름의 답을 가지고 있다는 거예요. '나는 주로 뭘 먹어' 하는 게 있다는 겁니다. 만약 이게 진짜로 인류의 화두라면 짬짜면이 나오는 순간, 이 문제는 해결되어야 해요. 짜장면과 짬뽕을 동시에 다 먹을 수 있는데 뭐가 문제예요. 그런데 희한하게도 짜장면, 짬뽕, 짬짜면 중에서 짬짜면을 선택하는 사람의 비율이 15퍼센트를 넘지 않습니다. '난 원래 중국집에서 짜장면 먹는데'라고 생각하는 사람이 압도적인 다수입니다. 한 연구자 그룹의 설문조사에 따르면 약 50퍼센트가 짜장면을 선호합니다. 짬뽕을 선호하는 사람이 23퍼센트쯤 됩니다. 짜장면의 반 정도.

볶음밥을 선택하는 사람이 십몇 퍼센트쯤 됩니다. 그리고 나머지는 잡다하죠. "전 원래 요리만 먹어요"라는 사람부터 시작해서 다양한 사람들이 있는 거죠. 여기 계신 분들도 마음속으로 한번 생각해보세요. '나는 짜장면과 짬뽕 중에 주로 뭘 먹어' 라는 여러분만의 답이 마음속에 있을 겁니다.

사람들은 중국집에서 음식을 고를 때, 자신의 뇌를 쓰고 싶어 하지 않습니다. 그게 바로 습관의 힘입니다. 다시 말하면, 처음에는 집에서 회사에 갈 때 가장 빨리 가는 길을 찾으려고 노력해요. 지하철로 가서 마을버스를 타고 가볼까, 버스를 두 번 탈까, 운전을 해볼까, 자전거를 탈까. 여러 가지를 경험하죠. 그렇지만 그중 한 방법이 결정되고 나면, 사람들은 그냥 그걸 계속합니다. 사실은 그사이에 지름길이 생기고, 새로운 노선의 버스가 등장해도 사람들은 그걸로 갈아타지 않아요. 더 빨리 가는 길을 찾는 데 나의 뇌를 쓰면서 인지적인 노력을 하기보다는, 그 노력을 다른 데 쓰고 싶어 합니다. 그냥 지하철에서 스마트폰을 하고, 책을 읽죠. 원래 사람이 그렇게 디자인되어 있는 거예요. 여러분이 지금까지 중국집에서 짜장면을 먹은 횟수, 짬뽕을 먹은 횟수를 생각해보세요. 대부분 사람들은 탕수육을 하나 놓고, 짜장면이나 짬뽕을 먹습니다. 중국집에 있는 메뉴판에서 메뉴의 수를 보세요. 그 많은 메뉴 중에서 우리가 먹어본 것이 몇 개나 될까요. 사람들은 굉장히 많은 선택의 가능성이 있다고 생각하지만, 실제로 선택하는 개수는 매우 제한되어 있습니다. 모험을 하고 싶어 하지 않고요. 자신의 뇌를 그런 데에 쓰고 싶어 하지 않습니다. 그래서 짜장면과 짬뽕은 사실 인류의 영원한 화두가 아닙니다. 제 연구가 꼭 그 질문에 답하기 위해서 만들어진 연구는 아니지만, 어쨌든 그런 결과를 보여주고 있고요.

"배스킨라빈스 31, 골라 먹는 재미가 있다." 사실은 골라 먹는 재미가 없다는 게, 제 연구 결과입니다. 아이스크림 회사 배스킨라빈스의 모토 아시죠? 한 달 31일 동안 매일 다른 아이스크림을 먹게 해주겠다, 이게 배스킨라빈스의 모토이자 전략입니다. 근데 여러분, 배스킨라빈스에서 골라 드세요? 그 31개 맛을 다 먹어봤다는 분 계십니까? 배스킨라빈스에서 사람들은 대개 네 가지 정도 안에서 선택을 합니다. 서른 가지 정도의 아이스크림이 있는데, 그중에서 여덟 개 아이스크림의 매출이 80퍼센트가 넘습니다. 대부분의 사람들은 골라 먹지 않고, 주로 정해진 것들을 먹습니다.

우리 뇌는 부피와 무게가 전체 몸무게의 2퍼센트밖에 되지 않지만 우리가 먹는 음식 에너지의 25퍼센트를 씁니다. 그러니까 우리가 뭔가를 생각하고 신경 쓴다는 건 굉장히 에너지를 많이 쓰는 거예요. 그래서 우리는 되도록 에너지를 적게 쓰려는 방식으로 세상을 살아갑니다. 그걸 일종의 에너지 최소 사용의 법칙 정도로 생각할 수 있을 거 같아요. 몸도 마찬가지예요. 왜 사람들이 그토록 운동을 안 하는가, 몸을 움직여서 에너지를 쓰는 게 너무 싫기 때문이에요. 왜 우리는 생각하기 싫어하는가, 뇌를 쓰면 에너지를 많이 써야 하기 때문에 그게 귀찮은 겁니다. 어떻게 하면 에너지를 안 쓰고 세상을 살까, 이게 사람들의 전략인 거예요.

에너지를 적게 쓰는 방식으로 살면 생존의 가능성이 높겠죠. 그러니까 에너지를 안 쓰는 전략이 사실은 보편화된 전략이고요. 끊임없이 움직이면서 청소하고, 가구를 옮기고, 일을 만들어서 하는 분들은 매우 훌륭한 분들입니다. 그런 분들이 그럴 수 있는 이유는 뭐냐, 에너지를 쓰면서 특별한 기쁨을 느끼기 때문입니다. 그 기쁨을 느끼게 하는 일은 사람마다 다르죠. 어떤 사람은 집안일을 하면서 그런 기쁨을 느낄 수도 있고요. 자기가 좋아하는 일에 대해서는 기꺼이 그 에너지를 투자하는 거예요. 사람은 어떤 방식으로 살아가느냐. 별로 중요하지 않은 일은, 습관이라는 방식으로 에너지를 최소화합니다. 그리고 자기가 관심 있는 일에 대해서는 에너지를 많이 쓰면서 다양한 선택들을 하죠. 사실은 거기에서 끊임없이 '새로고침'들이 일어나는 거예요. 그게 우리의 삶인 겁니다.

우리가 즐겁고 기뻐서 하는 일들은 매우 제한되어 있어요. 그러다 보니, 대부분의 시간을 차지하는 일상은 습관이 관여하고, 거기에 굳이 많은 에너지를 쓰지 않고 살아가죠. 예를 들면, 맛집을 좋아하는 분들은 중국집에 가서 메뉴판에 있는 음식을 보고 "와, 이건 무슨 음식이지" 하면서 선택을 하시겠죠. 그렇지만 대부분의 사람들은 자기가 좋아하는 일 외에 다른 것에는 에너지를 별로 쓰지 않는 삶을 산다는 겁니다. 그러다 보면 대부분의 일상이 습관으로 가득 차 있게 되는 거예요. 으레 아침에 일어나면 커피를 한잔 마시고, 지하철을 탈 때에는 스마트폰으로 트위터를 하는 삶. 삶이 판에 박힌 듯이 돌아가는 거예요. 제가 오늘 강연을 준비하면서 이름을 한번 붙여봤는데, 그게 '삶의 진폭'인 것 같아요.

***
당신 삶의 진폭은 어느 정도입니까?

자기 삶의 진폭이 어느 정도인지를 생각해보는 시간을 가지시면 좋을 거 같습니다. 이건 행동반경만을 말하는 건 아닙니다. 내가 자주 만나는 사람들의 명단을 한번 작성해보세요. 일로 잠깐 만나는 거 말고, 일상에서 내가 노력해서 만나는 사람의 수가 생각보다 많지 않습니다. 그리고 여러분에게는 다양한 색깔의 옷을 입을 자유가 있잖아요. 근데 여러분의 옷장을 열어보세요. 색깔의 진폭이 어느 정도인가요. 사실 색깔의 진폭도 그다지 넓지 않은 경우들이 많습니다. 여러분이 다양한 색깔을 입으신다면, 색에 대한 삶의 진폭이 굉장히 넓으신 거고요. 패션에 특별한 관심이 있고, 옷을 입으면서 각별한 보상을 얻고 계시고, 그래서 옷을 고르거나 색깔을 고를 땐 습관 시스템보다는 목표지향 시스템이 작동해서 옷을 고르고 계신 거죠. 대부분의 남자들은 반대입니다. 청바지가 쭉 있고, 두세 종류의 색깔로 가득 차 있죠. "이거 예쁜 거 같아"라고 하면, 늘 듣는 얘기가 있잖아요. "너 이런 옷 있잖아." 제가 40년간 들어온 얘기입니다. 비슷한 옷들이 주르륵 있는 거예요. 다양한 선택의 가능성들이 있지만, 사람들은 선택의 가능성을 다 탐색하지 않고 산다는 거죠. 그러니 스스로 자기 삶의 진폭이 어느 정도 되는지를 한번 가늠해보시면 좋을 거 같습니다.

'나는 색 선택에 있어서 너무 진폭이 좁구나', '만나는 사람의 진폭이 너무 좁구나', '취미가 너무 빤하구나' 느껴보는 거죠. 음식을 먹을 때, 우리는 매번 다양한 음식들을 먹을 수가 있는데요. 우리가 먹는 음식의 개수가 참 적어요. 중국집에 가서 먹는 음식, 이탈리안 레스토랑, 한식. 다 적어봐도 얼마 안 돼요. 밤에 먹는 야식, 굉장히 많은 것 같잖아요. 근데 비슷해요. 그냥 치킨이죠. 그게 다수를 차지합니다. 자기가 관심 있는 건 아주 꼼꼼하게 뒤져보고 찾지만, 그렇지 않은 부분에 대해서는 에너지를 투자하지 않는다는 거죠.

제가 자주 드는 비유 중의 하나입니다. 여자들은, 청바지를 하나 산다고 하면 굉장히 많은 곳에 가서 다 입어보고 제일 좋은 걸 사려고 해요. 예를 들면, 명동에 가서 롯데백화점, 신세계백화점, 에비뉴엘, 영프라자의 청바지 파는 데를 다 뒤져서 맘에 드는 것들을 몇 개 고르고 입어봐요. 길을 건너 명동 골목골목에서 청바지 파는 곳에 들어가서 청바지를 훑어봅니다. 그러고 나서, 대개 친구 한 분과 함께 명동교자에 가서 만두를 먹으면서 그중에 뭘 살지를 회의합니다. 그리고 나와서 세 군데 정도를 다시 가서 한 번씩 입어본 다음에 그중 하나를 사는 거예요. 일주일 뒤쯤 우연히 이대입구에 들르면 내가 산 그 옷을 여기서도 파는지, 내가 정말 최저가격에 샀는지를 다시 한 번 확인합니다. 그게 아주 전형적인 패턴인 거죠.

그러면 남성분들은 어떻게 청바지를 사느냐. 예를 들면, 롯데백화점 4층 리바이스에 가서 "아저씨, 32 주세요"라고 합니다. 안 입어봐도 돼요. 그냥 사옵니다. 근데 그 둘 중에서 만족도는 누가 더 높으냐. 남자들의 만족도가 훨씬 높습니다. 무슨 얘기냐. 여성들은 다시 그 옷을 사지 않아요. 남자들은 그 옷을 계속 삽니다. 그리고 아주 편하게 잘 입고요. 사람들은, 아주 작은 차이를 구별해서 산 것들은 내가 산 것에 대한 확신이 적고 못 산 것에 대한 미련이 큽니다. 다음에는 저걸 사야겠다고 마음먹고, 이걸 사는 순간 다음에는 저걸 사야겠다고 마음먹어요. 그렇기 때문에 만족도가 떨어지고, 거기에 굉장히 많은 나의 인지적인 노력과 자원을 쓰는 거죠.

반면, 남자들은 정반대의 상황에서 비슷한 행동을 합니다. 여성분들이 좋아하는 드라마를 본다고 하면, 시작하기 전에 집에 가서 씻고, 과일을 잘라놓고, 게시판이나 페이스북 같은 데 들어가서 기다리다가 드라마를 봅니다. 드라마를 보고 나서 페이스북에 관련 자료를 막 올리고, 일종의 의식 같은 걸 치르는 거예요. 근데 남성분들은 어떤가요. 미국의 경우, 40대 남성이 텔레비전을 보는 약 두 시간 동안 채널을 계속 돌립니다. '좀 더 재밌는 거 없을까' 하면서 한 바퀴를 쭉 돌리는 데 약 3분 30초가 걸립니다. 한 바퀴를 다 돌고 나면, '그새 새로 시작한 게 없을까' 하면서 한 바퀴를 연속해서 더 돌립니다. 그래서 두 시간 동안 약 예닐곱 번, 전체 채널을 돌려본다는 거예요. 그리고 그것이 부부싸움의 불씨가 되는 경우가 많습니다. "제발 좀 그냥 봐"라는 이야기를 얼마나 많은 남성분들이 들어 오셨습니까. 그런데 텔레비전 시청에 관한 만족도는 누가 높으냐, 여성이 훨씬 높습니다. 매 순간 최고의 채널을 찾으려는 남성들의 욕망은 충족되느냐, 그렇지 않습니다. 이처럼 우리가 관심 있는 영역에 에너지를 집중하고 그렇지 않은 영역에는 습관으로 대처하다 보니, 우리의 삶이 굉장히 뻔한 패턴으로 점점 고착화되는 거예요.

'새로고침'이 어려운 이유는 무엇이냐. '새로고침'을 하려면 여러분의 습관을 바꿔야 하고, 습관을 바꾸는 데는 굉장히 많은 에너지를 써야 합니다. 그리고 새로운 습관을 얻기 위해 탐색해야 하고, 그것이 습관으로 자리 잡게 하기 위해서 반복적 수행을 해야 합니다. 쉬운 일이 아니죠. 그래서 여러분의 새해 결심은 번번이 실패할 수밖에 없고, 여러분의 삶은 어제의 삶과 크게 다르지 않고, 사실은 작년 이맘때의 삶과 크게 다르지 않은 겁니다. 근데 왜 우리는 그렇게 행동하도록 만들어졌느냐. 그렇게 사는 것이 우리 삶을 예측 가능하게 해주고, 안전하게 해주기 때문입니다.

습관적인 삶은, 사랑이라는 뜨거운 열정을 필요로 하는 행동에서도 여실히 보입니다. 우리는 사랑을 하면서 굉장히 많은 걸 경험합니다. 사랑에 실패하고 새로운 사람을 만나면 만날수록 우리는 더 좋은 사람이 되어 가죠. 이전 사랑에서 실패했던 걸 생각하면서, 다음 사랑에서는 그 실패를 되풀이하지 않아야겠다는 마음도 먹고요. 그래서 좀 더 너그러워지고, 서로 맞춰주려는 노력도 하고요. 그러나 한편으로는, 관계에 있어서 우리가 하는 행동들은 굉장히 유사한 패턴을 보입니다. 영화 보고, 밥 먹고, 차 마시고, 데려다 주고, 헤어지죠. 가는 데는 늘 정해져 있고, 가끔 새로운 데를 가는 날짜도 정해져 있고, 새로운 시도도 판에 박힌 듯해요. "우리 너무 오랫동안 영화 안 본 거 아니야", "우리 너무 오랫동안 뭐 안 한 거 아니야" 하면서 새로운 시도조차 틀 안에 넣는 사랑을 하죠. 사랑마저도 습관화가 된다는 얘기는 습관이라는 것이 얼마나 강력하게 우리의 삶을 옥죄고 있는 것인지를 여실히 보여줍니다.

나이가 들수록 이 경향은 더욱 심해집니다. 여러분의 삶의 진폭이 20대 때보다 40대 때 좀 더 줄어들 수 있고요. 특히 60대가 넘어가면 굉장히 줄어듭니다. 사회심리학자들의 연구에 따르면, 사람들은 나이가 들면 들수록 나와 정치적 성향이 다른 사람, 나와 경제적 계급이 다른 사람, 나와 미적 취향이 다른 사람과 이야기하는 것을 점점 불편해합니다. 어렸을 때는 내 친구가 가난하든, 부자든 별로 신경 쓰지 않고 사귀잖아요. 정치적으로 나와 의견이 다르다면, 술 마시면서 막 엄청나게 싸우죠. 그걸 사실 굉장히 즐기거든요. 그러면서 내 세계가 넓어지고, 새로운 세계로 확장되고, 내 세계관이 더 공고해지죠. 미적 취향이 다른 사람과 사귀기도 해서, "내가 쟤 때문에 처음

메탈리카를 들었어", "내가 쟤 때문에 처음 발레를 봤어" 같은 일들이 벌어지는 겁니다. 근데 나이가 들면 주 관심사가 재테크이거나 아이들 교육인데, 나와 경제적 계급이 다르면 속내를 털어놓고 이야기하기가 어려워집니다. 정치적으로 의견이 다르면 분란이 생기기 때문에, 이 사람의 정치적 성향이 어떤지 재빨리 파악해서 나와 다르면 아예 정치적인 얘기를 꺼내지 않는 전략들을 취하게 되죠. 미적 취향도 마찬가지입니다. "나는 그런 거 안 해", 이런 어르신들이 굉장히 많으시죠. 우리 사회가 고령화 사회가 되면서 "실버산업이 커질 것이다", "그들이 주된 소비층으로 등장할 것이다"라고 예측했으나 그 예측이 계속 틀리고 있는 이유가 그거죠. 어르신들은 새로운 시도를 하지 않아요. 늘 사던 브랜드를 사고, 늘 입던 브랜드의 옷을 입으십니다. 그렇기 때문에 건강과 관련된 영역이 아니면, 크게 확장되지 않는다는 거예요. 그만큼 나이가 들면 들수록 삶의 진폭이 줄어들거나 고정된다는 겁니다. '새로고침'이 더 어려워진다는 거죠. 자기와 다른 분야의, 다른 관심을 가진 사람들을 만나려고 의도적으로 노력하지 않으면, 그런 사람을 만날 가능성이 점점 적어지는 거예요. 불편함을 견디면서 새로운 사람과 이야기하는 걸 즐기는 삶을 살지 않으면, 자기 삶에 새로운 생각이 유입되는 일들이 점점 줄어들 것이라는 문제의식을 가지셔야 해요. 그걸 극복하기 위해 각별한 노력을 하지 않으면, '새로고침'은 점점 어려워지는 겁니다.

 습관의 틀을 벗어나려는 노력을 해야 해서 '새로고침'이 늘 어렵지만, 한편으론 습관이라는 안락함 속에서 우리가 삶을 영위하고 있는 건데요. '새로고침'을 신경과학적으로는 해석해보면, 제가 보기에는 나쁜 습관, 나쁜 일상으로부터 벗어나려는 시도로 볼 수 있을 거 같습니다. 이걸 극단적으로 못 하는 환자들도 있습니다. 그 대표적인 예가 프로크래스티네이터들(procrastinators), 즉 일을 미루는 사람들입니다. 일이 다음 단계로 넘어가야 하는데 꼭 그 사람한테 가면 함흥차사인 경우들이 있죠. '일 미루기'가 병명입니다. 직장인 중에 이런 분들이 약 14퍼센트 정도 됩니다. 굉장히 많은 거거든요. 이런 분들은 크게 세 가지 정도의 특징이 있습니다. 어떤 사람은 이 세 가지를 다 갖고 있기도 하고, 하나만 가진 사람도 있고, 둘만 가진 사람도 있습니다. 첫째로 결정을 하면 일을 잘하는데, 결정을 잘 못 해서 망설이는 사람들이 있습니다. 두 번째, 빨리 결정은 하는데 실행에 옮기지 않는 사람들이 있습니다. 하겠다고 대답은 하면서도 말이죠. 그리고 마지막으로, 처음에는 열심히 해요. 근데 그걸 하고 싶어 하는 동기가 시간이 갈수록 급격하게 떨어져서 마무리가 안 되는 사람들이 있습니다. 그래서 처음에 딱 얘기를 들으면 "어, 그거 재밌겠다"라고 하지만, 이내 손을 놓고 다시 그 일을 시작하기 싫어하는 사람. '저거 해야 하는데……' 머릿속에 목록이 있어요. 근데 나는 지금 딴 일을 하고 있어요. 그리고 시간이 남아요. '시간이 있어서 그걸 할 수도 있겠는데' 하면서, 안 해요. 그걸 시작하기가 겁나요. 계속 딴 일을 만들어요. 그러면서 머릿속으로는 계속 그 일을 해야 한다고 생각하는 사람. 그게 바로 프로크래스티네이터들입니다.

여기 지금 200분 가까이 계시니까, 그중 14퍼센트인 서른 분 정도는 '내 얘기구나', '내가 환자였구나' 이런 생각이 드실 겁니다. 물론 정도의 차이가 있습니다. 환자로 정의되려면, 저 증세 때문에 사회생활에 심각하게 문제가 있어야 합니다. 그러니까 '완전히 환자는 아니구나. 난 아직 괜찮아'라고 생각하시는 분도 계실 거고, '쟤는 자기가 환자인 줄 모르나 봐' 하고 주변 사람들은 다 아는 그런 경우들도 있을 겁니다. 이 병은 고치기가 매우 어렵습니다. 환자 스스로가 이게 병이라고 인지하지 않고 있기 때문입니다. '난 원래 이래', '내 개성이야', '그러고도 지금까지 잘 살아왔어'라고 믿기 때문에 그들은 '새로고침'이 정말로 어려운 사람들인 겁니다.

'새로고침'은 왜 어려울까요. 이유는 매우 자명합니다. 새로 고쳐야 할 마땅한 이유가 없기 때문입니다. 지금 내 삶이 굉장히 맘에 안 들어요. 맘에 안 드는 부분을 바꿔서 마음에 드는 삶으로 갔을 때 얻게 되는 기쁨이 있습니다. 그 기쁨을 얻기 위해 여러분이 노력해야 하고, 그만큼 에너지 소비가 있어야 하는데, 이 기쁨을 얻기 위해서 여러분이 그 정도의 에너지 소비를 할 마음이 없다는 겁니다. 굳이 '새로고침'을 할 절박한 이유가 없기 때문에 번번이 실패하는 겁니다. 새해 결심은 왜 늘 실패하느냐, 내년에도 새해는 오기 때문입니다. '새로고침'이 성공할 수 있는 유일한 길이 뭔지 아세요? 내 삶에서 새해가 없을 때입니다. 여러분에게 단 1년의 삶만 주어진다면, 그 1년의 삶은 완전히 '새로고침' 된 삶일 겁니다.

※※※
절박함이 새로고침을 이끈다

주변에서 '새로고침'에 성공한 사람들을 보세요. 갑자기 심근경색으로 쓰러져 죽다 살아난 사람이 그토록 많이 마시던 술을 끊고, 담배를 끊고, 등산을 하는 겁니다. 죽을 만큼 절박하지 않으면, 습관은 쉽게 바뀌지 않는다는 겁니다. 그 절박함을 만들어내는 것이 '새로고침'을 할 수 있는, 중요한 첫 단계입니다. 그 절박함을 어떻게 만들어 내느냐. 본의 아니게 만들어내는 경우들이 있습니다. 대개 불행한 일이겠죠. 갑자기 아파서, 주변의 누군가가 죽는 걸 보면서, '이러면 안 되겠구나'라고 느끼는 거죠. 갑자기 상황이 바뀌어서 본의 아니게 내 삶을 '새로고침' 당하는 그런 삶은 사실 좋은 삶은 아닌 거죠. 직장을 잃게 된다거나 예전같이 살아서는 더 이상 생존이 어렵다는 절박함 때문에 '새로고침'을 하게 되는 상황이 있을 수 있을 텐데요. 우리가 어떻게 하면 그런 경험을 하지 않으면서, 그런 절박함만을 경험할 수 있을까요. 이게 '새로고침'을 할 수 있는 가장 현명한 비결이겠죠.

이런 면에서 보면 우리에게 희망이 있습니다. 그게 뭐냐, 바로 인간이 후회하는 존재라는 겁니다. 흔히들 후회는 나쁜 거라고 생각하시잖아요. 사실 후회는 인간이 갖고 있는 굉장히 고등한 능력이고, 후회하지 않는 삶이야말로 저능한 삶이라고 이야기할 수 있습니다. 여러분, 실망과 후회의 차이를 인식하세요? 실망하니까 후회하는 걸까요? 실망 다음에 찾아오는 감정이 후회일까요? 실망과 후회는 같이 따라다니는 단어인 것처럼 보이지만, 이 두 단어는 굉장히 다른 뇌의 영역에서 처리됩니다.

실망과 후회를 신경과학자들은 이렇게 정의합니다. '내가 이런 행동을 하면 이런 결과가 나올 거야'라고 기대한 다음에 그 행동을 했는데 결과물이 기대만 못할 때, 우리가 겪게 되는 고통을 실망이라고 정의합니다. 실망은 뭔가를 끊임없이 예측하고, 그 예측 결과가 실제 결과와 비슷한지 아닌지를 비교하는 능력 때문에 얻게 된 고통이에요. 많은 동물들이 실망하는 반응을 보입니다. 예를 들면, 내가 오이를 들고 원숭이 앞에 서요. 원숭이가 나한테 돌을 줘요. 조약돌 같은 걸 주워서 주거든요. 그 돌을 받고 오이를 줘요. 그럼 그 옆에 있던 원숭이가 와요. 나한테 돌을 줘요. 그럼 그 원숭이한테 또 오이를 줘요. 그럼 그 옆에 있던 원숭이가 '오, 나도' 하면서 돌을 줘요. 그 원숭이한테는 오이보다 훨씬 맛있는 포도를 주는 거예요. 그 원숭이는 너무 좋아하겠죠. 그럼 그 옆에 있던 원숭이가 와요. 나한테 조약돌을 줘요. 근데 그 원숭이한테 오이를 주잖아요, 그러면 그 원숭이가 오이를 저한테 던집니다.(웃음) 무슨 얘기냐 하면, 그런 동물들도 내가 이걸 하면 뭐가 올 거라는 걸 기대한다는 거죠. 그리고 그 행동을 하고 나서, 돌아온 걸 비교해보는 거예요. 오이를 던지는 건 실망하는 행동인 거죠.

후회는 이런 거예요. 내가 A라는 길을 갈 수도 있고 B라는 길을 갈 수도 있는데, A라는 길을 갔어요. 그래서 얻게 되는 결과가 있어요. 그런데 그 상황에서 내가 만약에 B를 선택했다면 어떤 결과가 나왔을지를 머릿속으로 시뮬레이션하는 거예요. 그래서 다른 걸 선택했을 때 얻게 되었을 예측 결과물과 나의 결과물을 비교하는 겁니다. 그게 후회입니다. 그래서 저쪽 게 더 나았으면 후회를 하는 거예요. '내가 A를 선택하면 이런 결과가 나올 거야'라고 해서 선택했는데 그 결과가 안 나올 때 느끼는 고통이 실망이라면, A를 선택해놓고선 B를 선택하면 어떤 일이 벌어졌을지를 머릿속으로 시뮬레이션한 다음에 그때 예상되는 결과와 내 현실을 비교해서 내 현실이 그보다 못하면 좌절하고 고통스러워하는 걸 후회라고 부르는 겁니다.

이 시뮬레이션 능력은 아주 고등한 능력이어서요, 지금까지 후회를 한다고 알려져 있는 동물은 인간밖에 없다가 작년 초에 원숭이도 후회를 한다는 논문이 〈네이처〉에 실렸습니다. 그러니까 지구 상에서 후회하는 동물은 아직 영장류밖에 없는 거예요. 메뚜기는 후회하지 않습니다. 후회한다는 건 굉장히 고등한 거예요. 선택하지 않은 것들을 상상해보면서, '내가 저걸 선택했으면 이런 일이 벌어졌겠구나' 라는 아주 고등한 일을 하고 있는 겁니다. 후회 없는 삶을 살겠다는 건, 이 시뮬레이션 기능을 사용하지 않겠다는 겁니다. 자기가 선택한 것 외의 다른 옵션에 대해서 고려하지 않겠다는 거죠. 인간은, 이 시뮬레이션 능력을 통해서 다음에 유사한 선택의 상황이 되었을 때 더 나은 결정을 하라고 후회하는 기능을 부여받은 거 같아요.

그렇기 때문에 우리는 다양한 옵션들을 시뮬레이션해 보는 기능을 십분 활용하면서 살아야 하는 겁니다. 만약에 내가 죽으면 무슨 일이 벌어질지, 여러분은 아주 생생하게 시뮬레이션해 보실 수 있습니다. 내가 암에 걸리면 어떤 일이 벌어질까. 내가 교통사고를 당하면 어떤 일이 벌어질까. 내가 지금 이렇게 죽으면 내 삶은 어떻게 되는 거지. 누가 슬퍼할 거고, 내 돈은 어떻게 되는 거고, 내 직장은 어떻게 되는 거고, 내가 하던 일은 어떻게 되는 거고, 친구들은 어떻게 되는 걸까. 그걸 머릿속으로 시뮬레이션해 보실 수 있어요. 여러분은 영장류니까요. 그리고 그 시뮬레이션을 통해서 '아, 이러면 안 되겠구나' 하는 절박함을 느끼실 수가 있습니다. 후회를 통해서 절박함을 만들어내실 수 있습니다. 이게 사실은 제가 '새로고침'을 하는 방법 중 하나입니다.

'메멘토 모리(Memento Mori)' 라고 하잖아요. 저는 제가 죽으면 어떤 일이 벌어질지에 대해서 굉장히 자주 생각해요. '내 부모님이, 내 아내가, 내 아이가 어느 순간 갑자기 세상을 떠날 수가 있다. 그럼 나는 어떻게 해야 하지.' 그냥 머릿속으로 한번 생각해보는 게 아니라,

완전히 그 감정에 몰입해서 상황을 상상해봅니다. 그러면 부모님을 대하는 태도가, 아내를 대하는 태도가, 아이를 대하는 태도가 바뀔 수밖에 없어요. 자연스럽게 절박함을 만들어낼 수밖에 없는 거죠. 사실 제가 이런 습관이 든 이유는, 어떠한 상황도 죽음보다는 긍정적인 상황이잖아요. 그러니까 굉장히 어려운 일이 닥쳤을 때, '그래도 내가 이 순간에 죽는 것보다는 나으니까 받아들이자. 어떻게 받아들일까' 하는 거죠. 그런 상황을 마음속으로 준비하다 보니까 이런 습관이 들었는데, '새로고침'이라는 화두를 듣고 생각해보니까 그래도 제 삶이 지난 40년 동안 조금씩은 나아지고 있는 거 같아요. 저는 작년보다는 올해에, 재작년보다는 작년에 그래도 좀 더 나은 삶을 산 것 같아요. 사람들을 좀 더 많이 이해하는 거 같고, 주변에 있는 사람들에게 좀 더 관대한 거 같고, 사회적 약자들에 대한 연민도 좀 더 늘어나는 거 같고, 그걸 실천에 옮기는 것도 아직은 부족하지만 조금씩 늘어나고 있는 거 같거든요. 제가 만약 예전에 비해서 조금씩이라도 '새로고침'을 하고 있다면, 그것은 전적으로 제가 늘 죽음을 염두에 두고 있기 때문입니다. 여러분도 한 번쯤 '내가 지금 이 순간에 죽었을 때, 어떤 일이 벌어질까'를 생각해보세요. 사실은 일주일 정도의 시간을 주는 것도 굉장한 호사예요. 많은 사람들이 자신의 죽음을 챙길 여유가 없는 상황에서 갑작스럽게 죽음을 맞이하기도 하거든요. 시뮬레이션을 해보면, '지금 죽으면 큰일 나는구나' 하는 걸 알게 됩니다. '내가 아무런 준비도 안 해놨구나', 이런 생각들을 하게 되는 거죠. 이 '메멘토 모리'를 통해 여러분이 삶을 추스를 수 있는 동력을 얻으실 수가 있습니다.

새로운 환경에 자신을 놓이게 하는 것도 굉장히 좋은 전략입니다.

예를 들면, 학교를 옮긴다거나 유학을 간다거나 하는 거죠. 저는 어느 기간에는 미국에 가 있다가 또 어느 기간에는 한국에 있다가, 한국 안에서도 집이 있는 서울과 학교가 있는 대전을 왔다 갔다 하거든요. 삶의 환경들이 자주 바뀝니다. 그러면서 본의 아니게 '새로고침'이 이루어지고 있는 거 같습니다. 올해 가족들과 미국에 가면서, 완전히 새로운 환경에 놓이게 되었어요. 집을 구하고 차를 구하고 가구를 놓고……. 하나하나 완전히 삶을 리셋하는 게 어떤 사람한테는 굉장한 스트레스거든요. 저는 그걸 즐기는 편입니다. 일상적인 상태로부터 벗어난 삶이잖아요. 결국은 이 삶도 언젠가는 일상이 될 테니, 지금은 이 혼란스러움을 즐기는 거죠. 물론, 누구나 그런 것은 아닙니다. 내가 어떤 타입의 사람인지를 한번 돌이켜보실 필요가 있습니다. 우리는 새로운 환경에 가면 혼란스러워하잖아요. 새로운 환경이기 때문에 아무런 시스템도 안 갖춰져 있고, 뭘 해야 할지 몰라요. 그러다가 하나씩 하나씩 시스템이 갖춰지고, 새로운 환경이 주는 즐거움을 느낍니다. 어느덧 그것이 일상이 되고요. 일상이 주는 안락함 속에서 아주 편안하게, 늘 하던 방식으로 행동하는 삶을 살고요. 어느 정도 시간이 지나면, 이 일상으로부터 벗어나기 위해 안간힘을 쓰고, 여행을 꿈꾸고, 새로운 직장을 찾으려고 노력하게 되는 거예요. 이런 사이클이 있죠. '나는 그중에서 뭘 제일 즐기는 사람인가'를 생각해보실 필요가 있습니다.

새로운 환경이 너무나 혼란스럽고 싫은 분들은 '새로고침'의 욕망을 특별히 실현하려고 노력하지 않으셔도 될 거 같아요. 일상이 주는 안락함이 훨씬 더 중요하니까요. 근데 일상의 안락함을 못 견뎌 하는 사람들도 있어요. 적응할 때쯤 되면, 다른 데로 가고 싶어 하죠. 일상에서 벗어나기를 날마다 꿈꾸는 사람들이 있습니다. 그런 사람들은 노력하지 않아도 '새로고침'을 하실 수가 있는 거예요. 그걸 실천에만 옮기면 말이죠. 대부분의 사람들은 그 중간에 있습니다. 일상을 벗어나야겠다는 마음은 있으나, 딱히 벗어나려는 노력은 안 하죠. 그래서 새로운 환경이 주는 즐거움은 별로 없는데, 일상이 주는 안락함도 별로 없습니다. 딱히 어디로 갈 데는 없는데, 지금 있는 데는 싫은 거죠. 그래서 삶을 '새로고침' 해야겠다는 말은 하지만, 하지는 않으면서 시간을 끕니다. 아주 애매한 공간 안에 놓여 있는 사람들이 많죠. 그런 사람들에게는 나름의 전기가 필요합니다. 바로 새로운 환경에 자신을 놓이게 하는 거죠. 해외 파견, 자원하는 겁니다. "중국에서 3년 살아보자. 베트남, 프랑스, 미국 어디든 좋다." 새로운 환경에 자신을 내모는 거죠. 그리고 내가 거기서 어떤 행동을 하는지 지켜보는 겁니다. 새로운 환경에서 일상을 구축하게 되실 텐데, 그때 새로운 습관을 형성하시는 거죠.

그리고 여러분은 끊임없이 '새로고침'의 자극을 줄 수 있는 사람을 만나셔야 합니다. 일상적인 삶을 살다가 갑자기 누구를 만났는데, 깨달음을 얻게 되는 경우도 있죠. '저렇게 훌륭한 사람도 있는데, 나는 지금 뭐 하는 건가.' 자기 일상을 적어보니까 완전히 흠투성이에요. 몸도 안 좋은 거 같고, 인간관계도 별로인 거 같고, 일도 잘 안 풀리는 거 같고, 구멍이 너무 많고……. 그럴 때 새로운 사람을 만나서 끊임없이 자극을 받아야 합니다. 한 사람의 삶을 완전히 바꿀 만큼 훌륭한 사람은 사실 많지 않아요. 그렇기 때문에 자주, 많은 사람들을 만나야 하는 거죠.

***
어제 얻은 내 습관은 내일의 문제에도 유효할까?

마지막으로 실험 하나를 소개하면서 마무리하겠습니다. 과학자들이 동물원의 우리를 하나 빌립니다. 거기에다가 장대를 하나 세워두고, 그 맨 위에 먹음직스러운 바나나 한 꾸러미를 올려놓습니다. 그리고 이틀 정도 굶은 원숭이 네 마리를 그 안에 집어넣습니다. 그러면 원숭이들이 바나나를 보고 너무 기뻐서 미친 듯이 장대 위로 올라가겠죠. 거의 다 올라가서 장대 위 바나나에 손이 닿을 무렵에 실험자들이 원숭이들에게 물을 뿌립니다. 원숭이는 물을 굉장히 싫어합니다. 그래서 물세례를 받고 황급히 후다닥 내려와요. 그리고 그날은 하루 종일 장대 위의 바나나를 힐끗힐끗 쳐다만 볼 뿐, 아무도 다시 올라가려는 시도를 하지 않습니다. 다음 날, 그중에 두 마리를 뺍니다. 그리고 이틀 정도 굶은 신참 원숭이 두 마리를 집어넣습니다. 그러고 나서 무슨 일이 벌어지는지를 보는 거죠. 그러면 어떤 일이 벌어지느냐. 새로운 신참 원숭이들은 장대 위의 바나나를 보고 미친 듯이 올라가겠죠. 그러면 전날 들어와서 장대 위에 올라가면 무슨 일이 벌어지는지를 아는 나머지 원숭이 두 마리는 어떤 행동을 할까요. 따라 올라가서, 앞선 애들을 끄집어 내립니다. 다시 올라가려고 하면, 심지어는 할퀴어요. 못 올라가게 합니다. 그래서 결국 그날, 아무도 물세례를 받지 않습니다. 세 번째 날, 첫날 들어온 원숭이 두 마리마저 뺍니다. 그리고 이틀 정도 굶은 신참 원숭이 두 마리를 새롭게 집어넣습니다. 그러면 어떤 일이 벌어질까요. 신참 원숭이들은 장대 위의 바나나를 보고 미친 듯이 올라가겠죠. 그러면, 둘째 날 들어와서 장대 위에 올라가면 무슨 일이 벌어지는지는 모르지만, 올라가려고 했다가 저지당했던 이 원숭이들은 어떤 행동을 할까요. 이걸 알아보기 위해서 과학자들이 실험을 한 겁니다. 그들 역시 따라 올라가서 신참 원숭이들을 끄집어 내립니다. 할퀴어요. 못 올라가게 합니다. 그러고 나서 다음 날부터 네 마리 중에 아무나 한 마리를 빼고 새로운 신참 원숭이를 넣어도, 똑같은 일이 반복됩니다. 신참 원숭이는 미친 듯이 올라가려고 하고, 나머지는 말리죠. 그 일이 한 달, 두 달, 석 달이 되어도 계속 똑같이 진행됩니다.

원숭이를 포함해서 영장류가 어떤 방식으로 조직 내에서 생활하는지를 보여주는 시뮬레이션입니다. 합리적인 사람이라면, 올라가려고 하는데 저지하면 "왜 막는 겁니까"라고 문제 제기를 해야 하잖아요. 원숭이들이 문제 제기를 안 해요. 근데 잘 생각해보시면, 원숭이들만 문제 제기를 안 하는 게 아닙니다. 인간들도 안 해요. 회사에 신입 사원이 오면 선배들한테 업무를 배우잖아요. 그런데 "아니, 왜 이걸 이렇게 합니까. 이렇게 하면 더 편하지 않아요?"라고 얘기하는 신입은 잘 없습니다. 여기는 이래야 하는 건가 보다, 눈치를 채죠. 그리고 이런 사람들을 조직 적응력이 뛰어난 사람이라고 부릅니다. "우리가 왜 그랬는지 모르겠네. 그러면 한 마리만 올라가서 무슨 일이 벌어지는지 볼까? 혹시 무슨 일이 벌어질지 모르니, 한 마리가 뒤따라가서 보호해주고, 우리는 밑에서 널 받쳐줄게. 무슨 일이 벌어지는지 보자." 그래서 올라갔는데 물세례가 치면, "아, 이래서 안 했던 거구나" 하면 됩니다. 아무 일도 벌어지지 않으면, 그냥 바나나를 맛있게 나눠 먹으면 되는 겁니다. 근데 원숭이들도 그렇게 하지 않았을 뿐 아니라, 사람들도 그러지 않아요. 새로 온 신참이 문제 제기를 합니다. "이거 왜 이렇게 하는 겁니까?" "야, 우리는 원래 이래. 그냥 하라면 해." 그게 기존에 있던 사람들의 답입니다. 사실 저 실험에서는 셋째 날부터 물 호스가 완전히 빠져 있는 상태였어요. 올라가도 되는 상황이었다는 거죠. 근데 바나나를 먹은 원숭이가 한 마리도 없어요. 석 달, 넉 달이 되어도 계속 한 마리는 올라가고, 세 마리는 끄집어 내립니다. 이게 계속 반복되는 겁니다.

어제 얻은 자기의 습관, 전략, 사고방식, 생각, 고정관념을 오늘의 문제에도, 내일의 문제에도 계속 적용해서 문제를 해결하는 것을 '기존방법적용과정(exploitation)'이라고 부릅니다. 과거의 지식과 경험을 활용해서 오늘의 문제에 적용하면, 예측 가능한 안정적인 결과물을 얻을 수 있기 때문에, 당연히 이게 조직에 필요하죠. 어떤 문제가 터졌을 때, 전임자들이 어떻게 행동하는지를 보고, 전임자들이 했던 행동대로 오늘의 문제를 해결하는 경우가 많잖아요. 그래서 기존방법적용과정이 중요한 겁니다. 반면에 내가 지금 선택할 수 있는 것들이 뭔지를 본 다음에, 그중에서 제일 좋은 결과를 낼 것 같은 걸 찾아서 선택하는 방법이 있습니다. '방법탐색과정(exploration)'입니다. 한 번도 직접 해보진 않았기 때문에 실패의 가능성이 있겠죠. 그렇지만 문제를 굉장히 잘 해결할 가능성도 있는 거죠. 우리가 혁신적인 삶을 살 수 있는 건 방법탐색과정 덕분입니다.

여러분이 과거의 경험과 학습 내용을 가지고 그때그때 삶을 꾸려 나가셔야겠지만, 그중 20퍼센트 정도는 탐색하는 삶을 살아보셔야 한다는 겁니다. 그래야만 예전에는 못 했던 일을 시도해볼 수 있고, 그 성과를 얻을 수가 있고, 새로운 삶이 주는 기쁨을 만끽할 수 있습니다. 과거의 방식으로만 문제를 해결하면 빠르고 효율적이고 안전

"후회는 아주 고등한 능력입니다.
지구 상에서 후회하는 동물은 영장류밖에 없습니다.
다음 유사한 상황에,
더 나은 결정을 하라고 이 기능을 부여받은 것 같아요."

하게 예측 가능한 수준의 결과를 얻겠지만, 새로운 시도가 주는 큰 즐거움과 뜻밖의 수확은 얻을 수가 없는 거죠. 그러니까 삶에서 80퍼센트 정도는 기존방법적용이라는 전략을 쓰시더라도, 20퍼센트 정도는 방법탐색의 전략으로 살아보시면 좋을 거 같습니다. "이 집은 탕수육이 맛있고, 짜장면을 먹어야 해"라는 얘기를 듣고, 10년 동안 거기 갈 때마다 그것만 시켜 먹는 것도 좋겠지만, 가끔 짬뽕도 시켜 먹어보고, '이래서 짜장면을 먹으라고 했구나' 하는 실패의 경험도 해보고, '어, 이 집 마파두부덮밥은 맛있네'라는 뜻밖의 수확들을 얻을 수 있는 가능성도 20퍼센트쯤은 열어두는 삶이 '새로고침'을 할 수 있는 좋은 방법이겠죠.

급변하는 사회에서 여러분이 삶의 경쟁력을 얻으시려면, 끊임없이 날마다 새로운 삶을 사셔야 합니다. 그런데 그것만이 다는 아닙니다. 습관이 여러분의 삶을 안락하고, 포근하고, 안전하게 지금까지 끌고 왔거든요. 그럼에도 '새로고침'에서 오는 뜻밖의 재미, 유쾌한 즐거움이 여러분의 삶을 훨씬 더 풍성하게 해주는 데 도움이 됩니다. 이런 면에서, '내가 이런 식의 삶을 10년 살아봤더니 이 삶이 주는 즐거움이 뭔지 알겠어. 그럼 이제 새로운 삶이 주는 즐거움을 만끽해볼까' 하는 설렘으로 '새로고침'을 한번 시도해보시면 어떨까요. 우리 뇌는 습관이라는 틀을 벗어나기가 매우 어렵게 디자인되어 있지만, 여러분은 그 시도를 아주 유쾌하게 시작하실 수 있을 거라는 생각이 듭니다. 고맙습니다.

사회자 저도 교수님의 강연을 들으면서 생각이 끊이지 않았습니다. 제가 해직을 당했던 2008년도에는, 사실 저한테 좋은 일은 아니었지만 뭔가 신세계가 열렸거든요. 삶 전체가 바뀌고, 일어난 현상에 대한 가치판단까지 저도 모르게 바뀌는 걸 느꼈습니다. 그런데 제가 5년 정도 해직기자로 살다 보니, 거기에 적응하면서 습관이 돼버린 거 같아요. 곳곳에 해직자의 습관이 배기 시작했다는 걸 강연 들으면서 절실하게 깨닫게 됩니다. 여러분도 나름대로 각자 처한 환경 속에서 교수님의 강연을 들으셨을 거라고 생각해요. 질문이 있으신 분, 질문해주시기 바랍니다.

청중1 혹시 우리의 뇌가 이미 디자인되어 있는 건 아닌가요? '새로고침'의 노력이 가능한 사람이 있고, 그렇지 않은 사람이 있을 것 같아서요. 그리고 또 한 가지 의문이 드는 건, 어떤 책에서 진보와 보수조차도 타고나는 것이라고 얘기하는 사람도 있거든요. 그것도 유전적인 요소가 있는지요.

정재승 좋은 질문이십니다. 제가 뇌를 가지고 인간의 사고와 행동을 설명하기 때문에 '생물학적인 기관으로 모든 걸 설명하려는 거 아니야?'라고 생각하실 수 있잖아요. 생물학적으로 이미 타고난 것에 의해서 모든 것이 결정되는 것처럼 받아들이실 수 있죠. 하지만 그게 다는 아닙니다. 뇌에는 약 100억 개 정도의 신경세포들이 서로 연결되어 있는데요. 생각해보면, 우리가 비슷한 생각을 하잖아요. 비슷한 방식으로 학습하고요. 이 100억 개의 신경세포가 연결되는 라인들이 거의 비슷하게 이미 다 정해져 있어요. 그러니까 타고난 뇌의 역할이라는 것이 존재한다는 거예요. 부모로부터 물려받은 나의 생물학적인 뇌의 특징들이 실제로 존재하는 거죠. 근데 그렇게 태어난 아이가 어떤 환경에 놓이느냐에 따라서, 그 연결들이 굉장히 많이 바뀌어요. 그걸 '가소성(可塑性)'이라고 부르거든요. 그러니까 뇌는 타고난 구조를 가지고 있지만, 환경에 의해서 굉장히 많이 바뀔 수 있는 아주 유연한 조직인 거예요. 뇌에 의해서 어떤 사고와 행동, 습관이 관장된다는 얘기는, 타고나서 물려받은 요소들과 환경적으로 얻게 되는 요소들의 적절한 조합에 의해서 그런 것들이 결정된다는 겁니다.

어떤 게 비중이 더 높으냐. 과학자들이 실험을 했습니다. 일란성 쌍둥이들이 각각 입양되어서 다른 환경에 놓였을 때, 그리고 같은 환경에 있을 때 서로 얼마나 행동들을 공유하는지를 가지고 유전적 요소와 환경적 요소를 비교하는 연구를 했어요. 이때 환경적인 요소가 55퍼센트, 유전적인 요소가 45퍼센트 정도 됩니다. 그래서 그걸 '0.45 가설'이라고 부르는데요. 타고난 것들을 부인할 순 없지만, 환경으로 어느 정도 바뀔 수 있는 능력도 인간의 뇌가 가지고 있습니다. 그렇기 때문에 "나는 아무리 해도 탐색의 삶은 불가능해"라고 말씀하실 필요는 없을 거 같고요. 다만, 나이가 들면 들수록 그 습관을 바꾸는 데에는 더 많은 에너지가 필요하기 때문에 보통의 결심으로는 되지가 않겠죠. 그래서 나이가 들수록 각별한 노력이 필요할 거 같아요. 진보와 보수도 마찬가지일 텐데요. 뇌의 구조에 따라서 진보적인, 혹은 보수적인 이데올로기에 더 선호가 가는 사람들이 있을 수 있죠. 그렇지만 그 사람들도 얼마든지 어떤 개인적인 경험에 의해서 완전히 반대 방향으로도 갈 수 있는 거죠. 어떤 성향은 있을 수 있지만, 그것이 고정되어 있는 거라고 생각하지는 않습니다.

청중 2   알버트 실험에 관한 질문입니다. 알버트라는 여자아이에게 쥐에 대한 공포를 심어주기 위해서, 쥐 모형을 두고 그 옆에서 실험자가 망치로 크게 내리치는 실험을 계속했습니다. 그러자 그 알버트라는 소녀가 쥐와 관련된 공포증을 갖게 되었다는 실험인데요. 쥐뿐만 아니라 강아지, 고양이 같은 동물한테도 모두 공포심을 가졌다고 하더라고요. 그러면 반대로, 뇌에 실험을 통해서 긍정적인 효과도 얻을 수 있는지 궁금합니다.

정재승 지금 말씀하신 실험과 유사한 실험들을 사회심리학자들과 신경과학자들이 많이 했습니다. 긍정적인 자극에 대해서도 유사한 실험들이 있습니다. 그런데 부정적인 실험이 훨씬 더 많은 이유는, 우리 뇌의 편도체라는 영역이 부정적인 공포자극에 대해서 아주 민감하게 반응합니다. 그에 관한 전통적인 실험들을 100여 년 전부터 해왔기 때문에 그 자극을 주로 많이 썼던 거죠. 그래서 긍정적인 자극을 대상으로, 예를 들면 초콜릿을 준다거나 아니면 돈 같은 보상을 주었을 때에도 유사한 결과들이 나옵니다. 그러니까 부정적인 것만이 아니라 긍정적인 것에 대해서도 사람들이 비슷한 방식으로 학습할 수가 있는 거죠. 습관을 고치려고 마음먹는 게 쉽지 않지만, 그러한 보상을 얻기 위해서 그걸 시도해볼 수 있을 것 같습니다.

청중3 아까 일 미루기 환자에 관해 말씀하셨는데, 저도 많이 걱정이 되어서요. 혹시 그 증상의 치료나 회복에 관해서, 보충적으로 말씀해주실 수 있을까요.

정재승 그게 치료가 쉽지 않은 건 본인의 자각이 없기 때문이라고 말씀드렸잖아요. 근데 환자분은 본인이 자각을 하고 계시네요.(웃음) 그러니까 바뀔 가능성이 굉장히 높은 거죠. 중요한 건, 내가 왜 일을 미루는지를 한번 고민해보셔야 합니다. 내가 시작을 못 하는 건지, 마무리를 못 하는 건지 알고 나면, 일을 잘게 쪼개 보세요. 목표로 하는 일이 너무 길면, 그것이 주는 즐거움을 못 느끼기 때문에 자꾸 일을 미루게 되거든요. 일을 잘게 쪼개서, 그걸 성취했을 때 얻게 되는 즐거움을 자꾸 경험하시면 미루기를 고치실 수 있습니다. 본인이 미루기를 고치는 건 굉장히 중요한데, 그 이유는 다른 사람들에게 많은 피해를 주기 때문입니다. 가족 내에서 일을 미루는 아빠는 아내와 아이들에게 굉장히 고통스러운 존재입니다. 그러니까 나만이 아니라 다른 사람을 위해서라도, 내가 사랑하는 사람을 위해서라도 고쳐야겠다는 자각을 갖는 게 필요하죠. 사실 제가 이렇게 말씀드리지만, 누구나 일을 미루는 요소들은 조금씩 다 가지고 있어요. 정도 차는 있더라도 다 그런 성향들이 있고요. 하기 싫은 일은 계속 놔두고 다른 일을 하는 사람이 얼마나 많습니까. 다만, '나는 좀 심해'라고 느끼시면, 그런 방법을 한번 취해보시면 좋을 거 같습니다.

사회자 일을 잘게 쪼개라는 의미에는 좀 더 성취가 수월한 일에 도전해보라는 의미도 포함되어 있는 거죠?

정재승 그런 의미도 있습니다. 목표를 너무 크게 잡지 말고, 오늘은 여기까지만 해보겠다고 정하고 나서 그걸 지켜나가는 거죠.

사회자 성취의 경험, 자신감 회복, 그런 것도 중요하다는 말씀인 것 같아요.

청중4 강의 중에 '목표지향 시스템'과 '습관 시스템'이 있다고 하셨는데, 제가 듣기로는 그게 둘 다 자신의 의지대로 활용될 수 있는 것으로 들렸어요. 저는 습관이라는 것이, 프로이트도 말했듯이 약간 무의식적인 부분이 아닐까 생각하거든요. 무의식이 과연 뇌과학과 연결될 수 있는지 궁금하고요. 만약에 무의식이라는 게 자아의 의지가 아니라 욕구들을 억압하는 이드나 초자아에 의해서 만들어지는 거라면, 과연 교수님이 말씀하신 대로 우리가 탐색하는 삶을 20퍼센트 적용하면서 자신의 의지대로 활용할 수 있는 것인지에 대해서 여쭤보고 싶었습니다.

정재승 〈한겨레21〉 인터뷰 특강의 수준을 말해주는 좋은 질문이시고요. 일단, 냉정하게 얘기하자면 프로이트의 정신분석학을 현대의 신경과학자들은 신뢰하지 않습니다. 과학에 범주 안에 있다고 여기지 않거든요. 프로이트가 굉장히 천재적인 통찰력을 가지고, 뇌에 대한 이해가 전혀 없는 상황에서도 사람이 하는 행동에 대해서 아주 대담한 가설을 세워서 설명했는데요. 이드도, 에고도, 슈퍼에고도 과학적으로 검증할 수 있는 성격의 이론이 아니에요. 그 이론 안에서는 어떠한 결과가 나와도 다 설명이 돼요. 그렇기 때문에 진위를 판단하기 어려운 이론인 거예요. 그건 과학의 영역 안에 있지 않거든요. 그래서 현대 과학자들은 프로이트의 정신분석학을, 문학을 해석하는 데 좋은 인문학적 가설이자 비유라고 생각합니다. 그걸 진지하게 과학적 탐구 대상으로 여기지는 않습니다. 그리고 오히려 그에 반하는 내용들도 있어요. 꿈의 내용이 실제로는 뇌에서 무작위로 만들어진 다는 사실도 알게 됐고, 그것이 억압된 무의식에 의해서 발현되는 게 아니라는 증거들도 있어요. 그래서 프로이트의 이론을 가지고 말씀 드리는 건 조금 조심스럽고요.

프로이트의 이론과는 상관없이, 아까 말씀하신 것처럼 무의식적인 영향에 의해서 자신의 행동이 조절되는 것은 맞습니다. 자신이 받은 자극을 스스로 인식하지 못하지만 그것이 자신의 감각과 판단과 행동에 영향을 미치는 경우가 많거든요. 인간이 받는 자극의 70퍼센트 정도가, 스스로는 인식하지 못하지만 삶에는 영향을 미치는 그런 자극들입니다. 그러므로 당연히 무의식적인 자극들에 의해서 내 삶이 바뀔 수 있는 거죠. 어차피 우리는 우리가 받고 있는 수많은 영향들을 다 인식하지는 못해요. 그렇기 때문에 그런 무의식에 의해서 내가 얻게 되는 것을 부정하기보다는, 우리가 '의지'라고 이야기하는 의식적인 욕망들을 좀 더 강화하는 방향으로 습관을 바꾸어야 해요. 무의식의 영역에서 사람들은 오히려 습관을 강화하는 방식으로만 행동하기 때문에, 습관을 극복하는 의지력을 의식적으로 만들어내는 훈련도 필요할 것 같습니다.

***

뇌가 식스팩인 사람, 어때요?

청중 5 제가 사실 웃으면서 이야기한다는 자체가 버겁기는 한데, 몇 년 전에 일어났던 일에 관해 말씀드리려고요. 제 아이가 열네 번째 수술을 하게 되었어요. 그래서 제가 나쁜 일이 얼마만큼 일어날 건가를 차근차근 계산해봤어요. 머릿속에서 무의식적으로 '신경마비'라는 단어가 떠오르더라고요. 설마, 하면서 치워버렸어요. 그리고 아이가 수술을 했는데, 수술하고 나서 3일 후에 정말로 신경마비가 온 거예요. 물론 의료진의 잘못이었는데, 제가 스스로에 대한 죄책감에 굉장히 많이 시달렸어요. '무의식중에 내가 그런 단어를 왜 떠올렸을까. 그리고 떠올렸다면 그것에 대해서 더 깊이 생각한 후에 수술을 했으면 좋았을 텐데……' 제가 지금도 엄청 마음고생을 많이 하고 있거든요. 물론 아이도 고생을 많이 하고 있고요. 그렇게 퍼뜩 떠오르는 생각들은 어디서 오는지 궁금했습니다.

정재승 거기에 대해서 어머님께서 죄책감을 가지실 필요는 없을 거 같아요. 사람들이 뭔가를 잘못 말했는데 그것이 실제 현상으로 벌어진다거나 했을 때, '내가 그 일을 만들어낸 건 아닌가' 하는 죄책감을 갖기도 하고 그것이 내 무의식의 발로라고 설명하기도 하죠. 근데 사실 우리 주변에는 여러 위험 요소들이 항상 있고, 우리는 그걸 본능적으로 잘 캐치하고 있어요. 그래서 잘 안 될 수도 있는 일에 대해서, 그런 단어들이 머릿속에서 떠오르는 건 자연스러운 현상입니다. 물론 대개의 경우, 별일 없이 지나갑니다. 그런데 간혹 그게 중요한 상황에서 현실이 되었을 때, 사람들은 그 원인이 나로부터 기인한다고 여기며 죄책감을 일부러 부여한다는 거죠. 그런 면에서 봤을 때 당연히 어머님의 잘못은 아니실 거 같고요. 왜 하필 그 단어가 떠올랐는지는 아직 현대 과학으로 잘 설명하지 못하지만, 내가 그 단어를 떠올렸기 때문에 그 일이 벌어졌다거나 혹은 그 일이 벌어지기 위해서 그런 계시가 있었다는 식으로 확대 해석하실 필요는 없을 거 같습니다.

사회자 혹시 이런 조사나 분석이 있는지는 모르겠는데요. 지금 어머님처럼, 사람들은 어떤 일이 일어날 것을 순간적으로 예상할 수 있잖아요. 근데 어떤 일의 부작용이 일어날 확률과 그러한 단어를 떠올렸던 사람에게 실제로 그런 일이 발생할 확률이 같으면 그야말로 우연히 떠올렸다는 판단을 할 수 있을 것 같아요.

정재승 네, 그런 연구도 있습니다. 그리고 실제로 그 일이 벌어질 가능성은 훨씬 적습니다. 같지 않아요. 왜냐하면, 일이 벌어질 가능성은 워낙 여러 가지이기 때문이죠. 내가 굳이 A라는 단어를 떠올렸다고 해서 그와 비슷한 일이 벌어질 가능성은 대개의 경우, 없습니다. 그러니까 너무 인과관계를 만드실 필요는 없을 거 같습니다.

청중6 저희가 '새로고침'을 한다는 건, 더 잘 살기 위해서라는 생각이 드는데요. 반대로, 우울증을 앓고 계신 분들도 있잖아요. 그런 분들의 증상은 뇌와 어떤 연관이 있는지 궁금합니다.

정재승 우울증은 전적으로 뇌에서 만들어진 질병입니다. 우리가 우울한 일들을 경험했을 때, 우울감에 빠지는 건 아주 자연스러운 일이고요. 그것을 우울증이라고 얘기하지는 않습니다. 굉장히 심각한 수준의 우울감을 아주 지속적으로 느끼고 그 원인이 해결되었음에도 불구하고 우울감이 가시지 않는 경우, 또 불안의 요소가 굉장히 적음에도 불구하고 계속 불안을 느끼는 경우, 이러한 경우들이 우울증, 불안장애에 해당될 텐데요. 우리 뇌의 세로토닌이라는 신경전달물질의 양이 줄어들어서 상황을 과대 해석하거나 '새로고침'의 욕망이 현저하게 떨어진 상태, 다시 말하면 삶을 추스르려는 욕구가 현저히 떨어진 사람들을 우울증 환자라고 부르죠. 우울증에 걸린 쥐는 물에 빠뜨려도 허우적거리지 않습니다. 살려는 욕망이 없는 거예요. 그 정도로 우울증이라는 게 본인에게는 심각한 병이거든요. "나 요즘 우울해", "나 우울증인가 봐"라고 쉽게 말할 게 아닌 거예요. 그리고 그건 마음, 영혼의 문제가 아니라 전적으로 뇌의 문제라고 신경과학자들은 믿고 있죠.

청중7 아까 원숭이 실험처럼 동물의 실험 결과를 미루어봐서 인간에게 적용할 때, 그런 경우에 신뢰성은 얼마나 될까요?

정재승 얼마나 된다고 말하기는 쉽지 않고요. 예를 들면, "50퍼센트 정도입니다"라고 말하는 것도 웃기잖아요. 그리고 당연히 조심스럽죠. 원숭이한테 했던 실험을, 인간도 이럴 거라고 단언하기는 조심스럽습니다. 그래서 제가 하는 이야기는 저의 생각, 그리고 실험 결과에 대한 저의 해석이라고 받아들이시는 게 맞을 거 같고요. 근데 원숭이 실험에 대해서 말씀드리면서 사람에 대한 이야기를 드린 이유는 어떤 조직, 혹은 어떤 조직에서 인간이 보이는 특징도 원숭이와 크게 다르지 않다는 거죠. 이런 생각이 들어서 제가 동물 실험에 빗대어 우리의 삶을 말씀드린 겁니다. 그러니까 당연히 원숭이 실험으로 항상 인간의 삶을 유추할 수 있다고 해석하시면 안 되고, 저 역시 그렇게 성급히 논리적 비약을 하려는 건 아니었습니다.

청중8 제가 경제학과에 있음에도 사실 고등학생 때부터 학문 융

합 쪽에 관심이 많았습니다. 그래서 경제학에 신경과학이나 물리학 쪽이 정확히 어떻게 이용되는지 궁금하고요. 두 번째로 신경과학이 어떠한 다른 학문 분야와 교류하고 있는지 궁금합니다. 예를 들어서, 제가 2년 전에 뇌과학 올림피아드에 참가했거든요. 거기에서 교수님들이 강의를 하시면서, 뇌과학이 건축과도 관련이 있다고 하더라고요. 건축물이 어떻게 생기면 사람들에게 더 행복감, 편안함을 느끼게 할까, 이런 것도 연구한다고 해서 깜짝 놀랐어요.

정재승 우선 경제학과는 어떻게 접목이 되느냐. 신경경제학(neuro-economics)이라는 분야가 있습니다. 제가 그 분야를 하고 있는 겁니다. 경제학 중에서도 미시경제학(micro-economics)이라고 해서, 개인이 어떻게 미시적인 선택들을 하는지 연구하는 분야가 있습니다. 게임이론을 가지고 인간은 합리적인 동물(homo economicus)이라 가정하고, 인간의 선택을 연구하는 게 미시경제학이 주로 하는 일인데요. 인간은 아시다시피 합리적으로 선택하는 존재가 아니죠. 선택에 있어서 경제적 이득만을 추구하는 것도 아니고요. 그래서 신경과학적인 관점에서 인간의 경제적 선택을 설명하려는 연구들을 하고 있습니다. 그게 신경경제학이라는 분야고요. 제가 보기에는 아주 유망한 분야죠. 왜냐하면 현재 경제학자들이 합리성이라는 사고에 갇혀서 인간의 행동, 의사결정을 설명하려고만 하는데, 그들에게 새로운 통찰력을 제공해줄 수 있다는 점에서 저는 아주 유망한 분야라고 생각해요.

  이것 외에도 인간을 다루는 대부분의 학문들이 지금 신경과학과 접목되고 있습니다. 모두에 제가 선생님과 대화를 나누었던 것처럼 정치학과 결합해서 신경정치학이 있죠. 그리고 미학. 인간이 어떻게 아름다움을 뇌에서 표상하는가, 아름다움의 본질은 무엇인가, 이런 걸 뇌에 대한 이해 없이 탐구하는 건 어렵잖아요. 그리고 인식론적인 문제를 뇌에 대한 이해 없이 철학적으로 탐구한다는 건 불가능한 시대에 우리가 살고 있죠. 그래서 신경철학이라는 분야가 만들어지고 있습니다. 그리고 신경건축학. 아까 말씀하신 것처럼 공간이 어떻게 그 안에서 생활하는 사람의 인지사고 과정에 영향을 미치는가. 알츠하이머 환자들이 머무는 요양원은 어떻게 디자인되어야 그 안에서 생활하는 사람들의 기억력이 현저히 떨어져 있음에도 불구하고 불편함 없이 생활할 수 있을까. 창의적인 업무 공간은 어떤 공간일까. 이런 것들을 연구하고 있죠. 심지어는 인류학도 신경과학과 접목해서 연구를 하고 있어요. 최근에는 트위터나 페이스북, 구글에서 사람들이 어떤 키워드를 입력하느냐. 그것이 민족별, 인종별, 세대별, 경제적 계급별로 어떻게 다른지, 도시인류학이 빅데이터(big data) 연구를 통해 신경과학과 만나서 새롭게 설명하려고 하는 거죠. 사람들이 트위터에서 리트윗을 누를 때 뇌에서는 무슨 일이 벌어질까, 이런 일들을 연구하는 사람들이 있습니다.

사회자 뇌에는 밝혀지지 않은 기능들이 많이 있다고 하잖아요. 뇌의 미지의 능력을 개척하는 것, 예를 들면 눈을 가리고 숫자를 알아맞힌다든가 하는 것도 뇌과학 영역에 들어가는 겁니까?

정재승 그렇습니다. 근데 그런 연구를 많이 하는 건 아니고요. 저는 개인적으로 10년 전쯤에 그런 비슷한 연구를 할 수 있는 기회가 있었어요. 그분은 "1623년 8월 7일" 하면, "화요일" 하고 맞추는 사람이었습니다. 그래서 그런 계산은 어디서 하는 건지 알아보기 위해서, 기능성 자기공명 뇌영상장치 안에 눕혀놓고 그 사람한테 그런 질문을 100개쯤 했는데요. 이분이 다 맞히는 거예요. 근데 뇌를 찍어보면, 어떤 특정한 영역이 활동하는 건 아니에요. 결국 그 영역을 못 찾았어요. 그 프로젝트는 실패했지만, 이런 식으로 인간이 갖고 있는 능력이라는 건 상상 이상입니다. 그런 것들을 지금은 초자연적인 영역에서 다루고 있는데, 그것을 과학의 영역 안에 끌어들이려는 시도를 하는 사람들이 듀크 대학이라든가 몇몇 대학에 있습니다.

사회자 제가 이 말씀을 드린 이유는, 그런 모호한 경계가 미지의 영역이기 때문에 과학자가 아닌 분들이 뇌과학을 표방하면서 사기 비즈니스를 할 수 있지 않을까, 하는 우려 때문입니다. 그게 사실 언론계에서는 좀 문제가 됐습니다. 그 비슷한 행사들이 열리고, 뇌과학을 표방하고, 그런데 근거를 찾기 어렵죠. 그러나 그것을 가지고 이미 어떤 사업은 진행되고 있고, 거기에 대해서 비판 보도를 하면 주최 측에서 강력하게 항의하면서 소송도 벌어지죠. 어디까지를 뇌과학의 영역으로 볼 것인가, 그것을 표방하는 사람들은 어떠한 자격을 갖추고 있어야 하는가, 판별법이 있나요?

정재승 없죠. 지금 말씀하신 대로 그런 문제들이 벌어져요. 그런 단체들이 학교도 만들고, 행사도 주최합니다. 그런 사람들에 의해서 피해를 입는다거나 경제적으로 착취를 당하는 일들은 매우 불행한 일입니다. 하지만 지금은 우리가 뇌에 대해서 너무 모르고, 어떤 접근이 옳고 그 접근만이 권위가 있다고 말하기는 좀 어려운 상황입니다. 그렇다 보니, "이건 과학의 영역이 아닙니다", "이건 과학의 영역이니 이런 식으로 연구를 하셔도 됩니다", "이 결과는 믿을 만합니다"라고 판별하는 게 쉽지 않은 시대에 살고 있습니다. 다만, 시간이 충분히 지나면 그중에 의미 있는 결과만이 남을 거라는 걸 믿고 있는 거죠.

청중 9 항상 '새로고침' 하려고 노력하는 사람입니다. '새로고침' 하는 데 가장 중요한 건 학습인 거 같아요. 그런데 30대에 접어들면서 예전보다 총명함이 떨어지는 거 같습니다. 흔히 어른들이 "세포가 죽어간다", "머리가 죽어간다"는 말들을 많이 하시는데, 일리가 있는 말인지 궁금하고요. 평생학습을 위해서, 뇌 건강을 위해서 어떤 노력을 하면 좋을지 궁금합니다.

정재승 흔히 뇌세포는 어렸을 때 확 만들어지고 나이가 들면 죽는 일만 남았다고 생각하는데, 잘못된 상식입니다. 뇌세포는 어른이 되어서도 계속 만들어집니다. 우리가 유산소 운동을 하면 할수록 뇌세포가 많이 만들어집니다. 그러니까 운동을 많이 하는 것도 굉장히 좋은 일이고요. 다음으로, 시애틀에 있는 워싱턴 대학의 과학자들이 열 살 이하의 아이들부터 여든이 넘으신 어르신까지 전 연령대에 걸쳐서 어떤 지적 능력이 언제 정점을 찍는지 테스트를 해봤습니다. 그랬더니, 뇌가 가장 전성기를 이루는 시기는 마흔여섯에서 쉰세 살 사이로 나왔습니다. 그 시기에 여섯 가지 정도의 뇌의 기능들이 최대치를 보였습니다. 다만, 그중에서 기억력은 10대가 제일 좋고, 나이가 들수록 점점 떨어지고요. 반응속도도 나이가 들면 들수록 조금씩 떨어져요. 하지만 그 두 가지를 제외하고는, 중년의 뇌가 굉장히 좋은 결과를 내는 거예요. 근데 우리는 평소에 기억력이나 감각이 떨어지는 걸 두고 자신의 뇌 기능이 현저히 떨어진다고 생각합니다. 눈이 침침해지고 예전처럼 소리가 잘 안 들리는 걸 보니 내 뇌가 죽어가는구나, 하고 생각하죠. 하지만 사람의 뇌 기능은 40대 때 정점이라는 거예요. 그러니까 옛날에는 나무를 보느라 숲을 못 봤는데, 그 시기가 되면 숲이 잘 보여요. 그리고 신중하게 여러 가지를 동시에 고려하면서 아주 좋은 의사결정을 할 수도 있고요. 논리적인 추리력도 더 늘어나고, 어휘력도 그 연령대가 가장 좋습니다. 그러니까 질문하신 분께서는 아직 최고의 뇌 기능을 발휘할 시기가 안 되신 거예요. 그날을 위해 빨리 중년이 되시기를 바라겠습니다.(웃음)

사회자 기억력이라는 것이 뇌 기능의 대표 선수가 아니군요.

정재승 그럼요. 기억은 다른 걸로 대체할 수 있지만, 상황을 판단하고 숲을 보는 능력들은 뇌가 아니면 해줄 수 없는 일입니다. 그것들은 오히려 40~50대 때 전성기라는 거죠.

청중 10 제가 말을 더듬는 증상이 있다가, 그동안 저의 노력으로 인해서 많이 개선되었는데요. 그동안 제가 겪었던 심적 고통이 생각보다 심했습니다. 그래서 혹시 저와 같은 경험을 한 분들에게 뇌과학적인 측면에서 조언을 해주실 수 있는지 궁금합니다.

정재승   우리가 뇌졸중에 걸려 혈관이 막혀서 뇌의 특정한 영역이 망가지면, 몸을 못 쓰게 되잖아요. 그럴 경우에 이 기관을 쓰기 위해서 끊임없이 재활 치료를 하죠. 그러면 손상된 뇌 부위가 어느 정도 회복이 됩니다. 아까 말씀드린 대로 뇌에 가소성이 있기 때문에 회복이 되는 것처럼, 어떤 특정한 기능도 몸으로 하는 재활이 아니라 인지적인 재활이라는 걸 할 수가 있습니다. 그래서 말을 더듬는 것뿐만 아니라 틱 환자들이 비정상적인 움직임을 한다거나 난독증으로 글을 못 읽는다거나 할 때, 끊임없는 읽기 등의 인지적인 재활 치료를 할 수가 있습니다. 그런 프로그램들이 잘 만들어져 있습니다. 사실 뇌도 근육이에요. 그래서 팔을 움직이지 못하면 끊임없이 재활 치료를 하는 것처럼, 뇌의 특정한 영역이 잘 작동하지 않는다면 그 영역을 계속 써서 근육을 발달시키는 인지적인 재활이 필요한데요. 우리는 눈에 보이지 않는 뇌의 경우에는, 그것을 근육이라고 생각하고 키우려는 노력들을 잘 안 하거든요. 그런 면에서 보자면, 뇌가 식스팩인 사람이 되는 게 필요할 거 같습니다.

사회자   끝으로 간단한 인사 말씀으로 마무리할까요.

정재승   저도 새로고침을 잘 하는 사람은 아닙니다만, 이번 강연을 준비하면서 인생의 리셋에 대해 많은 생각을 해보게 됐습니다. 특히 제 연구 분야인 신경과학과 의사결정 관점에서 새로고침을 들여다본 좋은 기회였습니다. 여러분이 이 강연을 계기로 '내가 뇌에 대해서 별로 관심이 없었는데, 뇌에 관한 책을 한 번쯤 읽어봐야겠네'라는 생각을 하신다거나 '아, 내가 겪고 있는 인간관계의 문제, 내 삶의 문제에 신경과학이 정답을 주지는 못하더라도 힌트나 실마리는 제공해줄 수 있겠구나' 라고 생각하시면서 신경과학자들의 연구에 관심을 가져주시면, 큰 보람이 될 것 같습니다. 여러분이 날마다 새로운 '새로고침'을 실천하는 그런 삶을 사셨으면 좋겠습니다. 고맙습니다.

제6강

제1강

제2강

사직서가
선물한 행복
자유인으로서의 새 출발

*

2013년 4월 2일(화) 저녁 7시
서울 용산 백범김구기념관

제3강

제5강

제4강

표창원 국내 최초 '프로파일러'. 경찰대를 졸업하고 현직 경찰관으로 지내다 영국 엑시터대학으로 유학, 경찰학 석사 및 박사 학위를 받았다. 이후 경찰대 교수로 재직하며, 경찰청 강력범죄분석팀(VICAT) 자문위원, 법무연수원 범죄학 및 범죄심리학 강사 등 다양한 역할을 맡아왔다. 현재는 자유인의 신분으로 범죄수사 분석 전문가, 다수의 책을 출간한 작가, 방송인 등으로 활동하고 있다.

사회자 안녕하십니까. 사회자 노종면입니다. 회사에 다니시는 분들은 불쑥 이런 생각이 들 때가 있죠. '아, 여행 가고 싶다.' 그런 생각을 하다가 이내 우리가 회사에 굳게 매여 있는 존재라는 현실을 처절하게 인식합니다. 그러고는 이런 생각을 합니다. '어떻게 하면 자유롭게 살 수 있을까. 어떻게 하면 자유인이 될 수 있을까. 회사 때려치워 버릴까.' 그런데 회사를 때려치운다고 해서 우리가 자유인이 되는 것은 아닐 겁니다. 몇 년 전, 독립운동가 이회영 선생을 그린 드라마에서 이런 대사가 나왔습니다. "자유롭게 산다는 것만이 자유는 아니다. 누군가 우리의 자유를 억압하려고 할 때, 그것에 맞서 싸우는 것이 자유다." 이런 말도 있습니다. "자유는 형벌일 뿐이고 진정한 자유, '참자유'는 앙가주망이다. 욕망의 자유를 버려야 그것이 자유다." 지난 대선 직전, 경찰대 교수라는 튼튼하고 안전한 보호막을 스스로 벗어던진 분이 있습니다. 단지 자유인이 되고 싶어서 그러셨대요. 자유인이란, 본인이 하고 싶은 일을 하고 사는 것이 아니라 해야 할 일과 옳다고 여기는 가치를 실현하기 위해서 이전보다 더 치열하게 살아야 하는 존재임을 행동으로 보여주고 계신 분입니다. 인터뷰 특강 '새로고침' 제3강을 맡아주실 분은 품격 있는 보수주의자, 표창원 전 경찰대 교수입니다.

표창원 안녕하십니까.

사회자 경찰대 교수직 그만두시고 직함이 많이 늘었어요. 트위터에 직접 적어놓으신 걸 제가 적어왔는데요. 자유직 범죄학자, 범죄심리학자, 프로파일러, 범죄수사 전문가, 작가, 칼럼니스트, 방송인. 제가 방송인 출신이라 이 방송인이라는 부분에서 약간 긴장을 느꼈습니다. 방송해보시니까 어떠시던가요?

표창원 아직은 얼떨떨합니다. 전에는 제가 주로 인터뷰이로서 질문에 대한 답을 드리는 정도로 방송과 인연이 있었죠. 그런데 직접 방송 프로그램을 진행하다 보니 제가 지금 잘하고 있는지, 시청자분들은 어떻게 느끼시는지 궁금해지더군요. 특히 제일 민감한 게 아시다시피 시청률이잖아요. 전날 방송이 끝나고 나면 다음 날 아침에 방송국에서 시청률 표를 보내주는데요. 분당 시청률 그래프가 나옵니다. 제가 어떤 말을 했을 때 시청률이 떨어지고, 어떤 걸 했을 때 시청률이 올라가는지가 보입니다. 좀 얼떨떨하고 살벌한 분위기 속에서 살고 있습니다.

사회자 교수님은 경찰학 박사세요. 대한민국 1호이고, 1998년에 영국에서 박사 학위를 받으신 걸로 알고 있습니다. 그때 박사 학위 논문이 '영국 경찰과 매스미디어', 이 관계를 연관시킨 논문 맞습니까?

표창원 네. 맞습니다. 정확한 논문 제목은 「영국 경찰의 범죄수사와 BBC 프로그램 〈CRIMEWATCH UK〉 간의 관계에 대한 비판적 고찰」입니다.

사회자 경찰과 미디어의 관계가 서로 이용하는 관계일 수도 있지만, 상당 부분은 공보 활동으로서 인정되어야 합니다. 경찰의 경우 수사에 활용할 측면도 있는 것이고요. 특정한 사건에 대해서 한번 여쭤보고 싶어요. 지난해 대선 직전에 있었던 이른바 국정원 댓글 사건, 그에 관한 경찰의 중간 수사 결과가 심야에 발표되지 않았습니까. 그것은 용인되는 범위에 있는 겁니까, 아니면 잘못된 미디어 활용이라고 보십니까?

표창원 잘못된 미디어 활용이라고 판단했습니다. 그래서 문제 제기를 했고, 그 과정에서 제 직책과 소속이 부담스러웠기 때문에 신분 변화가 일어난 것이고요. 당시 다 살펴보지는 않았지만 과거에 경찰이 단 한 번도 밤 11시에 중간 수사 발표라는 것을 한 적이 없다고 판단했고, 텔레비전 방송에서도 그렇게 이야기했죠.

사회자 저도 취재기자 노릇을 하면서, 중요한 사건에 대해서 밤에 보도자료를 배포하는 것은 처음 봤습니다. 단발적인 사건의 심야 보고야 상시적으로 이루어지지만, 그 정도 사안의 중간 수사 결과를 그런 방식으로 발표하는 예를 저도 본 적이 없고요. 그러한 특이한 상황이라면 뭔가 내막이 있지 않을까, 라는 게 일반적인 추측이겠죠. 범죄수사를 할 때 이해 당사자들을 주목해서 보지 않습니까. 그 당시에 경찰의 심야 발표로 영향을 받을 수 있는 사람들은 대선 후보들이었단 말이에요. 그쪽에서 어떤 요청이나 개입이 있었을 것이라고 의심하는 일. 이건 합리적인 의심입니까, 억측입니까?

표창원 합리적인 의심이죠. 합리적인 의심의 근거가 있는가, 혹은 합리적인 의심이 일어날 수 있는 사안이긴 하지만 그런 의심을 불러일으킬 만한 오해의 여지가 있었던 것인가. 이건 조사를 해봐야 알고요. 범죄수사를 할 때도 당연히 그런 합리적 의심을 출발선상으로 삼아서 혐의에 대한 수사를 하는 것이거든요.

사회자 아시다시피 표 교수님의 인생이 '새로고침' 된 계기가 이 사건이었죠. 그런데 단순히 이 사건 하나 때문에 인생을 '새로고침' 했다, 이렇게 생각하는 분들은 없으실 거 같아요. 고민이 좀 더 길지 않았겠는가. 언제부터 '내가 다른 길을 갈 수도 있겠다'라는 생각을 하기 시작하셨습니까?

표창원 경찰대학 입학부터 친다면, 28년입니다. 제가 28년간을 오직 경찰과 범죄 문제에만 종사해왔죠. 28년 동안 경험하고, 전문성을 쌓고, 능력을 인정받았던 곳을 떠난다는 생각을 쉽게 할 수 없거든요. 다만 은퇴를 하게 되면 그 이후에는 뭔가 다른 제2의 인생을 살아야 하지 않을까, 라는 생각을 해왔습니다. 그렇다고 미리 준비한 것은 전혀 없었고요. 가난한 집에서 태어나서 아무것도 없이 출발했고, 그렇게 하나하나 쌓아온 삶이기 때문에 언제라도 다시 출발할 수 있다는 자신감은 가지고 있었습니다. 그래서 경찰관 생활을 할 때도 남

몰래 사직서를 써서 가슴에 품고 다녔습니다. 나 건들면 이거 던지고 갈 거야, 뭐 이런 식인 거죠. 치기 어린 자존심은 계속 있어왔습니다.(웃음)

사회자 국정원 댓글 사건이 그걸 건드린 거군요. 4·24 보궐선거에서 서울 노원병에 출마한 진보정의당 김지선 후보를 지지하셨어요. 스스로 보수주의자라고 말씀하시면서 진보정의당 후보를 지지하신단 말이에요. 어떤 배경입니까?

표창원 여러 차례 밝혔지만, 저는 보수주의자이고요. 보수주의자의 가장 큰 특징은, 현재의 체제와 기득권 구조를 인정한다는 것입니다. 그러면서 그 체제와 기득권 구조가 투명하고 윤리적이고 도덕적이고 민주적인 방식으로 운영되고, 통제될 수 있다는 기대와 희망을 가지고 있습니다. 진보는 전혀 다른 접근을 하죠. 현재의 체제와 기득권 구조를 바꿔야만 정의가 구현된다는 것입니다. 이 둘은 전혀 다른 사람들입니다. 그런데 진보라는 상대가 없다면, 보수는 썩을 수밖에 없습니다. 경쟁자가 없고 감시자가 없으니까요. 마찬가지로 보수라는 강한 경쟁자가 없으면 진보 역시 지리멸렬할 뿐이고, 내부적인 권력 투쟁만 있을 뿐입니다. 그래서 진보가 제대로 서야 보수도 제대로 선다는 생각이 있고요. 그것은 기본적인 제 신념과 소신이라고 볼 수 있습니다.

노회찬 전 의원 같은 경우에는 진실을 국민께 알리다가 그 행동 자체의 기술적인 부분이 통신비밀보호법에 저촉된다는 이유로 유죄 판결과 함께 의원직을 상실하셨단 말이에요. 저는 그러한 판결이 결코 바람직하지 않다고 느꼈습니다. 노회찬 전 의원이 비리를 저지른 것도 아니고 부정을 저지른 것도 아니고 나쁜 짓을 하지도 않았는데 의원직을 상실한 것에 대해, 제가 이념과 사상을 달리하지만 노회찬 전 의원의 진실 주장을 지지하고 그의 의원직 상실을 반대한다는 견해를 표명했죠. 나는 당신의 의견에 동의하지는 않지만 당신이 당신의 의견을 주장할 자유를 목숨 걸고 지키겠다고 한 프랑스 철학자 볼테르의 말을 따르고자 하는 마음도 있습니다. 또한 제가 가정폭력과 성폭력 문제에 대해서 관심을 갖고 연구를 많이 해왔습니다. 활동도 많이 해왔고요. 김지선 후보는 인천 여성의 전화 창립 멤버이고, 오래 전부터 노동운동을 하시다가 여성운동을 하셨어요. 가정폭력, 성폭력 피해자분을 도와드리고 옆에서 지켜드리고 하신 걸 제가 오래전부터 알고 있었습니다. 최근에는 상계동에서 상계동 주민들을 위한 생활공동체 운동을 해오신 분이라서, 세간에 노회찬 의원의 부인이기 때문에 세습을 받아서 나왔다는 오해가 좀 가슴이 아팠고요. 그런 개인적인 지지와 신뢰, 제가 알고 있는 것에 대한 공유, 뭐 이런 차원에서 김지선 후보를 지지하게 된 것이죠.

사회자 어떻게 보면 정치적인 견해 표명으로 이해가 돼서, '표 교수님이 장차 정치를 하시지 않을까' 많은 분들이 궁금해하실 거 같습니다. 정치하실 생각이 있으신지요.

표창원 현재로서는 없습니다. 일단은 제가 정치에 너무 문외한이고요. 잘 모릅니다. 무식하니까 용감하다는 얘기가 있잖아요. 그래서 이른바 '돌직구'라고 얘기하는 이런저런 말들을 하고 살아왔는데, 최근에 좀 반성을 하고 있어요. 제 거침없는 언행이 누군가에게는 속 시원하게 들리겠지만 누군가에게는 상처가 될 수 있다는 것을 깨달았습니다. 개인으로서, 한 시민으로서, 자유인으로서 자유롭게 말한다고 하지만 제 이야기를 들어주시는 분들의 숫자가 많아지다 보니까, 제가 한 이야기 하나하나에 정치적 의미와 해석들이 따라붙는 현상도 목격하게 되었습니다. 겁이 덜컥 났고, 이제부턴 신중해져야겠다고 생각했죠. 국정원 사건 때, 잊히면 죽는다는 어떤 생존본능이 있었어요. 내가 알리고자 하는 바를 들어주는 사람이 줄어들수록 내 위치는 위험해진다는 생각 때문이었죠. 두려움 속에서 자꾸 많은 말을 내놓기도 했고요. 그런 심리 상태가 아직도 좀 남아 있는 거 같아요. 그렇다 보니 지금 현재로서는 정치에 거리를 두겠다는 생각입니다.

제가 살아온 과정에서 지향점이 된 가치는 객관성과 중립성입니다. 어느 곳에도 치우치지 않는 상태에서 오직 증거와 단서, 논리를 바탕으로 묻혀 있는 진실을 파헤쳐나가는 것이죠. 그 과정에서 제가 조금이라도 편파적으로 보이게 된다면 그러한 조사 과정이 신뢰를 잃게 되거든요. 그런데 정치는 전혀 다르잖아요. 어느 한쪽 편에 서야 합니다. 오롯이 그 한쪽 편에 나를 다 바쳐야 합니다. 인식과 태도 역시, 객관성이 아닌 당파성을 가져야 하고요. 내가 선 쪽에 유리한 주장을 해야 하고 그에 따라 의견을 피력해야 하는데, 그건 저와 맞지 않는다는 생각입니다. 그래서 지금 현재로서는 정치를 하고 싶지 않고, 정치를 하지 않았으면 좋겠습니다.

사회자 '현재로서는'이라는 단서가 붙었어요. 더 묻고 싶은데, 이만하겠습니다.(웃음) 자유인 표창원의 강연을 들을 시간입니다. 강연 제목은 '자유인으로서의 새 출발' 입니다. 제목은 출발이지만 오늘 강연을 듣고 나면, 우리가 궁금해하는 미래의 표창원의 모습을 어렴풋이나마 알게 되지 않을까 기대가 됩니다. 표창원 교수님께 큰 박수 부탁드립니다.

＊＊＊

셜록 홈스를 꿈꾸던 소년

표창원 오늘 제가 드릴 말씀은 '저' 입니다. 제가 어떻게 살아왔는지, 제 인생을 고백하고 싶습니다. 과연 제가 인생을 새롭게 출발한다는 것이 어떤 의미인지, 왜 이렇게 되었는지, 그리고 그 부분이 얼마나 동의하실 만한지, 비판할 만한 여지가 있는지 심판해주십시오. 그리고 제 강의가 끝난 뒤에 가열차게 비판이든 지적이든, 문제 제기를 해주시길 바라면서 저를 여러분께 던져드리겠습니다.

제 부친은 평안남도 순천에서 공산주의가 싫어 홀로 월남하신 분입니다. 열일곱 살 때, 의지할 곳이 없는 그분을 받아준 유일한 곳이 해병대였는데요. 해병대에 자원입대하셔서 경상북도 포항의 해병 주둔 기지에 살고 계시던 제 모친을 만나 그 사이에서 제가 태어났습니다. 저는 공산주의를 피해 오신 부친 밑에서, 어렸을 때부터 '절대로 공산당, 공산주의를 믿어서는 안 된다' 란 반공 교육을 철저하게 받아왔습니다. 제가 살아온 1960~1970년대 역시 우리 사회 전체가 반공주의로 뒤덮인 시기였고요. 그리고 골수 영남, 경상도 토박이 집안을 외가로 두고 있습니다.

제 부친은 해병대에서 교관, 하사관 생활을 하셨기 때문에 군에 상당히 오래 계셨고요. 베트남전이 발발하면서 참전하십니다. 그 와중에 몇 년간 연락이 끊기는 일이 발생해요. 제가 서너 살 때였어요. 제 모친은 남편과 연락도 끊기고, 송금도 끊기고, 생활 수단이 전혀 없는 상태에서, 남의 집 밭일을 해주거나 행상을 해서 저와 제 형을 키우게 됩니다. 당시의 제 기억은 즐겁고 행복한 것들이에요. 들로, 산으로, 강으로 친구들과 뛰어다니며 놀고, 어머니와 같이 노래 부르고 했던 기억들이죠. 그런데 나중에 알고 봤더니, 그 당시에 저희 어머니는 늘 눈물로 밤을 지새우셨더라고요. 저도 친구들이 자꾸 "너는 아빠도 없잖아", "아빠도 없는 놈이" 하는 식으로 놀려서, 싸움도 많이 하고, 마음속에 분노도 많았습니다. 그러다가 아버지가 돌아오셨어요. 제 부친과 모친은 이후로 상당히 많이 다투셨죠. 그 몇 년의 공백이 늘 원인이었습니다. 생활상의 어려움, 경제적인 문제, 또는 제가 밖에 나가서 부리는 말썽, 어떠한 이유로든 갈등과 다툼이 생기면 두 분의 대화는 늘 베트남전 참전 시에 연락이 끊겼던 상황으로 다시 돌아갔죠. 어린 시절의 저는, 제가 기억하기에는 분노가 상당히 많은 어린이였어요. 밖에 나가서 친구들과 의견 충돌만 생기면, 일단 먼저 주먹을 내지르고, 코피 터뜨리고, 때로는 친구의 팔을 부러뜨려서 거액의 치료비를 물었던 적도 있습니다. 그러다가 셜록 홈스를 만납니다. 어린이용《셜록 홈스》를 읽으면서 깨달음을 얻게 됩니다. 책 속에서 셜록 홈스는 전혀 폭력을 사용하지 않습니다. 오로지 두뇌로, 면밀한 관찰로, 추리로, 악당 같은 범죄자를 다 잡고 사건을 해결하죠. '이제부터 폭력을 사용하지 않고서 문제를 해결해야겠다'는 결심을 합니다.

당시에 제가 살았던 곳이 동두천입니다. 초등학교 1학년 때부터

5학년 때까지 동두천에 살았는데, 학교 가는 길에 합기도장이 있었어요. '이얍, 이얍' 기합 소리에 매료되었고, 저 스스로 저를 단련시키고 싶은 마음도 있었습니다. 그 당시에 친구들과 함께 뒷문으로 들어가서 영화를 몰래 보곤 했는데, 그 시기에 저희가 가장 빠져들었던 영화가 홍콩 무술 영화였거든요. 이소룡, 성룡 등이 나오는 아주 재밌는 영화들이었죠. 그래서 저도 모르게 그 기합 소리에 이끌려 합기도장을 찾은 게 계기가 되어서, 합기도를 열심히 합니다. 초등학교 6학년이 될 때 2단 심사를 봤는데, 그 당시에는 합기도가 대중적인 무술이 아니었고, 어린이들은 잘 하지 않았어요. 그래서 승단 심사를 볼 때, 조그만 아이가 눈에 띄었나 봐요. 승단 심사를 하러 오셨던 황 감독님이라는 분이 심사가 끝나고 나서 저를 부르시더라고요. 당시에 홍콩에 머물면서, 무술 영화를 제작·감독도 하시고, 주로 악역으로 대부분의 홍콩 영화에 출연하셨던 분이에요. 그분이 인근 다방으로 부모님과 저를 불러서 "창원아, 홍콩 가자" 그러시더라고요. 그분이 저희 부모님한테 말씀하십니다. "지금 홍콩 무술 영화가 세계적인 인기를 끌고 있지만 그다음 후속 세대가 없다. 이 정도 무술 실력에, 이 정도 외모면 가망이 있어 보이니까 홍콩에 데려가게 해달라, 키워주겠다." 만약에 그랬다면 제 인생이 어떻게 되었을까요. 여러분이 절 실물로 이렇게 쉽게 못 보셨을 거예요.(웃음) 저희 부모님은 절대로 안 된다고 하셨죠. "절대로 안 돼. 공부를 해야지. 사람이 몸 쓰는 걸 하면, 잠깐은 성공할지 몰라도 오래도록 안정적인 삶을 살 수는 없어." 그 당시에 저는 황 감독님을 따라서 정말 홍콩에 가고 싶었지만, 부모님 말씀을 들었습니다. 제 마음속에는 가지 않은 그 길이 늘 남아 있습니다.

그다음에 중학교에 진학하고, 고등학교에 다니게 됩니다. 제가 중·고등학교에 다닐 때 휩쓸던 게 바로 '얄개'예요. 장난꾸러기, 말썽꾸러기면서도 친구와의 우정이 돈독하고 불의를 보면 참지 못하고 옳다는 일에는 무슨 일이 있어도 참여해야 하고 공부는 조금 멀리하는 것이 얄개의 개념이죠. 저는 얄개가 되고 싶었어요. 공부보다는 친구, 노는 것, 의리 같은 것들을 쫓아다녔고, 그런 가운데 이런저런 사고를 많이 칩니다. 부모님께서는, 네가 열심히 공부해서 좋은 대학에 가고 좋은 직업을 가지면, 그다음에 얼마든지 더 큰 좋은 일을 할 수 있고 정말 친구를 도울 수 있다는 말씀을 계속 저한테 해주셨죠. 그런데 그때 저는, 지금 당장 내 앞에 있는 불의에 눈감고, 힘들어하는 친구를 외면하고, 나 혼자만을 위해서 노력하다가 나중에 갑자기 내가 많은 것을 갖게 되었다고 해서 그때 좋은 일을 할 수 있겠는가, 라는 의문을 가졌던 거죠. 지금 하지 못하는 일은 나중에도 하지 못한다. 그래서 반항을 했습니다. 부모님 가슴을 많이 아프게 해드렸죠.

고등학교 3학년에 올라가자마자 제가 부반장으로 임명됩니다. 그 당시에는 학급 임원이 투표가 아닌, 임명직이었습니다. 공수부대 출신인 담임선생님은 학생들에게 공포의 대상이셨는데, 그분이 교직생활 중에 가장 후회하시는 일이 저를 부반장으로 앉힌 일이었을 겁니다.(웃음) 첫날 조회 시간 직전이었는데, 갑자기 밖에서 웅성웅성하더니 저희 교실 유리창이 팡 하고 깨져요. 학생 몇몇이 문을 박차고 들어오는데, 그 손에는 칼이 들려 있었습니다. 그러고는 저희 반 아이 이름 하나를 막 불러요. "×××, 어딨어?" 저는 부반장이니까 가만히 있으면 안 되겠다는 생각에 벌떡 일어났죠. "너희 뭐야, 왜 그래. 이러면 안 돼" 그랬더니, 그 녀석들이 "넌 뭐야" 하면서 위협조로

칼을 휘둘렀는데 그 칼에 손을 베었어요. 피가 뚝뚝 떨어졌습니다. 그 당시만 해도 소위 폭력 서클 학생들은 '범생이들은 건드리지 않는다'라는 게 불문율이었거든요. 양자의 세계는 서로 존중한다. 그 일이 벌어진 이유가 뭐였느냐면, 제가 다니던 고등학교에 두 개의 양대 폭력 서클이 있었어요. 파도와 둥지. 저희 반에 있는 그 친구는 둥지파였고, 쳐들어온 녀석들은 파도파였어요. 근데 저희 반에 있는 그 녀석이 등굣길에 상대방 파에 속하는 2학년 아이를 두드려 패고 온 거예요. 이 아이가 형들한테 일러서 보복을 하려고 쳐들어왔던 거죠. 그런데 한눈에 봐도 범생이인 제 손을 칼로 그어서 피가 나게 했으니, 이 친구들은 해서는 안 될 일을 한 거예요. 막 수습을 하긴 했지만, 선생님이 들어오셨을 때는 이미 유리창이 깨져 있고, 책상이 뒤집혀 있고, 지우개 털이 같은 게 다 날아가 있었습니다. 선생님께서 "왜 이렇게 된 거야"라고 물으시는데, 제가 손들고 "제가 장난치다 그랬습니다"라고 말씀을 드리면서 일단락되었습니다. "조회 끝나고 너 교무실로 와", 이걸로 끝난 거죠. 그 사건을 계기로 해서 제가 그 친구들과 어울리게 되었습니다.(웃음) 일종의 의무감이죠. 몰랐으면 모르겠는데 알게 되었으니까요. 남과 북도 아니고 같은 친구들끼리 파도와 둥지로 나뉘어서 싸우는 건 옳지 않다고 생각했습니다. 그 친구들은 저에게 해를 입혔고, 저희 반에 있는 둥지파 녀석은 저 때문에 걸리지 않고 살아남을 수 있었죠. 그래서 제가 두 파를 불러 모았습니다. 너희 이제 화해해라, 안 그러면 내가 가서 모든 일을 있는 그대로 얘기할 거다. 협박을 해서, 학교 역사상 최초로 양대 폭력 조직이 화해를 합니다.

그러면서 제가 잘못했던 건 뭐냐 하면, 그 친구들을 선도한다는 어설픈 공명심에 같이 담배를 피우고, 술을 마셨던 거죠. 제가 같이하지 않으면서 '이건 나빠, 하지 마'라고 하는 것은 친구 입장에서 건방지고 우월감을 보이는 것 같아서, 일단 같이하는 모습을 보이고 나서 '이건 안 돼'라고 하고자 했던 거죠. 그런 생활을 하다 보니까, 선생님들 중 일부는 저를 폭력 조직의 진정한 수괴나 숨어 있는 조정자로 의심하시고, 대단히 나쁜 놈이라는 생각을 가지신 분도 계셨어요.

그러던 고3 가을, 학력고사가 얼마 남지 않은 때였어요. 자습시간이었는데 학생들이 거의 다 책상에 엎드려서 자는 거예요. 그때 저는 '내가 부반장인데 무엇인가 해야 하지 않을까. 이렇게 가만히 있는 것은 부반장의 도리가 아닌 거 같아. 지치고 힘든 친구들을 위해서 깜짝 이벤트를 하자'라는 생각을 합니다. 당시 제가 살던 동네에서 아이들이 하던 사제폭탄 놀이라는 게 있습니다. 텔레비전 안테나의 납 파이프를 조금 끊어서 한쪽을 막고, 화약을 채우고, 촛농으로 봉하고, 볼펜 심에 화약을 넣어서 심지를 만들면, 화약이 심지 역할을 하면서 타들어 가요. 그러다가 펑, 터지면 굉장히 큰 소리가 나죠. 우리 교실에서 이걸 하면 아이들이 깜짝 놀라면서 재밌어하겠다, 피로 회복도 되고 이벤트가 되지 않을까, 그래서 했습니다. 친구들 중의 일부는 깜짝 놀랐다고 화를 내고, 일부는 재밌다고 했죠. 그중 축구부인 친구가 있었는데, 이 녀석이 저한테 오더니 "야, 우리 체육실에 경기용 화약이 있어. 경기용 화약은 화력이 끝내주거든. 그거 가지고 한 번 더 하자" 이러는 거예요. 전 "안 돼, 이걸로 끝이야" 했지만, 이 녀석이 "하자. 진짜 재밌을 거야"라고 꼬시는 거죠. 그래서 저는 만들어주기만 하기로 약속하고, 만들어줍니다. 그런데 그때 몰랐던 게, 경기용 화약이 화력도 일반 화약보다 엄청나게 세지만, 타들어 가는 속도도 엄청나게 빠르다는 거예요. 보통 화약은 볼펜 심지 하나 붙이면, 3~5초 정도 타요. 그러면 기다리고 있다가 그걸 안전한 곳으로 옮길 수가 있는데, 경기용 화약은 눈 깜짝할 사이에 타버리죠. 저희 반에 키가 180이 넘는 한 친구가 자기가 그걸 화장실에 가져가서 창문에다가 던지겠다는 거예요. 그런데 녀석이 화장실에 가다가 복도에 앉아서 지키고 있던 선생님한테 딱 걸리는 바람에, 용기를 못 내고 돌아옵니다. 또 다른 친구가 하려다가 실패하고요. 저의 공명심이 발동했죠. "에이, 이리 줘. 내가 할게."

불을 붙이고 나서, 아무런 기억이 없습니다. 좀 이따가 윙, 소리와 함께 감각이 살아 돌아오는데, 주변이 전부 슬로우 모션으로 움직이는 거예요. 영화에서 보는 것처럼 말이죠. 그리고 전부 '오' 소리를 내고 있어요. 조금 시간이 흐르니까 다시 감각이 돌아오는데, 사람들이 전부 비명을 지르고 있고 모두가 제 손을 가리키고 있었어요. 저도 보니까 손에 살이 너덜너덜 찢겨 있고, 완전히 피범벅이고, 안에 있는 뼈와 신경이 눈에 다 보이는 거예요. 이건 뭔가 큰일이 났구나. 그 사건으로 저는 병원에 입원합니다. 다행히 신경이 손상되지 않아서 손은 잘리지 않았지만, 피부를 이식하고 상당 기간 입원을 해야 했습니다. 그 사건으로 많은 반성을 하게 되었습니다. 그 이전에 유사한 일들도 있었고요.

당시 학교에서 학생들이 담배를 많이 피웠습니다. 선생님들은 그걸 잡으려고 하고, 학생들은 범죄자처럼 도망 다녔죠. 그러다가 잡힌 녀석은 재수 없게 징계를 받고, 안 잡힌 녀석은 똑같이 담배를 피웠음에도 아무런 피해를 안 입는 겁니다. 저는 이건 잘못되었다고 생각했습니다. 그래서 학생 대표들이 한 달에 한 번씩 모여 회의하는 학도국단회에서 손을 들고, "학교에 흡연실을 만들어주십시오"라고 건의했다가 학교가 뒤집힌 적이 있었습니다. 그때 담임선생님께서 저에게 해주신 말씀이 있습니다. "창원아, 나는 너의 용기와 의협심, 의리가 참 좋다. 그런데 한 가지만 부탁하자. 네가 어떤 행동을 하기 전에 옳다고 느끼는 것이 일반적, 객관적으로도 옳은지 반드시 깊이 생각해본 뒤에 행동해라." 그 말씀이 너무나 가슴에 와 닿았습니다. 그때만 해도 가슴에만 담아두고 있었는데, 폭탄 사건을 거치면서 '왜 그때 그 말씀을 좀 더 깊이 생각하고, 내 삶에 적용하지 않았을까'라는 엄청난 후회가 들었습니다. 그리고 가뜩이나 경제적 어려움을 겪고 계시는 부모님한테 엄청난 부담을 드렸다는 죄책감도 들었고요. 그 당시는 의료보험도 제대로 형성되지 못했을 때라서 입원하고, 여러 차례 피부이식 수술을 거치는 그 비용이 엄청났거든요. 반성과 함께, '내가 갚아드릴 수 있는 유일한 방법이 무엇일까'를 생각해봤더니 돈이 안 드는 대학에 가는 거였어요. 대학 등록금이라도 들지 않게 해드리는 게 그나마 제가 저질렀던 모든 잘못과 저로 인해서 발생한 모든 손실에 대한 조금의 보상이 되지 않을까 싶었습니다.

***

경찰대학은 내 운명

그때 친구들이 제 부탁을 듣고 대학 팸플릿을 많이 가져다줍니다. 사관학교, 철도대학, 심지어 간호대학까지……. 어느 곳도 제가 가서 버텨낼 재간이 없었고, 반대로 제가 갔다가 그곳에 문제가 생길 거 같은 느낌이 들었어요. 그런데 그중 한 팸플릿이 눈에 띄었습니다.

표지에 캠프파이어 축제 모습이 실려 있었어요. 낭만이 있다고 생각했죠. 그리고 그 위에 적힌 글씨가 '조국, 정의, 명예'였습니다. 아버지가 그렇게 강조하시던, 공산당으로부터 지켜야 할 우리 조국. 셜록 홈스로부터 시작된, 제 인생을 걸겠다고 다짐한 목표인 정의. 거기에 명예까지……. '바로 이곳이다' 했죠.

그래서 여기가 제가 가야 할 곳이라고 말씀드렸더니 아버지께서 안 된다고 하시더라고요. 왜 안 되느냐고 물었더니 다음과 같은 이유를 대셨습니다. '첫째, 경찰대학은 전국에서 내놓으라 하는 수재만이 갈 수 있는 곳이다. 네가 다닌 고등학교에서 전교 1등을 해도 갈까, 말까인데 너의 현실을 보렴. 둘째, 경찰대학은 정말 착하고 도덕적이고 윤리적으로 올바른 학생들이 가야 하는 곳인데, 비록 내 자식이긴 하지만 너는 아닌 거 같다.' 그 말씀을 듣는 순간, 오기가 생겼습니다. 그래서 병원에 입원해 있으면서 공부를 했어요. 평생 그렇게 열심히 공부해본 적이 없습니다. 자율학습이라고 남겨서 공부시킬 때는 거의 매일 도망 다녔습니다. 공부는 강제로 하는 게 아니라는 소신이 있었죠.(웃음) 근데 병원에 입원해서는 스스로 열심히 했습니다. 그 당시에 오른손은 붕대로 감겨 있으니까, 왼손으로 공부를 해야 하잖아요. 왼손으로 수학 문제 풀어보셨습니까? 가뜩이나 제가 수학에 자신이 없었는데, 미치겠는 거죠. 잠이 아까웠어요. 그렇게 계속 공부를 하다 보니까 체력이 고갈되어서 링거를 꽂은 채 화장실에 가다가 복도에서 쓰러지고, 링거액에 피가 섞이면서 바닥이 온통 피바다가 되는 끔찍한 모습도 연출했습니다. 의사 선생님께서 사상 최초로 제 진단 차트에다가 '절대로 공부하지 못하게 할 것'이라고 적으셨어요.(웃음)

그래서 합격한 곳이 경찰대학입니다. 저는 떨어질 줄 알았어요. 어떻게 저 같은 사람이 합격할 수 있었는지 아직도 의문입니다. 그 당시 수학 문제를 풀 때, 25문제 중에서 15문제를 풀고 나머지 10문제를 아직 못 푼 상태에서 감독 선생님이 "5분 남았습니다"라고 말씀하시더라고요. '아, 끝이구나. 어차피 나 같은 놈이 되겠어' 하면서 마음이 편해졌습니다. 그랬더니 어떤 현상이 일어나느냐 하면, OMR 카드에 길이 보이는 거예요. 제가 못 푼 문제와 푼 문제 사이에서 프로파일링이 되더라는 거죠.(웃음) 그렇게 경찰대학에 입학했습니다. 경찰대학이 제 운명이라고 생각했고, '여기에 내 청춘과 모든 걸 다 바치자'는 마음으로 그야말로 올인을 했습니다. 모든 강의에 눈 부릅뜨고 참여하고, 하나라도 놓치고 싶지 않아서 조금이라도 의문이 생기면 질문을 계속했죠. 그래서 제 동기들은 저를 미워했습니다. 가뜩이나 훈련, 무도, 사격에다가 수업이 이어지는데, 꼭 강의가 끝날 만하면 제가 질문을 해서 강의가 이어지니까요.

그렇게 경찰대학에서 제 모든 것을 불살라가던 중에 학교 내에서 범죄가 발생합니다. 제가 3학년이 되었을 때, 학교 내에서 절도 사건이 발생했어요. 있을 수 없는 일이죠. 사실 누구든 범죄를 저지를 수 있습니다. 제가 그걸 배운 계기가 된 사건이었어요. 저는 셜록 홈스가 되고 싶어서 평생을 그렇게 살아왔기 때문에 이 사건을 하나의 도전으로 생각하고, 저 나름대로 그 당시 경찰대학에서 배웠던 모든 수사 기법을 동원해서 혼자 수사를 합니다. 용의자를 추정하고, 그가 버린 증거물을 화장실에서 수거해 지문을 채취하고, 결국 범인을 지목했습니다. 그 과정에서 범인으로 지목된 친구와 같은 고등학교를 나오거나 동향인 친구들이 극렬하게 저에 대한 문제 제기를 합니다.

'네가 뭔데 애에게 혐의가 있다고 얘기하느냐', '네가 어떻게 그 증거물을 발견했느냐', '혹시 네가 범인 아니냐', '왜 남의 일을 덮어씌우느냐', 그런 오해와 불신을 강하게 받으면서도 저는 오로지 객관적인 사실과 증거만을 쫓아서 수사를 했습니다. 지문 감식을 통해서 밝혀질 것이라는 확신이 있었고, 결국 밝혀졌습니다. 그래서 그 친구는 저 때문에 학교를 그만두고 나가야 했고요.

한번은, 저와 대단히 친했던 선배가 축제 때 술에 만취해서 후배 학생을 폭행하는 일이 발생합니다. 그 후배 학생이 저를 찾아와서 하소연합니다. 저는 이걸 묵과해선 안 되겠다고 판단하죠. 당시 현장에 있었던 목격자를 찾아서 목격 진술을 받고, 제가 그 피해 학생의 변호인을 자처해서 학생명예위원회에 정식 보고서를 제출합니다. 그 과정에서 그 선배와 친한 다른 선배들이 매일 밤 저를 찾아왔습니다. 그 선배는 당시에 성적도 좋았고, 야심만만했고, 곧 졸업을 앞두고 있었어요. 나중에 경찰청장이 될 가능성이 있다는 평가를 받던 사람이었기 때문에 그 폭력 사건이 남게 되면 큰 오점이 될 수 있었죠. 징계 기록은 계속 따라다니거든요. 그래서 저를 회유하기 위한 방문이 여러 번 있었습니다. 그때마다 저는 '죄송합니다. 그분이 개인적으로 저와도 친한 분이지만 공과 사는 구분되어야 합니다. 이것은 분명히 발생한 범죄이므로 있는 그대로 처리되어야 합니다' 라고 했죠. 결국은 그분이 중징계를 당합니다. 그리고 졸업한 이후에 그 징계의 무게를 견디지 못하고 경찰직을 떠나게 돼요. 떠날 때 그분이 저를 찾아옵니다. 제가 경기도 경찰청에 근무할 때였죠. 찾아오셔서, '나는 너를 미워하지 않는다' 고 말씀하시면서, '비록 내가 경찰을 떠나지만, 그 당시에 네가 한 행동은 옳았다. 앞으로도 계속 그렇게 하는지 지켜보겠다' 고 하면서 가셨어요. 국정원 사건에 임할 때 저는 제가 가슴 아프게 했던 많은 분들의 눈초리가 제 등 뒤에 따라붙고 있다는 느낌을 받았습니다. 제가 한순간이라도 사적인 감정에 휩쓸리거나 타협하거나 굴복하게 되면, 그분들이 모두 달려들 거 같아요. 경찰대학에 들어가면서부터 어떤 천형처럼 객관, 중립, 진실, 정의라는 것이 저를 따라왔다는 생각이 듭니다.

경찰대학에 다닐 때 '모의 인터폴 총회'라고, 제가 주최했던 행사가 있습니다. 학생들이 각국 대사관에서 빌려온 고유 의상을 입고 각국 대표 역할을 맡았죠. 그런데 제가 의상을 반납하는 와중에 제 경찰대학 정복을 분실합니다. 경찰대학 정복 분실은 중요한 징계 사항이거든요. 그래서 고민 끝에 친구에게 연락해서 여분의 정복을 밖으로 가져와 달라고 부탁하고, 밖에서 그 정복을 입고서 학교에 들어가는 범죄를 저질렀어요. 안 걸릴 줄 알았죠. 한 달, 두 달 시간이 지날수록 '아, 이제는 정말 안정권에 들어서는구나' 하고 생각하던 그때, 갑자기 아까 말씀드렸던 학생명예위원회에서 저를 부릅니다. 찾아갔더니, 혹시 잘못한 거 없느냐고 물으세요. '혹시 중요한 것을 다른 곳에 두거나 잃어버린 적은 없느냐?' 가슴이 콩닥콩닥했지만, 없다고 했습니다. '다시 한 번 기회를 주겠다. 혹시 중요한 것을 다른 곳에 위치시키거나 해서는 안 될 일을 한 적이 없느냐?' 충분히 무슨 말인지 알 수 있는 이야기를 하십니다. 그때도 저는 속으로 '아닐 거야. 아니어야 해. 두 달이 넘었는데 그게 갑자기 나타날 리가 없어. 이건 음해야. 그냥 짚어보는 걸 거야' 라는 자기합리화를 하게 되더라는 거죠. 끝까지 거짓말을 합니다. 그 사건을 조사하던 선배들이 분노하게 되죠. '이런 비윤리적이고, 부도덕하고, 절대로 경찰관이 되어서는 안 될 나쁜 놈. 거기다가 남에 대해서는 그렇게 가혹하고, 조그마한 실수도 용납하지 않으며, 철저하게 파고들어 가서 남을 파괴하는 놈.' 그제야 선배들이 제 정복을 내놓는 것이었습니다. 경기도 고양경찰서에 익명으로 보내진 정복에 떡하니 '표창원' 이라는 이름표가 달려 있었던 거죠. 그래서 그 선배들은 '퇴교' 라는 의견을 달아서 저를 징계위원회에 회부했습니다.

다행히 대학 관계자들, 교수님들이 '비록 굉장히 뻔뻔스럽게 거짓말을 하고, 해서는 안 될 비윤리적이고 부도덕한 행동을 했지만 한번은 더 기회를 줄 필요가 있지 않겠는가' 라고 해서 형량이 감형됩니다. 그래서 다행히 경찰대학에 붙어 있게 되었죠. 그때 저는 엄청난 교훈을 얻게 됩니다. '누구나 잘못할 수 있다. 하지만 중요한 것은 그 잘못을 한 뒤다. 잘못한 뒤에 그 잘못을 인정하고 받아들이고 사과하고 책임을 지면 나는 최소한의 책임을 지게 된다. 하지만 이걸 감추려고 하다 보면 더 커다란 일을 야기하게 되고, 주변 사람들도 괴롭게 만들고, 나는 결국 벗어날 수 없는 최악의 나락으로 빠지게 된다.' 절실한 깨달음을 얻은 거예요. 그때 결심합니다. '이게 내 인생의 마지막이다. 앞으로는 어떤 잘못을 저지르든지 간에 그대로 잘못을 인정하자.'

그 와중에 또 하나의 커다란 문제와 만납니다. 제가 경찰대학을 다닌 시기는 1985년부터 1989년입니다. 잘 아시다시피, 특히 1986년은 격동의 민주화 운동의 와중이었습니다. 저와 제 동료들은 경찰대학이라는 태풍의 눈 속에서 너무나 편안하게, 아무런 문제 없이 생활하고 있었습니다. 하지만 저희와 중·고등학교를 같이 다닌 친구들은 거리에서 최루탄을 맞고, 그중에서 이한열 군이라든지, 박종철 군은 목숨까지 잃었죠. 저희가 어떻게 아무런 감정의 흔들림 없이 그 시기를 견딜 수 있었겠습니까. 저희도 엄청난 고뇌와 고민을 했죠. '과연 우리가 해야 할 것은 무엇인가', '우리는 누구인가. 국민의 지팡이인가, 아니면 권력의 하수인인가', 이런 고뇌 속에서 시간을 보냈습니다. 졸업하고 나서도 경찰관으로서, 일선에서 시위 진압에 내몰리면서 아픈 경험을 했죠. 그런 문제들을 가슴에 안고 살아왔습니다.

1990년 경기도 화성 연쇄살인 사건이 한창 발생했을 때는, 기동대 소대장으로 근무하느라 직접 수사에는 참여하지 못했습니다. 하지만 그 사건의 수사 과정을 지켜보고, 피해자와 그 가족들의 처참한 고통과 눈물을 보고 나서 부천경찰서에 형사 발령을 받게 됩니다. 그곳에서 범죄수사를 하면서, 이제는 내가 셜록 홈스가 될 수 있겠다는 생각을 합니다. 제가 맡았던 사건들은 대개 짝퉁 비디오, 또는 불법 취업 외국인 학원 강사 단속 같은 것들이어서 신속하게 사건 해결을 했고요. 그런데 큰 사건이 벌어지니까, 제가 전혀 범죄수사를 할 능력이 없다는 것을 발견하게 된 거죠. 체계적인 범죄수사 기법을 배워본 적이 없었습니다. 그런데 저보다 나이가 많으신 반장님들은 복잡한 절도 사건, 강도 사건, 살인 사건을 금방금방 해결하고 범인을 잡아 오시더란 말이죠. 제가 가서 졸랐어요. 삼겹살을 사드리고, 소주를 사드리면서 '저 좀 가르쳐주십시오. 어떻게 하면 그렇게 범인을 잘 잡습니까?'라고 물었습니다. 이분들이 삼겹살, 소주를 다 드신 다음에 '20년만 해보세요. 그러면 다 잡게 됩니다'라고 하시는 거예요. 그런데 저한테 필요했던 건 20년의 세월이 아니라 지금 당장 범죄를 해결할 수 있는 기법과 능력이었거든요. 결국 안 되겠다 싶어서 영국으로 떠나게 됩니다. 셜록 홈스를 만나 그에게 직접 전수를 받자는 마음으로요. 1993년부터 1998년까지 석·박사 과정을 거치면서 나름대로 열심히 공부했습니다. 코피 쏟고, 불면증 걸리고, 때로는 응급실에 실려 갈 정도로요. 그렇게 하고 돌아와서, 한국에서 프로파일러로서, 교수로서 과학수사에 동참하면서 CSI의 영역까지 활동을 해왔습니다. 이 부분은 여러분이 너무나 잘 아시죠.

***
내 인생의 새로고침

그러다 제 인생에 핵폭탄이 떨어지죠. 국정원 사건, 이 사건으로 저는 앞서 말씀드린 것처럼 28년 동안 청춘을 바치고, 모든 것을 걸었던 경찰이라는 곳을 떠나오게 됩니다. 자유인 선언을 하게 되죠. 많은 분들이 보셨을 거예요. 제 블로그에 아직 공개 사직서가 남아 있습니다. 제가 그동안 경찰관 생활, 경찰대학 교수 생활을 거치면서, 최선을 다해서 성실하게 대과 없이 해왔습니다. 하지만 제 위치에서 국정원 사건의 의혹, 그 의혹에 대한 경찰의 적극적이지 못한 모습에 강한 비판을 던지는 것이 대단히 정치적으로 해석되고 있던 상황이었습니다. 제가 속한 기관이나 우리 학생들이 저로 인해서 의도하지 않게 정치적 중립성의 훼손이라는 문제에 동참할 수 있다는 것을 깨닫게 되면서 경찰대학 교수직을 벗어던지게 되었습니다. 그때는 사실 아무 생각이 없었어요. 그냥 자유로워지고 싶었습니다. 아까 노종면 기자님께서 그 한 건의 사건 때문만은 아니지 않겠느냐는 질문을 주셨는데, 대단히 날카롭고 정곡을 찌르는 질문입니다. 그 한 건의 사건 때문만은 아니었을 겁니다. 저도 잘 인식하진 못했지만 제 삶의 전반에 있어서, '내가 늘 무엇인가에 억압되어 왔고, 주변의 요구나 기대, 또는 어떤 한계나 제한 안에 머물러 있지 않았나' 하는 생각이 최근에 많이 듭니다. '이제 좀 벗어던지고 싶다. 정말 내가 하고 싶은 일을 하고, 하고 싶은 말을 하고, 자유롭게 살아보고 싶다' 라는 무의식적인 욕구가 대단히 강했던 거 같습니다. 그런 와중에 국정원 사건을 만나면서, '내가 경찰대학 교수직을 유지하는 것과 정부, 여당, 여당 후보, 국가정보원, 그리고 내가 속해 있던 경찰이라는 조직을 자유롭게 비판하는 것. 이 두 개는 양립할 수 없다' 라는 판단을 내리게 되었고요. 둘 중에서 무엇을 선택해야 할까. 처음으로 의무나 소속이나 타이틀이 아닌 그냥 제 안에 있는 제 모습, 외치고 싶은 말을 한번 해보고 싶다는 강렬한 욕구를 느꼈습니다. 그래서 사직서를 던졌습니다. '내 인생을 한번 새로고침 해보자' 라는 생각으로 광야로 나왔습니다. 두려움을 안고 나왔죠.

그동안은 늘 저를 보호해주던 울타리가 있었죠. 조직이라는, 직책이라는, 직위라는, 직업이라는, 소속이라는, 집단이라는, 동료라는. 그런데 그 모든 것들로부터 떨어져, 저를 좋아하는지 싫어하는지, 저에게 어떤 의심이나 견해를 가지고 있는지 모를 여러분 앞으로 나온 겁니다. '환영해줄까, 내 자리가 있기나 할까, 과연 밥벌이는 할 수 있을까', 이런 의문과 두려움을 안고 나왔습니다. 그 당시에는 국정원 사건에 대해서 말하고 싶은 표현의 자유를 가장 갈구하긴 했지만, 이것만 끝나면 그 뒤에는 정말 아무것도 안 하는 자유를 누리고 싶다는 생각을 했습니다. 일도 안 하고 직업도 없이 말이죠. 그럴 수 있었던 건, 제가 사표를 던졌을 때 제 아내가 한 말 덕분이었습니다. "이제 당신은 집에서 집안일이나 해. 내가 벌어먹고 살 테니까." 이런 이야

"자유로워지고 싶었습니다.
제 삶 전반에 있어서,
늘 무엇인가에 억압되어 왔고,
주변의 요구나 기대, 또는 어떤 한계나
제한 안에 머물러 있지 않았나 하는
생각이 많이 들었습니다."

기를 해줬기 때문에 정말 아무것도 안 하는 자유를 누리려고 했습니다. 그런데 너무 빨리 인생 2막이 열려버렸어요. 쉴 틈이 없었습니다. 사실 국정원 사건은 아직도 현재진행형이고, 한쪽에서 저를 붙잡고 있습니다. '경계를 늦추지 마, 반전이 있을 수 있어. 지금 네가 긴장을 늦추면 어느 사이엔가 여론은 바뀌고, 사람들은 잊어버리고, 이상한 방향으로 와전되면서 너의 모든 것들이 무너질 수 있어.' 이런 두려움이 여전히 있어요. 또한 출판 의뢰라든지, 강연 요청, 기고 요청이 계속 밀려듭니다. 거기다가 제가 하고 싶은 모든 걸 할 수 있게 하겠다면서, JTBC에서 제게 프로그램을 제안합니다. 그 당시에는 두 번 생각할 여지가 없었죠. 제가 만약에 잊힌다면, 제 목소리가 들리지 않는다면, 국정원 사건의 진실도 파묻힐 수 있고, 저도 쥐도 새도 모르게 사라져버릴 수 있다는 불안과 두려움이 있었거든요. 그런 상황에서 제게 파격적인 제안을 해주셨기 때문에 저는 너무나 감사한 마음으로 받아들였습니다.

그동안 여러분이 저에게 많은 관심과 사랑을 주셨고, 지지와 격려와 응원도 주셨습니다. 반대로 채찍질과 비판과 의문도 던져주셨고, '도대체 넌 누구냐, 웬 놈이냐. 갑자기 튀어나와서 혼란을 야기하느냐. 너는 도대체 종북좌빨이냐, 아니냐. 왜 자꾸 진보같이 말하고 행동하면서 스스로를 보수라고 하느냐' 라는 질문들을 수없이 받았습니다. 그에 대한 답을 드리기 위해서 책도 냈습니다. 《보수의 품격》이라는 책은 제가 구술한 이야기를 〈오마이뉴스〉 구영식 기자가 정리해서 내주셨습니다. 보수, 진보, 대한민국 현 상황, 역사, 앞으로 나아가야 할 방향에 대한 제 생각을 담은 책이고요. 《나는 셜록 홈스처럼 살고 싶다》는 오늘 제가 말씀드린 내용, 즉 제가 어떻게 살아왔고, 누구이고, 왜 어떻게 해서 그런 결정까지 내리게 되었는지를 자세히 설명한 책입니다.

국정원 사건과 관련하여 돌발적이고 파격적인 사직 행위를 한 이후의 제 상황은 어떨까요. 저는 행복합니다. 계속 행복했고요. 가진 것은 많지 않지만 하고 싶은 대로 하면서 살아왔고, '이러다가 내가 망하는 것은 아닐까'라는 두려움도 견뎌왔고, 견디고 있습니다. 앞으로도 계속 제 자리를 찾아나가면서, 열심히 살 계획입니다. 그 가운데 가장 중요한 것은 제 행복이라고 생각합니다. 제 인생을 '새로고침' 하면서 다른 건 몰라도 이거 하나만큼은 절대로 고치지 않겠다, 하는 것이 있습니다. 그건 바로 제 가족입니다. 세상 모두가 저를 의심하고, 경계하고, 비난하고, 오해하고, 욕한다 하더라도 저는 두렵지 않습니다. 저 스스로가 당당하고 떳떳하다면, 그리고 제가 제 아내와 아이들 앞에서 부끄럽지 않다면, 저는 세상 누구의 어떤 돌팔매도 두려워하지 않을 생각입니다. 이들이 저를 믿어주었고, 믿고 있고, 믿어줄 것이기 때문에 저는 저 스스로 떳떳한 한 행복합니다. 그리고 그동안 헛살지 않았다는 것을 보여주는 성취의 발자국들이 있기 때문에 저는 늘 행복합니다.

제 트위터 팔로워께서는 아마 아실 겁니다. 저는 대단히 감상적인 사람입니다. 트로트부터 시작해서 클래식까지, 모든 장르의 음악을 좋아합니다. 영화도 좋아합니다. 풍부한 감성을 늘 유지하면서 살아가고 있기 때문에 작은 것 하나에도 행복합니다. 저녁에 아름다운 노을만 봐도 너무나 행복합니다. 그리고 제게는 '정의'라는, 이 세상을 살아가는 이유와 이 세상이 저를 필요로 한다는 기대와 만족감이 있습니다. 제가 여러 기회에 말씀드렸지만, 정의와 행복은 불가분의 관계입니다. 사람들이 요새 자살을 많이 하잖아요. 인간에게 가장 강한 게 생존본능인데, 그 생존본능을 거스르면서까지 자기 자신을 살해합니다. 상당수는 답답하고 억울하기 때문이죠. 세상이 자기에게 공정하지 못하다는 느낌, 내가 아무리 외치고 설명해도 나를 오해하고 있다는 느낌, 그런 것들이 생명을 끊게 만들잖아요. 그건 반대로 얘기하자면 정의가 없기 때문에, 내게 정의가 구현되지 않았다는 느낌 때문에 더 이상 생을 유지하지 못하는 거죠.

2008년 UCLA에서 한 실험에 따르면, 동물에게 가장 먹고 싶어 하는 먹이를 주었을 때 활성화되는 대뇌 부위가 인간에게는 정의, 공정함 같은 것들을 느낄 때 활성화되더라고 합니다. '인간에게 정의는 그야말로 생명이고 밥이다', '정의가 없다면 진정 행복하지 않다'라는 마음으로 노력하면서 살고 있습니다. 모든 중요한 선택의 순간에, '내게 이익이냐, 불이익이냐' 보다는 '옳으냐, 그르냐'를 선택의 기준으로 삼자고 계속 저에게 되뇝니다. 그렇게 살아오다 보니까 조금 손해를 보더라도 행복하더라는 것을 느끼게 된 거죠. 집착하지 않고, 끌어안으려 하지 않고, 지키려 하지 않기 때문에 행복하더라는 것을 느끼게 된 겁니다. 그리고 무엇보다 이제 자유를 얻었으니까 더 행복하죠. 무엇인가에 얽혀 있고, 하고 싶은 것을, 하고 싶은 말을 하지 못하는 그 상태가 정말 답답했고, 스트레스를 주더라는 거죠. 그로부터 벗어나니까 참으로 행복합니다. 그런데 그 행복감을 느끼는 요 사이, 제가 딜레마에 빠져 있습니다. 자유의 행복을 지나치게 만끽하다 보니 책임이라는 부담을 느끼게 되더라는 거죠. 제가 그간 너무 오랫동안 무엇인가에 얽매여 살아왔다는 느낌 때문에 내게 주어진 자유를 만끽하고 싶어서 마구 말하고, 글을 쓰고, 행동하다 보니까 제가 의도하지 않았던, 책임의 문제가 대두됨을 느낍니다. 그래서 '아, 자유가 무한한 건 아니구나. 이제부터는 책임이라는 요소의 무게를 생각하면서 행복을 누리자' 라는 생각을 하게 되었습니다.

제가 '새로고침'이라는 주제로 저를 여러분께 던져드렸는데, 혹시 여러분의 삶은 어떤지 생각해보실 수 있는 기회가 되었으면 좋겠습니다. 또한 제 삶에 대해서 지적, 비판, 문제 제기, 혹은 조언해주실 게 있으면 마음껏 던져주시라는 말씀을 끝으로, 마치도록 하겠습니다. 고맙습니다.

사회자 행복을 추구하는 한 과정으로서의 자유에 이르기까지, 그간 걸어오신 인생에 대해서 말씀해주셨습니다. 저는 마지막 부분에 강조하신 말씀이 기억에 남습니다. "그 과정이 정의에 부합할 때 진정으로 행복할 수 있다." 그 대목에서 울림이 더 커졌던 거 같습니다. 여러분은 어떻게 들으셨나요. 질문을 통해서 가감 없이 말씀해주셨으면 좋겠습니다.

＊＊＊
두려움과 확신 사이

청중1 안녕하십니까. 저는 초등학교에 다니는 딸 둘, 그리고 유치원에 다니는 아들 하나를 키우고 있는 세 아이의 아빠입니다. 자녀 교육에 대해서 굉장히 고민이 많거든요. 자녀 교육에 대해서 평소에 가지신 주관이나 자녀들한테 자주 해주시는 말씀이 있다면, 듣고 싶습니다.

표창원 저는 어렸을 때 반항심이 많았습니다. 부모님이 권위적이셨어요. 제가 무엇을 하고 싶은지 묻고 그것을 살려주시기보다, 이렇게 해야 한다고 제시해주는 편이셨죠. 부모님뿐만 아니라 학교도 그랬고, 제가 성장 과정에서 마주쳤던 어른들의 대부분이 '너는 무엇을 하고 싶니', '무엇을 잘하니', '잘하고 있구나' 라는 말씀보다는 '너는 이래야 해', '이것을 해야 옳단다' 라는 식으로 말씀해주셨거든요. 제일 아쉬운 건, 제 부친이 이제 여든에 가까우신데 저와 친밀한 대화를 하고 싶어 하시는 걸 많이 느껴요. 근데 너무 오랜 세월 딱딱하고 엄격한 관계를 유지해오다 보니까 그게 잘 안 됩니다. 그래서 저는 아이를 가지게 되었을 때 결심한 게 있어요. 엄한 아버지보다 친구 같은 아버지가 되고 싶다. 그래서 존경을 받기보다 좋아하는 대상이었으면 좋겠다. 그런 각오를 일기 같은 곳에 적으면서 생각을 많이 했습니다. 아내가 육아수첩을 적을 때도 그 표지에다가 제가 그런 글을 써놨습니다. '부모는 자녀가 스스로 자기의 뜻을 세우고 자기의 삶을 시작할 때까지 위험으로부터 보호해주고 자기 스스로를 발견할 수 있도록 도와주는 존재다.' 그런 각오를 세우고 아이들이 자라는 과정에서 항상 옆에 있어왔습니다.

첫아이가 딸인데요. 지금 고등학교 1학년이고요. 첫아이에게는 저도 모르게 제가 제 부친 같은 모습을 보이고 있다는 걸 문득문득 깨닫습니다. 막 야단치고, 아이의 행동에 답답해하고, '너 왜 이거밖에 못 하니', '이래야 하지 않겠어?' 라는 말을 아이에게 많이 합니다. 돌아서면 너무나 모순된 제 모습을 발견하고 많이 부끄러워하고요. 제 딸도 저의 그런 부분에 있어서는 불만을 많이 가지고 있습니다. 그래서 둘째가 태어났을 때는 첫째 때와는 정반대로 행동했죠. 완전히 제가 아이의 노예 같은 모습이 되어서, 아이가 손가락만 까딱하면 달려 갑니다. 주인님께서 말씀도 하시기 전에 미리 챙겨드리고, 지금 기분이 어떠실지, 무엇을 필요로 하실지 생각하는 거죠.(웃음) 그러다가 큰딸이 뒤에서 저를 바라보는 눈초리가 느껴지는 거예요. 이처럼 저는 자녀 교육 문제에 있어서 상당히 반성할 게 많은 거 같고요. 완전하지 못하다고 느끼고, 부족한 게 많습니다. 다만 한 가지, 제 아이들에게 계속 말해왔던 것이 있습니다. 엄마와 아빠는 네가 어떤 존재가 되길 바라지 않는다, 무엇을 하기를 원하지 않는다, 그냥 스스로 네가 정말 하고 싶은 게 무엇인지 발견했으면 좋겠다. 저희 두 아이는 성적이 중위권 이상을 올라가 본 적이 없어요. 저는, 성적이 높지 않아도 올바른 가치관과 태도, 자기에 대한 믿음, 독서와 친구들과의 관계, 그리고 사회에 대한 올바른 태도를 갖춘다면 이 세상에서 얼마든지 자기 자리를 찾을 수 있을 것이라고 믿고 있습니다.

사회자 그 질문에 하나 덧붙이고 싶은데요. 지난해 사직서를 내시기 전에 아내분과는 혹시 갈등이 없으셨습니까. 미리 재가를 받으셨나요?

표창원 아니요.(웃음) 평상시에는 대소사를 늘 아내와 상의합니다. 그리고 아내한테 많이 의존해요. 저 스스로가 어떤 결정을 내리기에 앞서서 꼭 제 아내의 견해를 들어보고, 점검받는데요. 사직서를 내는 것만큼은 아내와 상의 없이 일단 저질렀습니다. 인터넷상에 공개 사직서를 내고, 아내한테 '미안해'라고 했습니다. 그랬더니 아내가 '이 양반이 왜 이러나' 하는 눈으로 쳐다보는 거죠. 그다음에 '내가 사고를 좀 쳤어. 하지만 날 믿어줬으면 좋겠어' 라고 얘기했습니다. 아내가 잠시 말이 없더니, '사표 썼어?' 이러더라고요. 아내가 저보다 한 단계 위인 프로파일러입니다.(웃음) '응' 그랬더니, '이리와' 하고 저를 안아주더라고요. 그 품이 대단히 따뜻했고요. 그러면서 하는 말이 '그럴 줄 알았다' 였습니다. 12월 11일부터 제가 계속 혼자 끙끙거리며 난리 치는 모습을 옆에서 지켜보면서, '저 인간이 뭔가 일을 내지 않을까' 했던 거 같습니다.

사회자   역시 솔직해야 하는 거 같아요. 저는 2008년도에 YTN 노조위원장에 출마하면서, 아내에게 얘기를 안 했습니다. 나중에 당연히 들키죠. '너 왜 그랬니?' 그러더라고요. 엄청 혼났습니다.(웃음) 다른 질문 또 받겠습니다.

청중2   '조중동' 이라고 하는 언론사들이 집권 세력에 편승해서 우리의 눈과 귀를 막고 있습니다. 이걸 어떻게 하면 바꿀 수 있을까요. 우리 독자나 국민들이 지금 이대로 살아가면 후손들에게 위기가 오지 않을까, 그런 걱정이 됩니다.

표창원   이 주제는 저보다 노종면 기자님이 더 절절히 체험하셨죠. 이야기하실 게 많을 거 같은데요. 부족하지만 제 생각을 말씀드리면, 표현의 자유는 가장 중요한 민주주의 원칙이라고 생각하고요. 표현의 자유가 보장되어야만 다른 모든 것들이 제 역할을 할 수 있다고 생각합니다. 표현의 자유라는 것이 뭡니까. 우리가 하고 싶은 말, 생각하는 것을 그대로 드러낼 수 있는 자유 아니겠습니까. 그런데 우리가 생각하는 것들을 제대로 드러내려면, 사실을 알아야죠. 무엇이든 제대로 알아야만, 그 사실에 자기 생각을 얹어서 표현할 수 있겠죠. 제대로 알기 위해서는 언론의 자유가 보장되어야 합니다. 언론이 사실을 그대로 보도해주어야만 우리가 그 사실을 보고서 판단한 뒤에 나의 표현을 할 수 있는 것이니까요. 언론의 자유가 제한되어 있다면 우리는 암흑에 살고 있는 것이고, 본질적 권리를 누리지 못하는 상황이라고 해야 하겠죠.

지금 제기하신 편파적이고, 왜곡되고, 일방향적인 보도가 오랫동안 지속되어 왔습니다. 그 부분은 대단히 심각한 문제겠죠. 그런데 이걸 조금 바꿔서 본다면, 언론의 자유라는 것이 모두가 똑같은 이야기를 하라는 것이냐, 그것은 아니라고 저는 생각합니다. 어떤 언론이든 자신들이 처해 있는 위치와 입장, 사상이나 이념에 따라서 보도할 자유가 있고, 그것이 '언론의 자유'라는 영역에 들어간다고 생각합니다. 예를 들어서, 그들이 이념적으로 극우, 내지는 보수를 지향하고 그를 바탕으로 보도했다면 그것에 대해서는 누가 뭐라고 할 문제가 아니라고 생각해요. 반대로 〈한겨레〉라든지 〈경향신문〉이라든지, 또는 〈뉴스타파〉나 〈고발뉴스〉 같은 대안 언론들도 하고 싶은 말을 마음대로 해야 하겠죠.

그 대표적인 사례로 〈나는 꼼수다〉가 있습니다. 〈나는 꼼수다〉 같은 경우는 이러저러한 이유로 갖가지 형태의 제한과 처벌을 받고, 메이저 언론에서는 어떠한 사실 왜곡이나 잘못된 보도를 해도 아무런 책임을 지지 않는, 이런 불균형이 문제라고 생각합니다. 제 생각은 이렇습니다. '조중동'도 인정하자. 그들이 하고 싶은 말을 할 자유를 주자. 대신에 그 반대편에 있거나 다른 의견을 내는 언론에도 무한자유를 보장해주자. 그렇게 되었을 때, 비로소 우리 시민들이 각자 한 사람의 주권자로서 다양한 의견과 정보와 사실들을 비교, 검토해볼 수 있지 않을까 생각합니다. 그렇게 되면, 다른 오피니언 리더들의 말도 들으면서 자기가 자기 의견을 정하는, 진정한 표현의 자유가 성립될 수 있겠죠. 지난 노무현 대통령 때 '조중동'과의 전쟁을 벌이셨잖아요. 결국 그 전쟁은 실패했고, 실패를 향한 전쟁이었다고 생각합니다. 차라리 '언론의 자유'의 확장을 위해서 싸우셨더라면 어땠을까. 그래서 '조중동'은 하고 싶은 대로 하도록 두고 다른 대안 언론들이 클 수 있는 토양과 지원의 영역을 찾아주셨더라면 얼마나 좋았을까, 하는 생각을 가지고 있고요. 앞으로도 우리 아이들을 위해서라도 한 방향으로 왜곡되거나 통제된 언론과 방송이 사회 전체의 지식과 정보를 통제하는 상황은 절대로 용납되어서는 안 된다고 생각합니다.

사회자 제가 해직되기 전까지 15년간 YTN에서 기자, 앵커, PD로 생활했는데, 교수님이 느끼시는 것과 똑같은 생각을 참여정부 때 했습니다. 그래서 제가 한마디 덧붙이자면, 그 당시 어떤 특정한 언론과 싸우기보다는 잘못한 언론일 경우에, 그것이 〈조선일보〉이든 〈한겨레〉이든, 그 책임을 철저하게 묻는 제도를 만들었으면 어땠을까. 방향성은 중요하다고 생각하지 않습니다. 기관지도 있잖아요. 국영방송도 있을 수 있습니다. 그러나 그것이 어떤 지향점을 가지고 있더라도 거짓은 안 되죠. 그렇지 않습니까. 왜곡 보도를 했을 때, 그것이 드러나면 거기에 합당한 대가를 치르도록 하는 제도 마련이 조금 더 합리적인 방향이 아닌가, 이런 생각을 했습니다.

청중 3 작년에 국정원 사건에 대해 용기를 내서 일련의 발표를 하셨을 때, 참 멋있는 남자라고 생각했습니다. 가장 두려운 기관이라고 할 수 있는 국정원과 정부를 등지고 소위 '지적질'을 하신 거잖아요. 그러면 일반인들 같은 경우에는 보복을 두려워합니다. 이제는 민간인으로서 정부와 국정원을 상대로 대응하기가 더 두렵지 않으신가요? 인간으로서 두려움을 어떻게 이겨내고 계신지 궁금합니다.

표창원 잘 이겨내고 있습니다.(웃음) 두려움이 왜 없겠습니까. 당연히 있죠. 제가 가졌던 가장 큰 두려움은 '혹시 내가 잘못하고 있는 것은 아닌가' 하는 것이었습니다. 저를 비난하고 공격하는 분들의 이야기처럼 왜곡되고 편향된 생각을 가지고 망상적인 의심을 하고 있는 것은 아닌가, 하는 질문을 저 자신에게 수도 없이 던졌습니다. 그러고 나서 확신이 들었기 때문에 자신 있게 말할 수 있었던 것이고요. 또 하나는, 여러분이 가지고 계신 막연한 두려움과 공포심이 잘못되었다는 것을 보여드리고 싶었어요. 한국의 민주주의는 그동안 목숨 걸고 자신을 던진 분들의 덕으로 그나마 여기까지 와 있습니다. 우리가 얼마만큼의 자유를 누리고 있고, 어느 정도의 민주주의가 확립되어 있는지를 저 자신이 직접 보여드리고 싶었어요. 단지 밉다는 이유로, 자신들을 비판한다는 이유로 과거처럼 잡아가거나 고문하거나 집어넣거나 하진 못한다는 확신이 제겐 있었거든요. 그들이 할 수 있었던 건, 고소밖에 없었죠. 그렇다고 제가 100퍼센트 확신을 했느냐, 그건 아닙니다. 하지만 '저들이 내게 과거처럼 물리적인 가해나 위협을 하지는 않을 것이다', '그것이 2012년 대한민국의 민주주의 수준이다'라는 확신이 있었기 때문에 두려움을 억누를 수 있었습니다.

청중 4   안녕하세요. 교수님처럼 프로파일러를 꿈꾸고 있는 학생입니다. 저도 어렸을 때부터 정의를 이루고 싶다는 마음을 가지고 있어서 옳지 못한 일들을 보면 참지 못하고 화를 내게 됩니다. 따지기도 하고 싸우기도 하는데, 문제가 해결되기는커녕 오히려 갈등의 골만 깊어지는 경우가 많습니다. 이러한 상황을 지혜롭게 해결할 수 있는 방법이 있다면 좀 알고 싶습니다.

표창원   내가 옳다고 느끼는 것을 주장하고 상대방의 잘못을 지적할 때, 자꾸 관계가 훼손되고 내가 지나치게 까다로운 사람처럼 보이는 것이 괴로우실 거예요. 그렇죠? 저도 그런 상황을 많이 겪었습니다. 제가 찾은 방법이 뭐냐면, 옳지 않은 것을 지적하고 다른 사람을 비판할 때 가장 부드러운 방법을 찾자는 것입니다. 가장 논리적인 태도를 갖추고 감정을 싣지 말자. 우리 주변에서 발생하는 언쟁과 다툼을 보더라도 이런저런 얘기하다가 결국은 '왜 반말해?'가 되어버립니다. 전혀 본질과 상관없는 데로 튀어버리거든요. 문제를 제기한 측의 말과 표현에 있어서 사실보다는 느낌이 섞이다 보면, 상대방은 그 문제보다는 자신이 들은 어떤 표현에 대해 더 예민하게 반응합니다. 결국, 감정이 실리게 되고 사이가 어그러지는 일들이 많죠. 불필요한 갈등을 피하고 싶다면, 자신의 감정을 잘 조절하시기 바랍니다. 늘 차분하고 논리적으로 문제를 제기하시되, 그 외의 다른 상황에서는 다른 분들에게 양보하고 배려하고 희생하고 봉사하신다면 누구도 문제 제기만 가지고 갈등을 크게 야기하거나 왕따를 시키지는 않으리라고 생각합니다. 답이 되었는지 모르겠습니다.

청중 5　자유는, 경제적인 문제와 밀접하게 연관이 되어 있는 거 같습니다. 모든 언론이 자기 말을 할 수 있으면 좋겠지만 삼성에서 광고를 안 주겠다고 하면, 몸을 사리게 되는 게 현실이잖아요. 언론의 자유를 떠나서 개인도 마찬가지일 거 같습니다. 그런 문제를 어떻게 해결할 수 있을까요.

표창원　어떤 분이 저한테 그런 말씀을 하시더라고요. 자유와 정의를 부르짖고 나왔으니까 경제적인 안락함이나 여유는 포기해야 하는 거 아닙니까, 라고요. 그런 인식이 우리 사회에 있다는 거죠. 옳은 소리를 하려면 잘 사는 건 포기해라. 가난하고 힘들고 어렵게 살 각오를 해라. 독립군의 자손은 가난하고 친일파의 자손은 잘 먹고 잘 사는 게 세상 이치다. 저는 그게 틀렸다고 생각하고, 틀리도록 만들어야 한다고 생각합니다. 옳은 말, 바른 소리, 정의를 추구하는 것이 잘 사는 길이 되도록 만들어야 그 사회가 건강한 사회라고 생각합니다. 편법, 거짓말, 반칙을 쓰면 그 순간은 이로울지 모르지만, 결국은 패가망신을 하게 되는 것이 올바른 사회라고 생각합니다. 그래서 저는 잘 살고 싶고, 잘 사는 모습을 보여드리고 싶어요. 자유를 선택하고 정의를 선택했을 때, 사실은 자신이 있었어요. 희생한다고 생각하지 않았습니다. 지금 잘 살고 있잖아요. 많은 분들이 제 선택에 대해 '네가 그렇게 잘났냐. 나는 사표 못 쓴다. 근데 왜 너는 나를 부끄럽게 만드느냐' 라는 말씀을 많이 하십니다. 꼭 그렇게 사표를 던지는 것만이 자유와 정의를 부르짖는 길은 아니라는 말씀을 분명히 드리고 싶습니다. 자기가 처한 위치와 상황에 맞게, 스스로가 견뎌낼 수 있는 기본을 갖추면서, 자기 몫의 자유와 정의를 주장해도 충분하다고 생각합니다. 우리가 안중근 의사 같은 분들을 영웅으로 모시고 칭송하지만 모두가 그렇게 될 수는 없지 않습니까. 우리 모두가 그렇게 될 수 없으니까, 그분들의 희생이 더 빛나는 것이고요. 내가 그렇게 되지 못한다는 이유로 스스로를 비겁하다, 부끄럽다고 생각하실 필요는 전혀 없습니다. 자기 자리 지키면서, 자기 할 일 다 하면서 투표만 제대로 해주셔도 얼마나 고마운데요. 〈뉴스타파〉 가입해주시는 것만 해도 얼마나 고마운데요. 〈한겨레〉 구독해주시는 것만 해도 얼마나 고마운데요. 그런 작은 실천들이 모여 아름다운 기적을 만들어낼 수 있다고 생각하고, 그렇게 돼야 한다고 생각합니다. 각자의 자리에서 옳은 일 하며 얼마든지 잘 사는 모습을 보여주면서, 그렇게 살았으면 좋겠습니다.

사회자 표창원 교수님께서 아무리 옳은 소리를 하고 아무리 떳떳한 행동을 해도 정보회사에서 절대 털끝 하나 건드릴 수 없다는 것, 그리고 누구보다 더 잘 살 거라는 걸 증명해 보이시리라고 믿습니다.

***

'누구처럼 되고 싶다'는 마음으론 행복할 수 없다

청중 6 안녕하십니까. 기동대에서 근무하고 있는 소대장입니다. 저는 재작년부터 계속 집회·시위 현장에 투입되었습니다. 그러면서 하루에도 수십 번씩 인지 부조화를 겪습니다. 책을 읽는 동안에도 타인의 시선을 고려해야 하고, 의사 표현하는 것도 상당히 까다롭다는 걸 알고 계실 겁니다. 그렇게 살고 있는 경찰관이 저 외에도 상당히 많은데, 선배로서 그런 경찰관에게 해주고 싶은 조언이 있으신지요.

표창원 정말 좋은 질문 주셨습니다. 저도 1989년부터 1990년에 걸친 2년간은 거의 거리에서 시위 진압을 하면서 살아왔고, 길거리에서 지나가는 시민들의 시선을 받았습니다. 남대문 로터리 한쪽에서 진압복을 입은 채 땅바닥에 앉아서 도시락을 먹고 쪽잠을 자는 생활을 했어요. 그때 지금 말씀하신 질문들을 했습니다. 나는 누군가. 내가 왜 여기 있는가. 내가 해야 할 올바른 일은 무엇인가. 제가 소속된 기동대 대원의 아버지가 농민이셨는데, 한번은 그분이 시위대 전면에 서게 된 시위 현장에 저희가 나가게 되었습니다. 그 전날 이 녀석이 아주 우울하고 침울한 모습을 보이기에 왜 그러냐고 물었더니 그 얘기를 하는 거예요. 그래서 그럼 너는 내일 빠지는 게 좋겠다고 했더니 아니라는 거예요. 자기가 빠지는 건 비겁한 거 같다는 거죠. 제가 그 이야기를 전 대원들과 공유했습니다. 우리가 오늘 마주치는 분들은 적이 아니다. 우리 대원의 아버지이고, 그 아버지의 동료분들이다. 저분들은 생계를 위해서, 이거 외에는 방법이 없다는 생각에 나오신 분들이니까 절대로 미움을 갖지 말자. 그렇다고 우리가 저분들에게 길을 열어드리고, 하고 싶은 걸 다 하도록 해드리는 것은 직무유기 아니냐. 우리는 우리가 부여받은 임무와 법이 정한 역할을 충실히 다하자. 하지만 절대로 저분들을 미워하거나 깔보거나 무시하지 말고, 존중하자. 그런 마음으로 시위에 임했죠. 그 시위대의 다른 분들은 같은 시위대에 있는 분의 자녀가 기동대에 있다는 사실을 모르고 계셨죠. 그 아버지는 차마 그 얘기를 하지 못하셨던 겁니다. 시위대에서 똥바가지를 준비해오셨어요. 저희한테 똥물을 막 끼얹는데,

저희는 대단히 아프면서도 어쩔 수 없이 맞아야 했죠. 우리의 역할이라는 생각으로 맞고 견뎠습니다.

또 이런 일도 있었습니다. 한신대학교 학생들이 검문소를 습격해서 그곳을 불태운 적이 있었어요. 경찰서장님이 완전히 뿔이 나서, 체포조를 운영해 그 학생들을 잡아오라고 한 거죠. 안경을 쓰지 않았다는 이유만으로 저와 제 소대가 체포조로 배정돼서, 선두에 서야 하는 상황이 온 거예요. 한 번도 체포에 관한 교육 훈련을 받아본 적이 없고, 연습도 해본 적이 없었어요. 대치 상황에 있다가 명령이 떨어져서 이동하는 순간, 뭐가 쿵 하더니 단 1초도 안 돼서 제가 쓰러졌어요. 시위대 학생들이 던진 돌에 안면부를 맞은 거죠. 사실은 제가 성형미남입니다. 경찰병원에서 무너진 코뼈를 다시 세우는 과정에서 처음보다 더 높게 세워주셨어요.(웃음) 그 당시 젊은 대원들이 전투심리가 있잖아요. 우리 소대장이 돌 맞고 쓰러져서 입원해 있으니까 밤에 몰래 가서 한신대 학생들 몇 놈 잡아오자고 대원들끼리 얘기가 된 거예요. 그 이야기가 저한테까지 전해졌고, 입원 중에 제가 부대로 갔어요. 대원들과 얘기를 많이 했죠. 같은 이야기입니다. 학생들이 우리가 미워서 그랬겠느냐. 학생들은 학생들 나름대로 우리나라를 위하고, 보다 잘 살자고, 좋은 세상 만들자고 하는 것이다. 우리는 우리가 부여받은 역할과 임무를 수행하는 거다. 둘 다 같은 마음이고 다른 입장일 뿐이다. 우리 저들을 미워하지 말자. 그래서 저는 그런 생각으로 그 기간을 이겨냈습니다. 그러면서도 제가 해야 할 역할, 지시, 명령을 따른 거죠. 시위대를 봉쇄하고, 막으라면 막았습니다. 진입 못 하게 해야 할 경우에는 바리케이드를 치고 지켜냈죠. 그러면서도 시위대에 대해서 미움을 갖지 않으려고, 저들은 우리 형제이고 친구고 동료라는 것을 잊지 않으려고 노력했습니다. 그렇게 해서 견뎌냈습니다. 우리가 부여받은 경찰관으로서의 임무를 충실히 수행하되, 절대로 마음속에 미움이나 적대감을 갖지 말자. 그게 답인 거 같습니다.

청중7 대학생입니다. 두 가지 질문이 있는데요. 교수님의 과거의 삶과 지금의 삶이 굉장히 다르다고 느낍니다. 과거의 삶은 이미 알고 있는 결론을 가지고 그거에 대해서 알아가는 과정이셨다면, 지금의 삶은 정답을 알지 못하는 삶이신 거 같습니다. 어떻게 보면 큰 변화인데요. 미래에 대한 불안함은 없으실까, 그리고 불안함이 있다면 그것을 어떻게 극복하셨을까, 하는 궁금증이 생겼어요. 두 번째 질문은, 앞으로 어떤 삶을 살고 싶으신지, 최종적인 꿈은 무엇인지 궁금합니다.

표창원 날카로운 질문 고맙습니다. 불확실성에 대한 대처 방법은 긍정적인 자세라고 생각합니다. 무작정 긍정하는 것은 아니고요. 충분히 준비와 분석을 하고 정보를 획득해서 최종적인 판단을 내리는 겁니다. 그래서 잘될 수 있다는 희망과 가능성을 봤다면, 그 이후에 결론을 내리는 거죠. 결론을 내린 뒤에는 뒤돌아보지 말고 앞을 향해서 전진하고 도전하는 것이 중요합니다. 저도 그렇게 살아왔고요. 제가 불확실한 상황에서 모든 것들을 내던지고 삶을 변화시켜 나갔을 때, 아무 곳에서도 불러주지 않았다면 저는 하루아침에 그야말로 실업수당에 의존하는 백수가 되었겠죠. 그런데 그 당시에 제 정보와 판단으로는 그렇게 되지 않을 것이라는 분석이었습니다. 우리나라의 방송과 언론 지형, 지금 우리 사회가 돌아가고 있는 상황과 시장, 특히 제가 몸담고 있었던 지식노동 시장에서 제가 가지고 있는 상품가치를 분석, 비교, 평가해봤을 때 승산이 있다고 본 거죠. 모든 걸 던지고 나와도 그 성공의 정도 내지는 벌이의 크기 같은 것들이 가족을 부양하는 데 어려움을 느낄 정도는 아닐 거라는 판단과 확신이 있었어요. 그래서 도전을 한 것이죠.

저의 최종적인 꿈은 제가 생을 마감하게 되는 순간, 다시 말해 천상병 시인이 말씀하셨던 '소풍'이 끝나는 순간에, '이제 가도 돼. 완전하진 않지만 열심히 살아왔고, 크게 후회할 일 없고 크게 잘못한 일 없으니 이제는 편안하게 갈 수 있겠어'라는 심정이 되는 것입니다. 그 꿈을 늘 마음에 두고 있다 보니까 큰 욕심을 부리지 않게 되고, 무리하지 않게 되고, 다른 사람에게 피해 끼치지 않으며 살려고 노력하게 됩니다. 어떤 지위, 어느 정도의 부, 어느 정도의 명예, 이런 것들을 목표로 두고 있지는 않습니다.

청중 8 프로파일러를 꿈꾸고 있는 학생입니다. 제가 공부를 잘 못해서 그 일을 할 수 있을지 의문이 드는데, 교수님께서는 어떤 노력과 준비를 하셨는지 궁금합니다.

표창원 무엇이 되고 싶다, 어떤 사람처럼 되고 싶다는 생각을 하기 전에 나는 무엇을 할 때 가장 행복한가, 나는 무엇을 가장 잘하는가, 내가 평생 성공하지 않고 남들에게 존경받지 않고 크게 부유하지 않아도 후회하지 않으면서 살 수 있는 일, 즐기면서 할 수 있는 일은 무엇일까, 이것부터 먼저 찾아야 한다고 생각해요. 제가 하는 일이

해보고 싶다고 느끼고, 긍정적으로 생각해주시는 건 너무나 감사합니다. 그런데 누구처럼 산다든지, 어떠한 직업이나 자리에 올라간다는 것은 '껍데기' 일 뿐입니다. 그 껍데기를 가지게 되었을 때, 행복하지 않다는 거죠. 제가 지금 이런 제 모습을 상정하고 살아온 것은 아니에요. 고등학생 때, 대학생 때 '저렇게 되면 좋겠어', '저거 잘나가네' 라는 것을 좇아서 살아오지 않았습니다. 그냥 저는 제가 제일 잘하는 것, 제 앞에 주어진 기회, 도전 이런 것들을 거부하지 않고 계속 부딪치면서 살아온 거죠. 간단히 다른 분들의 예를 들어볼까요. 제가 제일 좋아하는 분 중 한 분인 전인권 씨. 전인권 씨 같은 경우 공부 잘해서 그렇게 되었나요, 아니잖아요. 박찬호 씨. 우리가 그분의 업적을 결과로 봤을 때, '야, 나도 저렇게 되었으면 좋겠어' 라고 하지만, 그분은 '누구처럼 될 거야' 라는 목표를 가지고 살아온 것은 아니거든요. 그냥 그게 좋으니까, 잘하려고 최선을 다하고 뼈를 깎는 노력을 한 것이죠. 그러다 보니까 결과적으로 그런 위치에 올라오게 된 것이라는 말입니다.

　어떻게 하면 그렇게 되느냐, 라는 질문에 대한 답은 사실 없습니다. 성적에 대해서는 사실 크게 염려할 필요가 없다고 생각해요. 꼭 그것만이 잘 사는 유일한 길은 아니거든요. 그것보다는 우리 학생이 무엇을 가장 하고 싶은지, 무엇을 가장 잘하는지, 그걸 찾게 되면 대박입니다. 지금 찾으면 초대박이고, 지금 못 찾아도 나중에 20대 때 찾으면 돼요. 30대 때 찾아도 됩니다. 하지만 그런 것을 찾고자 하는 시작조차 안 하고, 완성된 남의 것을 보고 '난 저렇게 되고 싶어' 라고 마음먹고 그 뒤를 따라 살기 시작하면, 절대로 행복하지 않습니다. 성공할 수 없고요. 그 말씀만 드리고 싶어요.

사회자 이제 마무리해야 할 시간입니다. 표창원 교수님을 이전에도 여러 방송, 신문 매체를 통해서 보셨지만, 오늘은 유명인 표창원 이전에 자유인 표창원, 또 그 이전에 인간 표창원의 진솔한 모습을 보신 거 같아요. 이분의 새 출발이 우리에게 의미가 있는 것은 우리의 '새로고침', 우리의 새 출발의 의미를 이분께 어느 정도 투영하고 있어서가 아닐까요. 그래서 이분의 새 출발이 좋은 결과로, 좋은 모습으로 우리에게 남아주기를 우리는 알게 모르게 기대하고 있는 게 아닌가, 그런 생각을 해봤습니다. 좋은 말씀 해주신 교수님, 그리고 수준 높은 질문을 해주신 여러분을 위해서 다 같이 큰 박수로 오늘 자리를 마무리하겠습니다.

제1강

제2강   제3강

긴장을 유지하라, 끊임없이
: 내 삶의 변곡점들

*

2013년 4월 3일(수) 저녁 7시
서울 용산 백범김구기념관

제4강

제6강   제5강

홍세화 1979년 무역회사 해외지사 근무차 유럽에 갔다가 '남민전' 사건을 계기로 귀국하지 못하고 파리에 정착해 20여 년간 생활했다. 이때의 경험을 바탕으로 쓴 《나는 빠리의 택시운전사》가 많은 독자들의 사랑을 받으면서 세간의 주목을 받았다. 2002년 귀국 후 활발한 사회 활동을 펼치며 〈한겨레〉 기획위원, 〈르몽드 디플로마티크〉 한국판 편집인, 진보신당 대표를 역임했다. 현재 사유-실천 공동체 '가장자리' 협동조합의 이사장과 격월간지 〈말과 활〉의 발행인을 맡고 있다. 《쎄느강은 좌우를 나누고 한강은 남북을 가른다》, 《악역을 맡은 자의 슬픔》, 《생각의 좌표》 등의 저서가 있다.

사회자 안녕하세요. 노종면입니다. 이번 인터뷰 특강 주제인 '새로고침'은 미래를 향한 화두일 것입니다. 그러나 우리 사회에는 수십 년 전, 과거 유신 시대로의 회기를 우려하는 목소리도 존재합니다. 유신 시대는 정치, 사회, 문화, 언론, 노동 등 전 분야에 걸쳐서 탄압이 저질러지고, 민주주의와 헌법이 유린된 억압의 시대였습니다. '설마 그때처럼 되겠나' 싶기도 하지만, 이내 설마가 사람 잡는다는 생각을 하게 됩니다.

최근 한 대학이, 학생들이 주최하려고 한 강연을 불허한 일이 있었습니다. 그 강연의 강연자 중 한 명이 접니다만, 그 강연이 정치 활동이라고 대학 측에서 불허했다고 합니다. 강연이 정치 활동인가요? 만약 정치 활동이라고 하더라도 왜 금지되어야 하는 것인지 또한 의아스럽습니다. 학교 측이 제시한 학칙을 보면, 학생들은 정당에 가입할 수 없고, 기타 정치 활동을 할 수 없도록 규정하고 있습니다. 그리고 그 대학뿐만 아니라 한국의 여러 대학이 그런 학칙을 여전히 유지하고 있습니다. 1970년대 학도호국단 시절에 만들어진 학칙이 아직도 우리 대학을 통제하고 있다는 사실에 등골이 오싹해집니다. 저 같은 사람도 이런 생각이 드는데, 유신 정권을 직접 몸으로 겪은 분들은 이 시대가 어떤 느낌으로 다가올까요.

여러분은 오늘 유신에 맞선 청년으로 살다가 망명객으로 20년 넘게 살아오신 한 지식인을 만나러 오셨습니다. 그분은 스스로 사회주의자임을 자처하고, 진보정당의 당 대표까지 지냈음에도 불구하고 정치 이념과 정파를 떠나서 상대를 포용하고 설득할 수 있는 인품과 식견을 갖춘 분으로 알려져 있습니다. 그래서 지성인, 선비, 선생님이라는 표현이 아주 자연스럽고 참 잘 어울린다고 느껴지는 분입니다. 여러분, '파리의 택시운전사'로 더 잘 아시죠? 홍세화 선생님을 박수로 모시겠습니다.

홍세화 안녕하세요. 반갑습니다.

사회자 선생님, 제가 모두에 현재 우리 사회에 대한 우려를 잠깐 말씀드렸는데, 망명 생활을 오래 하시고 유신을 직접 체험하신 분으로서 어떻게 느끼십니까. 저 같은 사람의 우려가 과한 것인지요.

홍세화 사실 요즘 텔레비전을 잘 안 보는데요. 어쩌다가 '박 대통령' 소리가 들리면 40년 전으로 순간 이동한 게 아닌가, 그런 느낌이 들죠. 그럼에도 불구하고 과연 그 당시로 퇴행이 가능할까요. 두 가지 생각이 듭니다. 한편으로는 국민의 수준을 뛰어넘는 정부가 없다는 면에서, 받아들일 수밖에 없다는 생각이 들고요. 또 한편으로는, 그럼에도 불구하고 그 당시 일상적으로 있었던 고문 등의 행위는 앞으로 없지 않겠나······. 제가 프랑스에 가고 사건이 터져서 동료, 선배들이 다 잡혀가고 혼자만 남았을 때 이런 생각이 들었습니다. '감옥 생활을 7년 정도는 할 수 있을 거 같다. 그런데 그 감옥 생활 전에 짧은 기간이지만, 고문은 정말 견디기 어려울 거 같다.' 물론 사생활이 거의 없게끔 만드는 빅브라더 사회의 위험에 대해선 경계를 늦추어선 안 되겠지만, 그래도 그 시기처럼 국가에 의한 물리적인 폭력의 정도가 심해질 수는 없지 않을까, 하는 생각을 합니다. 어떤 면에서 후퇴하기도 하지만, 큰 그림으로 보면 역사는 그래도 진보한다는 말씀을 드리고 싶네요.

사회자 여기 계신 분들 중에 상당수도 이른바 진보정치에 대한 기대를 많이 하셨을 것 같습니다. 거기에서 오는 실망감 같은 것들도 지금 시대를 조금은 비관적으로 보는 근거가 아닌가, 그런 생각이 듭니다. 선생님께서 진보정치인의 한 분으로서, 요 몇 년 사이의 진보정치를 어떻게 평가하고 어떤 문제가 있는 것인지, 간략하게 말씀해주시죠.

홍세화 사실 진보라고 하면, 여러 갈래로 얘기할 수 있습니다. 그런데 한국 사회는 흔히 기득권 세력이 원체 사익 추구에 뛰어난 분들이고, 그들의 힘이 워낙 막강해서 상식적인 수준의 요구를 담은 정당조차 진보의 아우라를 갖게 되는 아주 특이한 지형이라고 할 수 있습니다. 그래서 우선 진보라는 것이 너무 폭넓게 사용되고 있다는 것부터 얘기할 수 있을 거 같고요. 저로서는 어쨌든 인간에 대한 문제에서부터 출발해야 하는 것이라고 생각합니다. 이 사회 안에서 어떻게 자기 몸이 자리하는 곳에서 주인으로 살 것인가, 이게 관심사이고요. 그런 점에서 배움터인 학교는 물론이고, 일터에서 주인으로 살아갈 수 있는 조건이 진보의 중요한 화두여야 한다는 것이죠. 그런데 자본주의 한국 사회에서, 그런 노동의 주체성이라고 하는 것이 지금 얼마나 어려운 상황에 처해 있습니까. 특히 한국 사회 구성원들의 의식지형을 들여다보면 가야 할 길이 굉장히 멀다는 생각을 하지 않을 수 없습니다.

예컨대, 저는 20여 년 동안 프랑스 사회에서 살면서 특히 교육 문제에서 많은 걸 느꼈습니다. 가령 사회 시간을 봅시다. 우린 자본주의에 대해서 공부한 게 없죠. 우리가 자본주의 사회에 살고 있다면 사회 시간에 당연히 자본주의 사회에 관해서 공부해야 합니다. 유럽에서는 충분하지 않더라도 자본주의 사회에 관해 공부를 합니다. 교실에서 모의 노사협의도 하고 자본주의의 역사, 노동운동의 역사를 공부합니다. 그들에게는 자본주의를 비판적으로 바라볼 수 있는 시각이 나름대로 형성될 때, 우리는 아무것도 없는 거죠. 이게 현실입니다. 결국 자본주의 사회에서 거의 다 노동자가 될 사람임에도 불구하고 자기 정체성에 대해 인식하기 어렵고, 이 사회와 어떻게 대면하면서 살아가야 할지에 대한 주체성에서도 취약합니다. 아주 일부 사람들이 선배를 '잘못' 만나서 이 세상을 얼핏 보게 되는데, 문제는 그것도 아주 얼핏 본다는 것이죠. 그런데 그 정도로 마치 모든 사물과 현상을 인식하는 태양의 진리를 획득한 양 오만해져서 학습을 멈추는 경향이 있지 않나, 그런 생각이 듭니다.

사회자 진보정치가 추구해야 할 소명 같은 게 있을 텐데, 그것을 추진하고 있는 사람들과 정치인들의 소양은 좀 부족한 것이 아니냐, 이런 말씀으로 이해가 됩니다.

홍세화 그렇죠. 다양하게 얘기할 수 있을 거 같은데요. 한국에서는 참 희한하게도 "나는 진보야"라고 하면, 진보가 되죠. 과연 진보라는 게 어떠한 내용을 가지고 있는지에 대한 고민을 찾기 어렵습니다. 왜냐하면 진보가 너무 취약하다 보니까, "내가 진보야"라고 하면 반가워하는 분위기잖아요. 자본주의의 관철 형태, 소위 신자유주의 아래서 어떻게 노동이 분화되고 있는가. 지금 한국의 상황에서는 이 부분을 진보정치가 실제로 등한시해왔고, 제대로 진단하지 못했고, 거기에 대처하지 못했습니다. 불안정 노동이나 정리해고, 또는 비정규직 문제가 노골적으로 드러나고 있는데도 말입니다.

사회자 요즘 '가장자리'라는 협동조합을 준비하고 계시다고 들었습니다. 지금 말씀하신 것과도 맥이 닿아 있는 거 같은데, 소개 좀 해주시죠.

홍세화 '가장자리'는 사유와 실천의 공동체입니다. 요즘 협동조합 운동이 많이 펼쳐지고 있습니다. 우리도 협동조합 방식을 빌려, 잡지를 펴내고 학습 공간을 마련하고 함께 공부하자는 것입니다. 뜻이 맞으면 같이 행동도 하자는 것인데요. '가장자리'라고 이름을 붙인 건, 하나의 은유이기도 합니다. 경쟁은 대부분 중앙을 향하죠. 정점을 향합니다. 중앙은 하나의 점이지만 가장자리는 평등한 점들이 만나 이루는 선입니다. 더불어 살자는 의미, 중앙을 향한 경쟁으로부터 이제 좀 물러서자는 의미가 있습니다. 진보정치마저 지나치게 권력을 지향해왔던 것에 대한 반성도 깃들어 있습니다. 그다음에 두말할 것도 없이 자연과의 관계에 있어서도 이제 물러설 때가 됐다는 생태적 요구가 담겨 있습니다. 인간 중심의 성장주의, 중앙이라는 어떤 고점을 향한 경쟁이 아니라, 주변과 경계로 자발적으로 물러서는 자세를 '가장자리'라고 이름 지은 거죠.

사회자 조금 전에 학생분들이 여럿 들어오시는 걸 봤는데, '아니, 우리 졸업하고 나서도 계속 공부해야 하는 거야?'라는 생각을 하셨을지도 모르겠어요.(웃음) '가장자리'의 조합원이 될 수 있는 대상은 누구입니까?

홍세화 아무나 공부하고 싶은 분이면 됩니다. 핵심은, 진보의 교양입니다. 제가 판단하기에 한국의 진보는 앞서 말씀드린 대로 대개 선배를 잘못 만나서 시작돼요. 선배를 통해 '의식화가 되었다'라고 할 때, 이 의식화에 대해서 따져볼 필요가 있다는 거죠. 이른바 의식화가 되었다고 하면서 더 이상 공부를 안 합니다. 어떤 분은 한국의 모든 문제가 분단에서 왔다고 해서 통일운동을, 반미를 외칩니다. 어떤 분은 여성주의를 내세우면서 모든 걸 그것으로 풀려고 하죠. 어떤 분은 생태, 또 어떤 분은 노동 문제, 이런 식으로 독선의 장벽이 둘러져 있습니다. 하나하나 다 옳지요. 그런데 장님이 자기가 만진 부분이 코끼리라고 주장하는 격입니다. 그 믿음은 건드릴 수 없을 만큼 완고합니다. 열린 토론이 불가능하다는 점에서 진보의 교양이 낮은 수준에 머물러 있다고 봅니다. 그래서 진보의 교양을 같이 공부하고, 그런 바탕 위에서 '배제된 사람들의 민주주의'를 지향하자는 것이죠.

사회자 지금 말씀하신 통일, 노동, 여성, 생태 이런 가치들이 하나

하나 중요한 가치들이잖아요. 그런데 선생님 말씀을 들어보면, 그 가치와 가치가 서로 토론하고 보완하는 것이 아니라 세력을 규정하는 어떤 이름표가 되어서 세력 다툼의 도구로 전락한 게 아닌가 싶습니다. 선생님께서 그런 현실을 짚어주신 거 같아요.

홍세화 그렇습니다. 사실 오늘 한국 사회에서 진보정치 세력, 진보운동 세력의 현실적인 영향력은 크지 않습니다. 그런데 진보운동을 길게 보지 않고 조급했어요. 결국 진보정치나 조직노동의 장에서 학습은 없이 권력 지향만을 낳았고, 그 권력 지향이 진영 간 세력 다툼으로 발전했습니다. 공장 같은 생산 현장에서도 한 정파가 노동조합 집행부를 장악한 곳에는 다른 정파 사람은 접근이 불가능할 정도로 아주 배타적인 모습을 보입니다. 세계관으로 보면 가까운 사람이기 때문에 일상세계에서 만나고 또 부딪히는 것인데, 그런 사람들의 관계가 공동의 극복 대상에 비해서도 더 적대적인 모습을 띠게 된 겁니다. 이런 점도 진보의 교양 문제라고 봅니다.

사회자 올해 인터뷰 특강의 주제인 '새로고침'은 도전이라는 의미를 내포하고 있는 거 같습니다. 우리가 현실 속에서 무수히 많은 실패를 경험하지 않습니까. 그런 실패의 경험들이 '이제 그만해라', '포기하자'라고 유혹합니다. 그게 바로 우리의 인생이 아닐까 합니다. 그래서 우리한테 누군가가 조언을 해준다면, 홍세화 선생님처럼 '끝없는 패배'를 인생의 화두로 삼아오신 분이어야 하지 않을까 싶습니다. 홍세화 선생님의 강연을 박수로 청해 듣도록 하겠습니다.

***
계속 지겠다는 사람한테 이길 사람 없다

홍세화 제가 올해도 〈한겨레21〉 인터뷰 특강 자리에 어쭙잖게 섰는데요. 이번에는 주제가 '새로고침'입니다. 아마 제가 삶 속에서 '새로고침'을 많이 해서, 또 이 자리에 나와서 얘기하라고 그러는 거 같은데요. 사실 제가 되돌아봐도 정말 '새로고침'을 많이 한 거 같습니다. 우선, 학교만 놓고 보더라도 제가 서울대를 두 번 들어갔지 않습니까. 처음에는 영어보다 수학을 잘하니까 그 당시 세태에 따라서 공대에 들어갔습니다. 스무 살 때였죠. 그런데 앞서 말씀드린 것처럼 선배를 잘못 만났습니다.(웃음) 만약 선배를 잘못 만나지 않았더라면 엔지니어의 삶을 살지 않았을까요. 아마 편안한 삶을 살았을 거 같습니다. 그래서 학교를 그만두었다가 3년 뒤에 다시 문리대 외교학과에 들어갔습니다. 한국 현대사 문제, 분단 상황에 대해서 제대로 알고 싶었습니다. 젊은 혈기에 통일의 역군이 되겠다며 외교학과에 들어갔는데, 들어가자마자 알아야 했습니다. 한국 외교의 총량이 미국의 동아시아 태평양 담당 차관보에도 이르지 못한다는 현실을 말이죠. 재미가 없어졌어요. 외교관이 될 수도 있었을 텐데, 그러지 못했습니다. 결국은 학생운동판에 자연스럽게 끌려 들어가게 되었습니다. 그리고 유신 직전에 선언문을 하나 썼다가 잡혀갑니다. 그 당시에 중앙정보부와 보안사령부와 서울시경 대공분실을 전부 다 한 차례씩 가게 되죠. 그땐 아직 유신 이전이어서, 그렇게 심하게 당하지는 않았습니다. 그래도 어떤 곳인지를 경험하게 됐습니다. 인간이기를 스스로 포기하게 만드는 것이 그들이 하는 일이라는 걸 알 수 있었습니다. 아무튼 그런 과정을 거친 후, 생업 때문에 취업을 했습니다. 제가 취업한 수출입 회사에서 1년도 근무하지 않은 저를 유럽으로 발령을 냈습니다. 그래서 파견 근무를 나갔다가 제가 활동했던 조직이 드러나면서 정치적 망명을 할 수밖에 없게 된 거죠. 그리고 파리에서 먹고사는 문제를 해결하려고 택시운전을 하게 됩니다. 귀국한 뒤에는 〈한겨레〉에서 언론인, 그다음에 재작년에는 전혀 예상치 못했던 정당 대표, 1년 뒤 그만두고 이제 그냥 서생입니다. 다시 이 나이에 '가장자리'를 제안해서 같이 공부하자고 합니다. 이런 얘기를 하고 있으니, '새로고침'이 너무 빈번한 것이 아닌가 하는 생각도 드네요. 그래서 저한테 이 강연을 맡긴 것 같아요.

사회자께서 말씀하신 것처럼 '끝없는 패배'가 제 삶의 화두입니다. 계속 지겠다는 사람한테 이길 사람 없고, 이길 상황이나 체제도 없다는 거죠. 그런 점에서 다시 시작한다는 것이 중요합니다. 길을 따라가다가 문득 '이 길이 내가 갈 길이 아닌 것 같은데……'라는 의문이 들 때, '새로고침'의 결단이 필요하지요. 처음부터 다시 시작하려면 용기가 필요하니까요. 사실 젊은 시절에는 1년, 2년이 굉장히 긴 것 같고, 남들한테 뒤지면 크게 낙심하기도 합니다. 제 경우에는 남들 4학년일 때 1학년을 다시 다니고, 1966년에 대학 입학을 해서 1977년에 졸업을 했습니다. 나이와 무관하게 '새로고침'을 계속해왔던 것이지요. 이 자리에 계신 분들이 대부분 저보다 후배이신데요. 자기 인생의 '새로고침'을 해야 하는데 '이미 늦지 않았나' 해서 주저하신다면, 저는 과감하게 이렇게 얘기하겠어요. '언제인지가 중요한 게 아니다. 끊임없이 긴장을 유지하는 것이 중요하다.' '새로고침'을 하면서 끊임없이 긴장을 유지하는 자세가 대단히 중요하다고 생각합니다. 이제

'내 삶의 변곡점'이라는 주제로 말씀을 드리겠습니다.

제 삶의 변곡점은 두말할 것도 없이 저의 가치관, 세계관이 제 몸이 닿은 환경과 조우하면서, 선택을 통해 나타난 것이라고 할 수 있습니다. 우리 삶이라는 것은 결국 우연과 필연이 서로 조응한 유기적 관계의 결과라고 할 수 있죠. '어떤 시대, 어느 지역에, 누구를 부모로 하여 태어났는가'라는 우연적인 조건 아래서, 그 속에 어떤 필연성이 내포되어 있고, 그 필연성 속에서 다시 우연이 작용하는 유기적인 관계에 있다고 할 수 있을 것입니다. 제가 좋아하는 말 중에 '몸자리'라는 표현이 있습니다. 문자 그대로 몸이 놓인 자리라는 뜻입니다. 몸이 놓인 자리는 크게 두 가지로 구분할 수 있는데, 하나는 처지에 의하여 놓이는 자리입니다. 내가 어떤 처지인가에 의하여 내 몸이 놓이는 것이죠. 몇 평짜리 집에 사는가. 내가 일하는 데는 어디인가. 이것이 상대적으로 수동적이라면, 또 하나는 의지에 의하여 놓는 자리입니다. 이것은 능동적이죠. 놓이는 자리와 놓는 자리는 당연히 서로 유기적인 관계에 있고, 서로 영향을 미치죠. 내가 놓이는 자리에서 다시 놓는 자리를 선택할 수 있고, 그 놓는 자리가 다시 놓이는 자리를 마련하게 되는 것입니다. 그런데 왜 제가 '몸 자리'라는 표현을 썼느냐 하면, 이 '몸 자리'의 궤적이 바로 각자의 삶이기 때문입니다. 여러분의 삶도, 제 삶도 그렇습니다. 제가 끊임없이 '새로고침'에 대한 얘기를 했습니다만, 어떤 상황이나 환경 속에서 저의 의지에 의하여 제 몸 자리를 선택하게 됩니다. 당 대표가 되거나 택시운전을 하는 것 같은 선택이 결국은 제 삶이라는 의미죠. 그러면 이 몸 자리의 궤적을 어떻게 합일시킬 것이냐, 라는 것이 중요합니다. 저는 소박한 의미에서 이것을 일치시키고자 하는 노력이 있어야 하고, 그것이 소박한 자유인의 길이라고 보고 있습니다. 그래서 '가장자리'라는 이름도 나왔습니다. 처지에 의하여 놓이는 자리와 의지에 의하여 놓는 자리가 일치될 수 있는 자리는 가장자리이지, 중앙이 아니라는 주장도 함께 펴고 싶은 것이죠.

사람에게 궁극적으로 가장 중요한 것이 자기형성의 자유입니다. 제가 특히 청소년, 젊은 분들에게 강조하고 싶은 화두죠. 나라는 존재를 어떤 존재로 만들 것인가의 자유를 누리라는 것입니다. 제가 이런 점에서 끊임없이 강조했던 내용들이 2009년도에 낸 책 《생각의 좌표》에 정리되어 있습니다. 자기형성의 자유를 누리려면 바로 자기 생각의 주인이 되어야 한다는 것이죠. 자기 생각의 주인일 때, 자기형성의 자유를 누릴 수 있는 길이 열리니까요.

사람은 생각하는 존재이지만, 생각을 갖고 태어나지 않습니다. 여러분, 생각을 갖고 태어나셨습니까? 그렇지 않죠. 사람은 생각하는 존재인데 생각을 갖고 태어나지 않았다면, 여러분이 갖고 있는 생각은 어떻게 갖게 되었습니까. 우리가 생각하는 존재라면 이 물음을 던져야 마땅합니다. 그래서 다시 묻겠습니다. 여러분이 지금 갖고 있는 생각은 어떻게 갖게 되었나요? 여러분이 창조하셨습니까? 탁월한 사상가들이신가요? 아니겠죠. 갖고 태어나지 않았고, 창조하지도 않았습니다. 그럼 선택한 걸까요? 제가 볼 때, 한국에서는 주체적으로 자기 생각을 선택하는 경우는 거의 없고, 오히려 선택 '당' 합니다. 바로 주입식 교육을 통하여 이루어진다고 볼 수 있습니다. 아까 우리가 자본주의 사회에 살면서도 자본주의에 대해서 공부한 게 거의 없다고 말씀드렸죠. 그게 바로 이런 의미이죠.

최근에 나온 영화 〈레미제라블〉을 보신 분이 계실 텐데요. 거기에

코제트의 엄마 팡틴이 유리구슬 공장에서 일하는 장면이 나옵니다. 영화 속 배경은 1820년대인데, 당시에는 당연히 노동계약서도, 노동조합도 없었습니다. 팡틴이 남자 반장한테 밉보였다고 그냥 공장 바깥으로 내쫓겨서 참담한 인생의 결말을 맺게 되는 것을 그 영화에서 보셨을 겁니다. 그러면 그 당시에 노동자인 팡틴은 하루에 몇 시간 일했을까, 하는 질문을 던져볼 수 있을 겁니다. 한국 사회 구성원들은 그 영화를 보면서도 이런 질문이 없죠. 자본주의 사회 아래 노동자들이 어떠한 노동운동의 역사를 그려왔는지 묻지 않습니다. 우리가 지금 주 5일 근무를 기준으로 하루 여덟 시간 노동한다면, 그것이 어떤 궤적을 통하여 이 자리에 왔는지에 대해 학교에서 전혀 배우지 않습니다. 결국 우리가 갖고 있는 생각의 내용들이 지극히 제한되어 있고, 나라는 인간 존재, 나의 정체성과도 맞지 않는다는 것이죠. 그래서 제가 자기형성의 자유를 누리려면 두 가지 질문을 던질 줄 알아야 한다고 얘기합니다. 첫 번째 질문은, 내 생각은 어떻게 내 생각이 되었나. 또 하나의 질문은, 나는 나로서 가져야 할 생각을 갖고 있나. 이 질문은 말할 것도 없이 존재가 의식을 규정한다는 고전 명제에서 나온 것이죠. 이 질문을, '나라는 존재로서 내가 응당 갖고 있어야 할 생각을 갖고 있나' 라는 물음으로 확장시킬 수 있을 때, 이것이 자기형성의 자유를 누릴 수 있는 기본적인 출발점이 된다고 생각합니다.

내 생각이 어떻게 내 생각이 됐나, 라는 질문은 《생각의 좌표》에서 제가 강조했던 부분입니다. 사람은 생각하는 존재인데, 생각을 고집하는 존재이기도 합니다. 이건 스피노자가 특히 강조한 말입니다. 사람은 생각하는 존재인데, 생각의 성질이 뭐냐. 생각의 성질이 바로 고집이라는 겁니다. 그래서 여러분도 고집하고, 저도 고집합니다. 내가 고집하는 내 생각이 내 삶을 지배하는데, 태어났을 때는 분명 없었던 그 생각이 어떻게 형성되었는지조차 묻지 않는 것, 이게 인문학적인 환경과 토대가 부족한 데서 나타난 모습입니다. 실상 '나는 생각한다'라는 말은 '나는 회의한다'와 같은 말입니다. 내가 믿지 않는 한, 생각한다는 것은 끊임없이 회의한다는 뜻이죠. 이것이 한국 사회에는 거의 자리 잡혀 있지 않습니다. 18세기 프랑스의 교육철학자 콩도르세의 말처럼, 사람은 둘로 나눌 수 있습니다. 하나는 생각하는 사람이고, 하나는 믿는 사람이죠. 한국에서는 믿는 사람과 믿지 않는 사람으로 나누기도 합니다만, 아무튼 믿는다는 의미는 회의하지 않는다는 의미죠. 자기 생각을 고집한다는 것은 이 생각 속에 가치관, 세계관, 인생관이 묻어 있기 때문에 자기 삶의 방향이 결정되어 있다는 뜻입니다. 즉 20대이건, 30대이건, 40대이건 회의하지 않고 자기 생각을 고집한다는 것은 자신이 이미 존재의 완성태에 이르렀다는 믿음이나 마찬가지입니다. 어떤 주장에는 항상 '이것이 정말 맞나'라는 회의가 전제되어야 하는데, 그렇지 않고 끊임없이 주장만 한다는 것은 이미 존재의 완성태에 이르렀다는 선언과도 같은 것이죠. 그런데 여러분이 어떤 주장을 할 때 제가 "그 주장에 약간의 흔들림도 없습니까?"라고 묻는다면, 늘 "네, 이건 틀림없습니다"라고 대답할 수 있을까요. 늘 그렇게 대답하는 분도 제가 "그럼 존재의 완성태에 이르셨네요"라고 얘기하면 조금은 주춤할 거 같습니다. 우리는 고집하면서도 끊임없이 내가 고집하는 이 생각이 어디서 왔는가를 물을 줄 알아야 합니다. 그런데 그러지 못한다는 것이 참 안타까운 현실입니다. 그래서 저는 생각의 출처를 따져보자고 말합니다. 한국 사회 구성원들이 형성하는 생각의 출처를 따져보고, 그게 정말 내가 선택한 것인지, 또는 내 존재에 상응하는 것인지를 물어보자는 것이죠.

자기 생각을 형성하는 과정으로 저는 네 가지를 꼽습니다. 첫째, 폭넓은 독서입니다. 둘째, 열린 자세의 토론입니다. 셋째, 직접 보고 겪고 느끼는 것입니다. 마지막으로, 앞의 것들을 바탕으로 소우주와 같은 나의 의식세계 안에서 생각을 버무리고 고민하는 과정입니다. 이런 과정은 내가 개입한 과정입니다. 내가 온전히 선택했다고 말할 순 없지만, 나의 의식을 형성하는 데 있어서 적어도 나라는 존재, 나의 정체성, 나의 개성과 처지가 개입한 과정이라는 것이죠. 사람이 자기 생각을 형성하는 데 있어서 참조할 대상은, 결국 생각하는 존재인 사람밖에 없습니다. 가령 독서는 내가 직접 만날 수 없는, 이미 죽은 사람이거나 거리를 두고 있는 사람의 생각을 만나는 것이죠. 토론이란 나와 동시대를 사는 사람과 만나 열린 자세로 그 사람의 생각을 참조하는 것입니다. 직접견문이란 오감을 갖고 있는 인간으로서 다양한 경험과 여행 등을 통해 보고 듣고 느끼는 것입니다. 마지막으로 성찰이란 앞에 말한 폭넓은 독서와 열린 자세의 토론 그리고 직접견문을 통해 갖게 된 생각들이 내 의식세계 안에서 부딪히고 버무려지고 정돈되는 과정입니다. 중요한 것은 이 네 가지의 주어가 모두 '나'라는 것입니다. 내가 독서의 주체이고, 내가 토론의 주체이고, 내가 직접 보고 겪고 느끼며, 내가 성찰합니다. 그리고 이러한 방법을 통하여 형성한 생각은 적어도 내가 개입한 생각이라는 것이죠. 여기에 비하여 주입식 암기교육은 전혀 내가 선택할 수 있는 것이 아닙니다. 또한 매스미디어를 통한 전달 역시 모든 사람에게 똑같은 내용을 유포하거나 입력하는 과정이므로 주입식 교육과 마찬가지입니다.

***
어설픈데 단호한 우리 진보의 모습

앞서 제가 제 인생의 첫 번째 변곡점을 소개했습니다. 바로 선배를 '잘못' 만나서 그를 통해 열린 토론을 접하고, 책을 소개받은 것인데요. 이것이 첫 번째 변곡점이었습니다. 왜냐하면, 그전에는 내가 개입되지 않은 주입식 암기교육 같은 것으로만 의식세계를 형성했기 때문이죠. 그 선배가 제게 한 일이라는 게 바로 영화 〈매트릭스〉에 나온 그대로, '빨간 약을 먹을래, 파란 약을 먹을래' 하는 것이었습니다. 빨간 약을 먹으면 원래 있던 세계로 되돌아갈 수 없지요. 선배는 토론을 제기하고 책을 소개합니다. 우리는 분단 상황에 있기 때문에 대개 현대사 공부로 시작합니다. 철학이나 자본주의에 대해 공부하기 전에 먼저 한국 현대사를 만나는 것이지요. 저도 그랬습니다. 그 뒤에도 저는 끊임없이 의식세계, 가치관에 나름대로 충실하려고 애쓰면서 '새로고침'을 해왔던 것 같습니다. 거기에는 물론 프랑스 땅에 떨어져 살았던 경험도 큰 영향을 미쳤습니다. 아무튼 이 분석틀을 통해 여러분 자신도, 우리 아이들도 어떻게 의식세계를 형성하는지 한번 짚어보실 수 있으리라고 생각합니다. 제가 판단하기에 우리 교육은 일제강점기에 시작된 근대식 교육인데, 군국주의 일본 체제에 맞는 국가주의 교육 방식이 지금도 여전히 그대로 관철되고 있는 것이 현실입니다. 이런 현실이 분단 상황 속에서 이어지고 있습니다. 대한민국이 민주공화국이라면 대한민국 공교육의 일차적 소명은 우리 국민을 민주공화국의 구성원으로 형성하는 일인데, 그런 교육이 이루어지지 않고 있는 것이지요.

우리가 '의식화되었다', '의식이 깨어났다'라는 표현을 씁니다. 그럼 의식이 깨어나지 않은 사람들은 아무 생각이 없나요. 그게 아니죠. 우리 모두는 지배 세력에 의한 철저한 의식화의 대상이었습니다. 반공 의식화, 숭미 의식화, 반노동 의식화, 체제에 대한 자발적인 복종 의식화. 이런 의식화가 지배 세력에 의하여 철저하게 이루어졌는데, 우리가 '의식화'라는 말을 사용함으로써 이런 것들이 마치 없었던 것인 양 착각하게끔 만들었습니다. 이러한 프레임 때문에, 전교조 선생님들이 학생들에 대해서 의식화 교육을 한다고 하면서 기득권 세력들이 마구 비난하죠. 그렇다면 지배 세력이 한 의식화는 어떡할까요. 지배 세력의 의식화는 너무나 당연한 듯이 받아들이는 이 상황이 참으로 심각합니다. 이와 관련해서 또 다른 장벽이 있습니다. 장벽 하나를 넘으면 또 다른 장벽이 있는 것입니다. 선배를 잘못 만나서 민족주의적인 시야를 견지한 건 좋은데, 거기서 멈춘다는 거죠. 거기에 멈춰서 철학, 자본주의 체제에 대한 공부로까지 확장되지 못한다는 겁니다. 이런 것이 오만한 태도를 낳고, 그 선배가 어떤 선배인가에 따라서 정파도 결정되어버리죠. 이런 구조 속에서, 정말 낮은 수준인데도 불구하고 거기에 정지하는 겁니다. 오만함, 자기확신이 사유의 힘을 정지시키는 것입니다. 제가 볼 때는 어설픈 진보인데, 아주 단호한 모습을 보입니다.

저는 20년 동안 프랑스 사회에 있었습니다. 프랑스에서 애들을 통해서 교육도 접하고, 언론을 통하여 사회운동도 보면서 제가 참 다행스럽게 생각했던 두 가지가 있습니다. 하나는, 감옥 생활을 하지 않음으로 인하여 그 시간 동안 다른 사회를 경험할 수 있었다는 것입니다. 다른 하나는, 20년 동안 프랑스에 있으면서 소위 'SKY'에 대한 엘리트 의식이 자연스럽게 소멸된 것입니다. 한국에 있었으면, 아무리 제가 엘리트 의식을 버려야 한다고 강조해도 이 환경 속에서 그것이 쉽지 않다는 거죠. 사람이 '학습' 할 때 '습' 도 대단히 중요한 것입니다. 어떤 환경에 있는가가 중요하죠. 그래서 그것이 소멸된 것을 저는 참 다행스럽게 생각합니다. 그리고 바깥에서 한반도를 바라보면서, 민족주의적 지향 또한 대단히 중요하긴 하지만 그것이 다는 아니라는 인식을 가질 수 있게 된 것 또한 다행이라고 생각합니다. 여전히 저한테 그런 경향이 남아 있긴 합니다만, 그럼에도 좀 더 열린 자세여야 하지 않겠느냐는 생각을 하고 있습니다. 말하자면, 프랑스에서의 20년이 민족주의적 지향과 엘리트 의식을 좀 누를 수 있게 했다는 면에서 정말 다행스럽게 생각합니다.

각자가 자기의 몸 자리에서 어떠한 선택을 하느냐, 내 몸을 어디에 놓고 내 몸이 어디에 놓이느냐, 그런 구조 속에서 또다시 자유의지에 의한 선택이 있을 수 있겠지요. 결국, 자기형성의 자유를 목표로 하면서, 자기 삶이라는 것이 결국 자기 몸 자리의 궤적이고 그 몸 자리를 어떻게 의지로 선택하느냐가 중요하다는 것을 알아야 합니다. 그리고 모두에 말씀드린 대로 '새로고침'에 있어서 언제든 늦은 시간은 없습니다. 다만, 항상 긴장을 유지하는 것이 중요합니다. 제가 프랑스에서 택시운전을 하면서 스스로 약속한 것이 있었습니다. 세상 돌아가는 건 알아야 한다. 〈르몽드〉는 항상 읽자. 그걸 지키려고 애썼습니다. 한국의 택시 기사보다는 덜하지만 그래도 굉장히 피곤한 직업인데, 어쨌건 〈르몽드〉는 읽으려고 노력했습니다. 파리의 택시는 기사 옆자리에 승객을 앉히지 않습니다. 그래서 거기에 책을 놓고, 신문을 놓고 손님을 기다리는 시간에 그걸 읽으려고 노력한 거죠. 그런 긴장이 필요하다는 것입니다.

　의지로 놓는 자리와 처지에 의하여 놓이는 자리를 줄여서 얘기하면, 결국 이 명제로 돌아갈 것입니다. 자아실현과 생존이 그것입니다. 인간은 누구나 사회적 존재이니만큼 자기 존재를 이 세상에 작용시킴으로써, 거기서 삶의 보람과 의미를 느끼고자 하는 본원적 욕구를 가지고 있죠. 그걸 우리는 자아실현의 욕구라고 합니다. 여러분에게도 자기 삶의 의미를 스스로 규정하고, 그에 따라서 살아가는 자아실현의 본원적 욕구가 있으리라고 기대합니다. 그런데 자아를 실현하려면, 먹고사는 문제가 해결되어야 하죠. 인간은 생명체이고, 가정을 이끌고 살아간다는 조건이 억압이 되어, 결국 자아실현을 왜곡하거나 포기하는 경향이 있습니다. 제가 특히 젊은이들에게 말하고 싶은 것은, 자유인이 되라는 것입니다. 자아를 실현하는 행위를 통해 생존이 담보되는 사람을 일컬어 '자유인'이라고 부르죠. 문제는, 한국 사회처럼 자유인에게 허용되는 영역이 지극히 좁은 사회에서는 결국 선택할 수밖에 없다는 것이죠. 그 선택이 제가 볼 때는 '소박한 자유인'이라는 것입니다. 그 얘기는 뭐냐, 양면에서 다 욕심을 부리지 말자. 아주 소박한 자아실현에서 멈출 줄 알고, 생존 조건도 소박한 데서 멈출 줄 알아야 한다는 것입니다. 그 자리가 바로 '가장자리'라는 의미를 포함하고 있습니다. 사회에 나가서 처음부터 자유인이 될 수 없는 건 누구나 다 마찬가지입니다. 생존 문제 때문에 자아실현을 양보해야 할 때가 있는데, 아예 이걸 포기한다는 것이 문제입니다. 바로 이 지점이 '새로고침'은 언제라도 할 수 있지만, 긴장은 언제나 유지해야 한다는 의미와 만나는 부분입니다. 먹고사는 문제 때문에 하고 싶은 일이 아님에도 해야 하는 경우가 대부분이잖아요. 그렇다고 해서 완전히 포기하는 일은 없어야 한다는 걸 강조하고 싶습니다. 유보하되, 포기하지 말자. 이것이 제 삶에서 가장 중요한 원칙입니다.

제가 진보신당 대표를 1년 동안 하면서, 그 속에서 진보정치의 현실적 역량이 참으로 취약하기 이를 데 없다는 것을 거듭 확인했습니다. 그에 비해서 목청은 굉장히 높은 현실도 보았고요. 인문학적 토대가 대단히 중요하겠다는 생각을 했습니다. 사회과학도 부족하지만, 그 사회과학조차 인문학에 대한 토대 없이 가분수처럼 이루어진 것이 아닌가 하는 생각을 했습니다. 바로 이런 지점에서, 진보의 교양으로서 '가장자리' 협동조합을 말씀드린 건데요. 많이 참여해주셨으면 합니다. 몸 자리를 가장자리에 둡시다. 여기서 마치겠습니다.

***

어제가 좋았던 사람, 오늘이 좋은 사람,
내일이 좋아야 할 사람

사회자 내 생각인데 내가 선택한 게 아니라 선택당한 것이다, 유보하되 포기는 하지 말자, 저는 개인적으로 이게 선생님 말씀의 핵심적인 부분이라고 생각합니다. 우리는 쉽게 복종하잖아요. 그리고 타협하죠. '유보'라는 개념이 우리에게 여러 의미를 던져주고, 어떻게 보면 우리가 갈 길을 제시하는 것 같습니다. 선생님 말씀을 들으면서 궁금증이 많으셨을 거 같습니다. 손을 번쩍 들어주시면 제가 질문할 기회를 드리겠습니다.

"자유인에게 허용되는 영역이 지극히 좁은 사회에서는
결국 선택할 수밖에 없겠죠. 그 선택이
'소박한 자유인' 이라는 것입니다.
소박한 자아실현에서 멈출 줄 알고, 생존 조건도
소박한 데서 멈출 줄 알아야 한다는 것입니다."

청중1 〈개미〉란 영화를 보면, 개미 집단이 한 음악에 맞춰 같은 춤을 추는 장면이 나오거든요. 그런데 주인공은 다른 춤을 춥니다. 우리 사회는 개미 집단처럼 통일된 것만을 요구하는 교육을 지향하는 것 같은데요. 앞으로 저희가 스스로 생각해서 행동하는 사람이 되기 위해서 어떤 걸 하면 좋을지, 아이디어라든지 방향이 있으면 말씀해주시기 바랍니다.

홍세화 제가 제일 중요하게 보는 것 역시 교육 문제입니다. 저는 학생들의 일상 자체가 글쓰기로 이루어져야 한다는 것을 강조하고 싶습니다. 인문사회과학, 예컨대 역사, 지리, 사회, 경제, 도덕, 철학 같은 인간과 사회에 관한 학문은 정밀과학이 아니죠. 자연과학과 수학이 정밀과학인 것이죠. 정밀과학은 정답이 있습니다. 하지만 인문사회과학은 정답을 갖고 있지 않습니다. 그런데 우리 학생들은 인문사회과학을 암기과목이라고 부르죠. 암기과목이라고 하는 건, 정답이 있다는 뜻입니다. 그 얘기는 곧 인문사회과학이 죽어버린 교육이라는 것입니다. 이 점이 저는 핵심이라고 봐요. 학교에서 글쓰기가 이루어져야 합니다. 왜 글쓰기가 사라졌을까요, 그것은 사유하는 주체를 길러내지 않기 위해서입니다. 일제강점기에는 학교가 당연히 군국주의 일본의 신민을 길러내기 위한 곳이었고, 더군다나 식민지 백성을 사유하는 주체로 길러낼 이유가 없었죠. 그저 주입식 암기교육만 시키면 되었던 거예요. 민주공화국이 섰으면 민주공화국의 주체를 형성하는 교육으로 완전히 탈바꿈됐어야 하는데, 그렇지 않았다는 것이죠. 왜? 일제부역 세력을 청산하지 못한 것이 그대로 유지되었기 때문이죠. 그다음에 서열을 매겨야 하는 문제도 있었죠. 인문

사회과학은 학생들에게 서열을 매길 수 있는 학문이 아닙니다. 왜? 정답이 없으니까요. 그런데 대학이 서열화되어 있다 보니까 학생들을 줄 세워야 하고, 학문까지 완전히 왜곡시켜 버린 것이죠. 제가 프랑스의 한 역사교수와 얘기하다가 다짜고짜 물어본 적이 있습니다. 역사를 왜 공부해야 하느냐, 한마디로 얘기해봐라. 그 역사교수는 부끄러움을 알아야 하기 때문이라고 했습니다. 우리는 연도를 외웁니다. 우리 아이들이 글쓰기를 잘하려면, 독서도 해야 하고 토론도 해야 하죠. 그런데 지금은 암기만 잘하면 되니까, 그걸 할 이유가 없는 것입니다. 이런 말 있지 않습니까. 독서는 사람을 풍요롭게 하고, 글쓰기는 사람을 정교하게 한다. 우린 학교에서 둘 다 안 합니다. 그러니까 풍요롭지도 않고 정교하지도 않습니다. 그래서 제일 중요한 게 학교 교육이라고 생각합니다. 최근에는 혁신학교가 그런 방향으로 변화의 조짐을 보여서 그나마 다행스럽게 생각합니다.

사회자 둘째 날 정재승 교수님께서 뇌의 기능 중에 기억력은 일부분일 뿐이다, 대표 선수가 아니라고 하셨잖아요. 근데 선생님의 말씀을 듣고 보면 우리는 기억력만 중시하는 그런 교육을 받고 있는 게 아닌가 하는 생각이 듭니다.

청중2 우리는 진보의 반대가 보수라고 생각합니다. 항상 진보와 보수, 이렇게 이분법적으로 나누죠. 그런데 진보와 보수에 대한 정확한 개념은 없는 것 같습니다. 한국 사회에서 과연 진보라는 게 뭔지 정확히 안다면, 보수가 뭐라는 것도 알 수 있을 것 같은데요. 이런 부분에 대해서 말씀해주시죠.

홍세화 참 어려운 문제입니다. 저는 좀 세속적으로 표현하는데요. 수구와 보수와 진보가 어떻게 다르냐. 수구는 어제가 좋았던 사람들, 보수는 오늘이 좋은 사람들, 진보는 내일이 좋아야 할 사람들. 참 우스운 이야기지만, 이렇게 나눌 수 있다는 거죠. 그다음에 한국 지형에서 수구 세력과 보수 세력은 워낙 광범위하니까 그걸 좀 구분해서, 수구적 보수 세력과 자유주의적 보수 세력으로 나눌 수 있을 것입니다. 수구적 보수 세력은 말하자면 지금의 기득권 세력들, 새누리당을 중심으로 한 세력이죠. 그리고 자유주의적 보수 세력은 바로 민주당 쪽이겠죠. 수구적 보수 세력보다는 상대적으로 진보적이고 자유주의적이니까요. 그럼 이렇게 나누었을 때, 그 사이에는 뭐가 있을까. 수구적 보수 세력과 자유주의적 보수 세력 사이에는 국가보안법이 있습니다. 그다음에 보수 세력과 진보 세력 사이에는 신자유주의라는 것이 있다고 말할 수 있지 않나 싶습니다. 특히 자본주의의 관철 형태라는 측면에서 봤을 때 그렇게 생각이 들고요. 그런데 한국에서는 진보라는 말이 아주 폭넓게 사용되고 있는 것에 비해, '자본주의와 어떻게 맞설 것이냐' 라는 지점에는 초점이 맞추어지지 않죠. 워낙 진보 세력의 힘이 취약하니까요.

아시는 바와 같이 진보, 보수와 같이 사용되는 말이 '좌우' 라는 말 아니겠습니까. 좌우라는 말은 프랑스 혁명 때 나온 것이지요. 프랑스 혁명 세력 중에 입헌군주제를 지지했던 세력이 있고, 공화제로 가자고 했던 세력이 있었습니다. 입헌군주제로 가자고 했던 세력이 의회에서 오른쪽에 모였고, 공화제로 가자고 했던 세력이 왼쪽에 모였던 데서 좌우라는 말이 유래된 것 아닙니까. 그 당시 시대적 상황에서 상대적으로 급진적인 변화를 요구한 것이 진보나 좌파라면, 그렇지 않은 것을 우파라고 얘기할 수 있겠죠. 1848년 2월혁명을 거치면서 좌파는 사회주의 쪽으로, 우파는 자유주의 쪽으로 갈라서게 됩니다. 특히 그때는 유산자 계급이냐, 무산자 계급이냐에 의해서 구분되었죠. 이러한 측면에서 보면, 한국의 진보라는 건 정치적으로나 사회적으로는 폭넓게 사용되지만 체제와의 관계 속에서 얘기되는 것은 지극히 취약한 부분이 있는 게 사실입니다.

청중3 선생님께서는 외국에 계시면서 우리 사회를 비교적 객관적으로 보실 수 있게 되었는데요. 한국에 돌아오시고 나서의 기간이 프랑스에 계셨던 기간만큼 흐른 것 같습니다. 당시 돌아오셨을 때와 지금을 비교하면 상황이 더 악화되고 있다고 느끼시는지, 아니면 느리지만 그래도 나아지고 있다고 느끼시는지 궁금합니다.

홍세화 제가 이제 귀국한 지 11년 됐습니다. 프랑스에 있었던 게 20년 조금 넘고요. 그래서 아직 프랑스에 있었던 시간만큼 지나려면 좀 더 시간이 지나야 합니다. 아무튼 11년 전에 들어왔을 때나 지금이나 전 그렇게 큰 차이가 없다는 생각이 듭니다. 다만 위기의식은 느끼고 있습니다. 어쨌든 경제의 파이는 계속 커왔습니다. IMF 위기 상황이 자본의 굉장한 위기였는데, 우리는 그 시기에 노동을 분할시키면서, 노동에 고통을 전가하면서 지나왔죠. 노동자들이 자본주의 사회에서의 자기 정체성에 대한 비판적 성찰이 없었기 때문에 그걸 그냥 끌어안게 된 거죠. 그래서 정규직과 비정규직이라는 노동의 분할을 통해 수렴되었습니다. 앞으로 또 위기가 닥쳐서 파이 자체가 곤두박질치게 될 경우에, 한국 사회가 어떻게 그것을 수용할 수 있을까요. 대단히 위험한 상황입니다. 저는 그것이 자칫 파쇼화로 흘러갈 위험이 있지 않을까, 하는 우려를 하고 있습니다. 지금까지는 그게 노동자와 서민들의 고통이었지만, 어쨌든 그걸 받아들일 수 있었죠. 그러나 이제는 불안정 노동이라든지, 비정규직에 의하여 이미 고통을 받을 대로 받은 상황에서, 만약 이것이 마이너스로 가게 될 때에 또 누구를 희생양으로 만들면서 헤쳐나갈 수 있을지 우려되는 것이 사실입니다.

***

소박한 자유인의 자리

청중4 선생님께서는 주체적인 자유인으로 살기 위해서 글쓰기를 강조하시는데요. 요즘 고등학생들이 대학에 가기 위해서 논술을 많이 합니다. 이런 글쓰기가 바람직한 것인지 궁금하고요. 어떻게 글을 써야 하며, 어떤 주제로 글을 써야 하는지 구체적으로 말씀해주시면 많은 도움이 될 거 같습니다.

홍세화 저는 논리적 글쓰기가 중요하다고 생각합니다. 글에 논리가 담겨 있어야 한다는 거죠. 인문사회과학은 아까 말씀드린 대로 사고력, 논리력, 그리고 감수성을 위한 것입니다. 역사 공부라든지, 사회 공부라든지, 지리, 경제, 도덕, 철학 같은 공부는 사유하는 힘, 사고력을 필요로 하죠. 그다음에 논리력과 감수성이 있어야 하고요. 글쓰기도 그것을 요구한다는 거죠. 그러면 논리적 글쓰기의 핵심은 뭐냐. 어떤 주제에 대하여 자기 생각이 있어야 하고, 그 생각을 받치는 논거가 있어야 합니다. 그래서 '왜냐하면'이라는 것이 요구되고, 자기주장을 받치기 위해서 예시가 필요하죠. 논거와 예시. 이러한 논리적 글쓰기가 결국은 형식미인데요. 그것은 음악이든 글쓰기이든 결국 마찬가지라고 생각합니다. 글쓰기도 내 주장이 있고, 거기에 이유를 달아주고, 예를 들어주고, 끝을 맺는 형식이 있어야 하죠. 이런 형식을 요구하는 것이 논리적 글쓰기가 아니겠는가 싶습니다.

사회자 학교에서 오래전부터 신문 사설을 글쓰기 교재로 쓰고 있더군요. 저는 특정 언론사의 사설이라는 것이 굉장히 위험하다고 생각합니다. 논거가 왜곡된 경우가 많아요. 이른바 아전인수와 뒤틀기죠. 그런데 우리 사회에서는 논리적 글쓰기의 전범으로 신문 사설을 얘기하거든요. 이 현실에 대해서는 어떻게 보십니까.

홍세화 참 안타까운 일이죠. 그게 아까 진보, 보수를 얘기할 때와 마찬가지인데요. 우리와 유럽의 차이점이 그겁니다. 공공성의 가치를 공유하면서 좀 더 왼쪽을 지향하는 게 소위 진보정치 세력입니다. 그다음에 공공성의 가치를 공유하면서 좀 더 오른쪽으로 향하는 게 보수 세력입니다. 그런데 우리는 이 공공성의 가치 자체가 없습니다. 요즘 장관 청문회 같은 걸 하면, 안 걸리는 사람이 드물잖아요. 그럴 만큼 공익이란 개념이 없는 사회이지 않습니까. 소위 '조중동'을 보수 신문이라고 하면 그건 보수에 대한 모욕입니다. 한국에는 진보 신문과 보수 신문이 아니라, 상식적인 신문과 몰상식한 신문이 있습니다. 신문이 사회의 거울이라고 하는데, 한국의 언론을 몰상식한 신문이 지배하고 있다고 하면, 한국 사회가 몰상식한 사회인 겁니다. 이 세력을 어떻게 보수라고 합니까. 아시다시피 보수 세력이란 건, 지켜야 할 가치가 있어야 합니다. 그 가치의 중심은 뭐냐. 국가, 전통, 가족, 이런 것입니다. 그런데 그들은 철저하게 사익만 추구합니다. 한국의 트로이카라고 하지 않습니까. 재벌, 조중동, 새누리당. 이 셋이 그야말로 한국을 지배하고 있는 기득권의 트로이카인 거죠. 이것을 과연 보수라고 할 수 있느냐. 참 보수가 험난하죠. 한국에서 고생하고 있습니다. 이런 현실이라고 할 수 있겠죠. 그래서 몰상식한 신문 사설을 참조하면서 글쓰기를 하면, 정말 몰상식해질 위험이 있습니다.(웃음)

청중5 저는 컴퓨터 프로그래머였는데 회사에 다닐수록 개발자가 아닌 원자재가 되는 듯한 느낌이 들어서 지금 '새로고침'을 준비하고 있습니다. 다 같이 잘 사는 사회를 만드는 공부를 하고 있는데요. 거기서 일하는 분들을 만나보면서, 다른 사람들을 위해서 일한다 하더라도 정작 순수한 마음으로 일하는 분들이 많지 않은 거 같아서 실망을 많이 하고 있어요. 선생님께서 말씀하신 자아실현과 생존의 관점에서 보면, 제가 실망한 분들은 유보를 하고 계신 게 아닌가 하는 생각도 들어요. 그 유보 기간을 줄일 수 있는 방법이 궁금하고요.
　두 번째로, 수구라는 사람들도 자기 나름의 자아실현을 이미 했을 수도 있다는 생각이 들거든요. 우리는 그분들과 어차피 같이 살아가야 하니까 그분들을 껴안고 가야 하는데, 패러다임이 조금 바뀌어야 하지 않을까 생각합니다.
　마지막으로 지금의 유럽이나 프랑스를 보면, 그 사회 자체도 생존 문제에 발이 잡혀서 자아실현을 유보하려고 하는 게 아닌가 하는 생각이 들어요. 프랑스 사람들은 선생님께서 말씀하신 인문학적 교육을 받았고, 그래서 그런 사회를 이루었는데요. 그들이 우리의 롤 모델이 될 수 있다고 한다면, 지금 상황에서는 그게 과연 100퍼센트 정답이 될 수 있을까, 하는 생각도 듭니다.

홍세화 마지막 질문부터 말씀드리면, 프랑스 사회라고 해서 완벽한 사회일 수는 없죠. 아까 말씀드린 대로 존재의 완성태라는 것 자체가 오만한 자세라고 생각합니다. 프랑스 사회는 이제 와서 겨우 동성애자들에 대한 결혼을 허용했죠. 벨기에나 네덜란드에 비해서 굉장히 늦었습니다. 똘레랑스라는 측면에서 보더라도 뒤처진 사회이죠. 한편 한국에서는 언제쯤 동성애자들이 자신의 동성애 관계를 대외적으로 드러내고, 결혼을 하고, 아이도 양육할 수 있는 권리를 가지게 될까, 아직 요원하잖아요. 이렇게 상대적으로 봐야 하는 것이고요. 그리고 생존 문제는 결국 경제적인 문제인데요. 그 사회도 이제 알아가고 있는 거죠. 완전고용은 이미 옛날 얘기다. 그럼 이제 어떻게 할 것이냐. 그들이 관리형 보편복지 체제였는데, 이것도 이제 수정해야만 하는 상황인 거죠. 그런데 우리는 이제 와서 보편복지 얘기를 하고 있습니다. 그들은 이미 거기서 다시 새로운 것을 하려고 할 때, 우리는 그걸 쫓아가고 있는 이런 현실이 안타까운 점이 있습니다.

그다음에, 저는 보수적인 생각을 갖고 있는 것에 대하여 문제를 삼는 것이 아닙니다. 문제는, 입력된 생각에 의하여 자기 처지를 배반하는 선택을 한다는 것이죠. 자기 처지를 배반하는 의식을 갖고 있기 때문입니다. 쉽게 얘기해서, 20 대 80의 사회가 왜 관철되나요. 80 중에 너무 많은 사람들이 자기 처지를 배반하는 의식을 갖고 있기 때문이죠. 바로 그 문제입니다. 그러니까 자기 처지와 관련지어서, 누구나 다 자아를 실현하는 그런 세상은 애당초 없습니다. 아주 소박한 수준의 자아를 실현하는 사람도 지극히 일부에 지나지 않죠. 기왕이면 한번 온 삶이니, 자아를 실현하는 삶을 살아야 하지 않겠느냐는 말씀을 드리는 겁니다. 절대다수는 어떻게 하면 생존 조건을 화려하게 할 것인가, 기름지게 할 것인가, 이게 초미의 관심이잖아요. 돈의 주인이 아니라, 돈의 노예죠. 그래서 아주 일부라도 정말 자기 삶의 가치에 맞게, 한번 온 이 삶을 어떻게 의미 있는 삶으로 규정할 것이냐는 측면에서 말씀드린 것이고요.

그다음에 유보와 포기와의 관계에 있어서도, 처음에 좀 잘못 짚으셨는데요. 저는 한국 사회의 구성원 중 다수는 유보한 수준이 아니라고 봅니다. 다 포기했죠. 아니, 대부분은 포기했다는 사실조차 인식하지 못합니다. 자아실현을 누가 합니까. 자아실현이라는 것은 사회와의 관계 속에서 이루어집니다. 사회 속에서 나를 작용시켜서 이 사회의 긍정적인 변화를 이루어내고, 아주 작은 일이라도 그런 의지가 있어야 하고, 그런 의미를 스스로 가져야 하고, 그 속에서 나름대로 삶의 보람을 느껴야 합니다. 이게 자아실현인 거죠. 생존 문제 때문에 자아실현을 유보한다고 했을 때, 그 기간을 짧게 하려면 소박한 생존 조건에서 멈추어야 한다는 말씀은 이미 드렸지요.

사회자 소박한 수준의 자아실현도 이루어지지 않고 있는 현실, 제가 언론계에서 느끼는 단적인 예를 드리면요. 천안함 사건 있지 않습니까. 얼마 전에 천안함 사건 3주기라서 대다수의 신문, 방송들이 특보를 했습니다. 거기서 무수히 쏟아져 나온 단어가 '폭침'이에요. 그런데 저는 천안함이 폭침인지, 아닌지 알지 못합니다. 폭침이라고 얘기하는 언론인들이 과연 몇이나 그 폭침의 근거들을 취재하고, 그것을 본인이 수용해서 말했는가. 그냥 천안함은 폭침이라고 믿는 수준에서, 언론인이랍시고 기사 쓰고 방송에 나옵니다. 천안함을 폭침이라고 얘기했던 정부의 근거들, 여러분도 많이 보셨을 겁니다. 그 근거들은 이미 거의 다 깨졌어요. 깨진 것을 기자들도 압니다. 그럼에도 불구하고 천안함 2주기, 3주기 때만 되면 다 '폭침, 폭침' 해요. 그건 언론인으로서의 양심, 자아실현을 포기한 거라고 저는 판단하는 거죠. 제 강연 시간이 아닌데 너무 길게 말씀드렸네요.(웃음) 지금 선생님께서 소박한 수준의 자아실현도 안 되고 있다는 말씀을 하셔서, 그게 떠올랐습니다. 또 다른 분 질문 받겠습니다.

청중6 저는 평생학습 공동체를 실험하고 있는 한 업체의 대표입니다. 협동조합 '가장자리' 얘기를 들으면서, 그때의 가장자리가 신영복 선생님이 얘기하시는 '변방' 과 조금 유사한 개념이 아닌가 하는 생각이 들었습니다. 제가 질문하고 싶은 내용은 두 가지입니다. 첫 번째는, 협동조합에서 내는 격월간지가 〈말과 활〉이라고 하셨는데요. 왜 '말과 글'이 아니고 '말과 활' 인지, 그 의미가 궁금하고요. 두 번째는, 최근에 인문학이 위기였다가 이제는 인문학의 과잉이라는 말까지 나오고 있지 않습니까. 선생님이 생각하시는 인문학의 현주소라고 할까요, 어떻게 생각하시는지 말씀을 듣고 싶습니다.

홍세화 우선, 가장자리는 말씀하신 대로 변방의 의미와 만나죠. 저는 몸 자리에 대한 강조도 있어서, 소박한 자유인이 자기 몸을 놓는 자리가 가장자리라는 의미를 담고자 한 것이고요. 변방과 경계의 의미는 만나게 됩니다. 그다음에 활은 두 가지 의미를 갖고 있습니다. 하나는 '활동' 할 때의 활, 실천의 의미이고요. 쏘는 화살로서의 활, 무기의 의미도 같이 갖고 있습니다. 그래서 '말과 활'이라고 지은 것입니다. 그리고 인문학 과잉이라고 말씀하셨는데, 저는 오늘날 한국 현실에서 볼 때 인문학은 아무리 소비된다고 하더라도 괜찮다는 입장입니다. 글쓰기가 논술이라는 이름으로 또 하나의 암기과목이 되고 있는 이런 상황처럼 우려되는 지점이 아주 없는 건 아니나, 전반적으로 봤을 때 이것이 자기계발이라는 함정에 빠지지만 않는다면 좀 더 과잉되어도 된다고 봅니다. 인문학 열풍이 자기계발이라는 또 하나의 경쟁을 위한 것으로 채워진다면, 그건 아니겠죠. 그건 인문학 자체에 대한 배반이기 때문입니다.

청중7 저는 교사인데, 학교에서 전교 24등까지의 학생들을 데리고 이 자리에 왔습니다. 제가 학생들을 이 자리에 데리고 온 건, 잘 자랐으면 하는 마음 때문입니다. 한편으로는 이 아이들이 공부를 잘하는 학생들이기 때문에 좋은 대학에 가기를 바라는 마음도 강하거든요. 그러면서 제가 좀 이중적인 생각을 하고 있는 게 아닌가 하는 고민이 됩니다. 공부하라고 잔소리하면서도 좋은 사람이 되라고 하니까요. 그게 제 딜레마거든요. 그래서 홍세화 선생님이라면 뭔가 답을 주실 수도 있을 것이다, 라는 생각으로 왔습니다. 이들이 대학에 가서, 그 이후까지 정말 괜찮은 사람으로 살 수 있도록 조언을 해주셨으면 합니다.

홍세화 공부를 잘하는 학생들인 거군요.(웃음) 인문사회과학 공부를 잘한다는 것은 본디 인간을 이해하는 눈, 세상을 보는 눈이 깊어야 한다는 것을 뜻합니다. 근데 한국에서 인문사회과학의 경우, 공부를 잘한다는 것은 시험 본 다음에 잊어버렸다는 것을 의미합니다. 공부를 못한다는 것은 시험 보기 전에 잊어버렸다는 것이고요. 별 차이가 없는 거죠. 실제로 한국 사회의 이른바 사회 상층이 되는 능력은 지극히 보잘것없는 능력입니다. 지금 말씀드린 것처럼 시험 본 다음에 잊어버린 정도의 능력밖에 없는 거죠. 왜냐하면 이 사회가 정말 몰상식하고, 기득권을 유지하기 위한 사회이기 때문에 거기에 잘 맞추고 그런 능력만 키우면 되니까요. 이 사회가 요구하는 능력이라는 것 자체가 지극히 보잘것없는 능력이라는 말씀을 거듭 강조하고 싶습니다.

그런데 그것이 대학 서열화로 규정되다 보니까, 'SKY 나왔다' 그러면 그것으로 마치 대단한 능력을 갖고 있는 양 스스로도 착각하고, 사회가 인정해주죠. 실로 지극히 보잘것없는 능력임에도 불구하고 말입니다. 지금 선생님께서 고민하시는 부분이 그 부분이라고 봅니다. 왜 이 지경인가. 지금 한국 사회를 지배하고, 장악하고 있는 사람들이 SKY 출신이라고 그러지 않습니까. 그들이 정말 공부를 잘하는 사람들인데, 왜 이 모양 이 꼴인가. 결국 그 보잘것없는 능력으로 지배하기 때문이죠. 그런데 문제는, SKY 출신이 아니면 사회적 발언권조차 거의 주지 않는다는 것입니다. 만약에 자아실현을 통하여 이 세상을 변화시키고 싶다는 생각을 갖고 있다면, 보잘것없는 사회이지만 이 사회가 요구하는 능력을 보여줘야 합니다. 바로 우리가 얘기하는 공부 잘한다는 의미입니다. 그런데 여기에 무슨 함정이 있느냐,

이 사회가 요구하는 능력을 보여주었기 때문에 언제라도 이 사회에 안주할 수 있는 능력을 갖게 되었다는 겁니다. 그 얘기는 초심, 즉 이 세상을 변화시키겠다는 생각을 현실 속에서 스스로 포기하게 될 가능성이 있다는 거죠. 그래서 사실 저는 공부 잘하는 사람들이 이 세상을 옳게 바꾸는 걸 기대하기보다는, 공부 못하는 사람들이 뒤집어엎는 쪽을 오히려 기대하고 싶습니다.

＊

폭넓은 독서가 우리의 출발점

청중8 안녕하세요. 진선미가 넘치고자 하는, 부천의 한 여자고등학교에서 온 학생입니다. 저만의 생각일지도 모르는데, 대부분의 청소년들은 지금 자기가 생각하는 게 스스로 선택한 것인지, 아니면 주위에서 모두 그렇게 하기에 그것이 진리인 줄 알고 그렇게 생각하는지 잘 모르는 것 같습니다. 저희가 어떻게 하면 선택을 잘할 수 있고, 어떻게 하면 올바른 생각을 가지고 진선미를 잘 가꿔갈 수 있을지에 대한 설명을 부탁드리고요. 그다음에 한 나라가 발전하려면 진보, 보수 양쪽이 모두 공존해야 한다고 생각합니다. 저희가 살아가면서 어느 편향된 생각에 빠지지 않고, 올바른 관념을 가지기 위해서는 어떻게 하면 좋을지 조언 부탁드립니다.

홍세화 결국, 책을 폭넓게 읽어야 합니다. 칸트는, 사람은 생각하는 존재이지만 생각하는 바에 관하여 자유로운 존재가 아니라고 했습니다. 제가 제기한 게 바로 그 부분인데요. 내가 지금 갖고 있는 것은 결국 사회화 과정에 의하여 규정된 것입니다. 그래서 내가 스스로 선택하려면, 아까 말씀드린 네 가지 중에서도 역시 책과 만나는 게 가장 중요합니다. 달리 어디서 구하겠습니까. 사람에 대한 생각을 사람에게 물어볼 수밖에 없죠. 생각이란 사람이 하는 것인데, 주체적으로 물어보는 방법이 바로 독서입니다. 책은 모두 닫혀 있죠. 서가에 가만히 꽂혀 있습니다. 그 책을 쓴 사람과 내가 주인으로서 만나는 것이죠. 그런 점에서 항상 열린 자세일 수 있습니다. 아까 그랬죠, 뭔가 주장하면서도 항상 회의할 줄 알아야 한다고요. 당연히 학교에 다니는 지금 상황에서는, 안갯속에 있는 것과 같죠. 안개를 헤칠수록 더 어려워질 수도 있고요. 그렇지만 안갯속에 있을 때 오히려 삶의 의미는 더 진지한 것 아니겠습니까. 특히 진선미라는 것에서는 더 그렇죠. 소크라테스가 당시 아테네의 젊은이들에게 요구한 삶이 바로 진선미라고 할 수 있죠. 훌륭하고 올바르고 아름다운 존재가 되라. 무엇이 편향이고 아닌가에 대한 생각도 역시 좀 더 책을 폭넓게 읽으며 스스로 찾아갔으면 좋겠습니다. 근데 제가 폭넓게 책을 읽으라는 것도 일단 지배 세력에 의한 의식화를 감안해야 하기 때문에, 예컨대 이명박 정권에서 불온하다고 하는 책을 읽을 때 편향으로부터 벗어날 수 있다고 생각합니다.

청중 9 선생님께서도 스스로 긴장을 유지하기 위해서 프랑스에 체재하시는 동안에 굉장히 많은 노력과 훈련을 하셨을 거 같습니다. 어떤 노력과 훈련을 하셨는지 궁금하고요. 서울에 있게 되면 인터뷰 특강을 포함해서 공부할 수 있는 기회가 많은데, 서울이 아닌 다른 지역에 계신 분들이나 고등학생처럼 시간적인 제약이 있는 분들도 계실 거 같습니다. 그런 기회가 제한되는 분들이 어떤 훈련이나 노력을 하면 좋을지에 대해서 조언해주시면 감사하겠습니다.

홍세화 긴장을 유지한다는 것이 갖는 의미는 결국 자기 삶에 대한 자세에서 비롯된다고 봅니다. 나한테 허용된 이 한 번뿐인 삶, 이 존재에 대하여 책임질 사람은 나 자신일 수밖에 없습니다. 저는 이것을 일종의 오기라고 봅니다. 저에게는, 내 삶의 최종 평가자는 나 자신이라는 오기가 있습니다. 누가 과연 내 삶을 평가할 것이냐. 내 삶에 대해서 최종적으로 평가할 사람은 나 자신이라는 오기가 있었기에 긴장이 유지될 수 있었습니다. 어떤 면에서는 제 자존감의 표현인 것이죠. 내 삶이 그만한 가치가 있어야 한다는 오기가 발동되는 것입니다. 제가 긴장을 유지하고, 또 유보하더라도 포기하지 않은 것은 결국 제 삶 자체에 대한 자존감이 표현된 것이라고 볼 수 있습니다. 그 방법이 결국 책과 만나는 거라면 어디에서도 쉽지 않나, 이런 생각이 듭니다. 장소나 시간의 제약은 이차적인 문제인 거 같습니다.

청중 10 저는 어린이책을 만들고 있고, 청소년에게 관심이 많아서 재작년부터 중·고등학생들과 함께 주말에 책 읽기를 하고 있는데요. 책을 읽고, 글을 써오고, 같이 얘기하자는 취지하에 모였지만, 어느새 같이 모여서 노는 게 주가 되어버렸습니다. 사실 저는 그 시간이 즐겁고 좋은데, 요즘 들어 '자기만족에 빠져 있는 게 아닌가'라는 고민이 들기 시작했어요. 글쓰기의 중요성에 대해서도 말씀해주셨는데, 저희가 쓰는 글은 형식 없이 자기가 느낀 점과 생각을 얘기하는 정도거든요. 과연 이 모임을 어떻게 끌고 가야 좋을지에 대한 조언이 필요합니다.

홍세화　책 읽기나 글쓰기가 어떤 가시적인 결과물이 뚜렷이 나타나는 게 아니기 때문에 '나만 만족하고 있는 게 아닌가' 같은 생각을 가지실 수 있다고 봅니다. 하지만 저는 중·고등학교 학생들이 서로 만나서 같은 주제로, 같이 책을 읽고, 글을 쓴다는 그 자체만으로도 충분히 의미가 넘쳐난다고 말씀드리고 싶어요. 물론 저로서는 그 글쓰기가 논리적 글쓰기라면 더 좋지 않을까, 라는 생각은 합니다. 그래야만 학생들이 스스로 논리의 힘을 기를 수 있으니까요. 정서적 글쓰기와 논리적 글쓰기는 좀 다른 거 같아요. 정서적 글쓰기는 풍부한 감수성을 바탕으로 하는 것이라면, 논리적 글쓰기는 훈련을 통하여 충분히 능력을 키울 수 있기 때문입니다. 그래서 논리적 글쓰기를 하면 좀 더 가시적인 성과가 나올 수 있지 않을까, 보람도 더 느낄 수 있지 않을까, 생각합니다. 하지만 그것과 무관하게 어쨌든 지금 상황 자체가 대단히 바람직한 것이라고 봅니다.

청중10　제가 열네 살에서 열여덟, 열아홉 살까지의 아이들을 만나는데요. 대화를 나누면서 점점 이 친구들한테 어떤 얘기를 해줘야 하나, 라는 고민이 생기기 시작했어요. 이 친구들이 고민이 많거든요. 고등학생 정도 되는 학생들을 만나면 선생님은 어떤 얘기를 해주시는지, 그리고 가장 중점을 두고 이것만은 꼭 알았으면 좋겠다고 생각하시는 건 어떤 것이 있는지 궁금합니다.

홍세화　제 두 아이가 프랑스에서 교육을 받을 때 인상적이었던 것은 학생들에게 주견이 있다는 것이었습니다. 주견, 자기 견해가 있는 것이지요. 우리 학생들에게는 어떤 좋고 싫음 같은 것은 있어도 자기 생각을 찾기는 어려운 것 같아요. 그래서 제가 주문하고 싶은 것은, '너의 생각은 뭐냐' 라는 것입니다. 네 생각은 뭐냐. 이 질문을 우리 아이들에게 끊임없이 던져야 하는 게 아닐까 싶습니다. 유대인들의 교육에서 큰 비중을 차지하는 게 바로 '네 생각은 뭐냐' 라는 것이거든요. 그런데 우리는 그저 암기만 시키죠. 꼭 그런 쪽의 교육 방식이 완벽하게 옳다는 건 아니지만, 우리는 그게 너무 없습니다. '네 생각을 가져라' 라는 것이 핵심이죠.

사회자 벌써 시간이 꽤 흘렀습니다. 오늘 선생님께서 좋은 말씀 많이 해주셨는데, 우리가 돌아가서 되새김해야 할 부분이 훨씬 더 많을 거 같습니다. 홍세화 선생님의 강연을 이만 마치도록 하겠습니다. 고맙습니다.

제2강

제3강

제4강

여기,
사람이 있습니다
: 다시 인권으로

*

2013년 4월 9일(화) 저녁 7시
서울 용산 백범김구기념관

제5강

제1강

제6강

박래군 인권 활동가. 현재 인권중심 사람 소장, (재)4·9통일평화재단 이사, 용산참사 진상규명위원회 집행위원장을 맡고 있으며, (재)인권재단 사람 상임이사를 역임했다. 지금도 전국의 인권 침해 현장을 부지런히 다니는 현장 활동가로 일하고 있으며, 지은 책으로 《그 삶이 내게 왔다》(공저), 《아! 대추리》, 《박래군 김미화의 대선 독해 매뉴얼》(공저), 《살아남은 아이》(공저)가 있다.

사회자 반갑습니다. 노종면입니다. 꼭 48년 전 오늘이었습니다. 1975년 4월 9일, 서대문 형무소에서 사형수 여덟 명에 대한 사형 집행이 새벽에 전격적으로 이루어졌습니다. 대법원에서 사형 확정 판결이 난 지, 불과 열여덟 시간 만이었습니다. 인혁당 재건위 사건. 당시 정권은 빨갱이들이 국가 전복을 기도했던 사건이라고 발표했고, 훗날 정권에 의한 조작극이었음이 밝혀졌습니다. 역사는 사법살인이라고 기록했습니다. 그로부터 48년이 지난 2013년. 그렇게 인권이 처참하게 짓밟히는 일은 더 이상 일어나지 않을 것이라고 믿고 싶은 2013년에 우리는 살고 있습니다. 그러나 주변을 돌아보면 어떻습니까. 쌍용차 파업이 일어난 지 불과 3년 남짓한 시간 동안에 무려 스물네 명의 생명이 우리 곁을 떠났습니다. 현대차에서도, 한진중공업에서도 죽음이 이어졌습니다. 용산에서는 철거민 다섯 명과 경찰관 한 명이 무리한 진압 과정에서 숨졌습니다. 이러한 현실이 많이 불편하죠. 그럼에도 불구하고 현실을 있는 그대로 직시하고 현장 속으로 달려가서 치열하게 싸운 분들이 그나마 우리의 외면과 무관심을 경고해줍니다. 인터뷰 특강, 오늘 주제는 인권입니다. '새로고침' 되어야 할 2013년 대한민국의 인권 현실입니다. 인권운동가 1세대, 그리고 인권 현장의 산증인으로 불리는 분이죠. 박래군 선생님을 모시겠습니다.

박래군   날씨가 굉장히 추워요. 손까지 시렵더라고요. 그래서 오늘 걱정 많이 했는데, 이렇게 많이 와주셨네요. 제가 굉장히 쟁쟁한 분들 사이에 끼어서 하는데, 잘 해낼지 모르겠습니다. 어쨌든 제가 겪었던 일들, 그리고 제가 생각하는 인권에 관한 이야기들을 말씀드리도록 하겠습니다.

사회자   선생님이 상임이사로 계시는 인권재단 '사람', 얼마 전에 이사를 했다고 들었습니다.

박래군   네, 지난주에 했죠. 인권 센터 공사가 아직 마무리되지는 않았는데요. 시민들이 십시일반으로 돈을 모아주셔서 마포구 성산동에 3층짜리 건물을 지었어요. 민간에서 지은 최초의 인권 센터입니다.

사회자   돈이 적잖게 들었을 텐데, 어느 정도의 자금이 소요되었습니까.

박래군   저희가 10억을 목표로 해서, 2010년 말부터 준비를 했는데요. 9억 좀 넘게 모았어요. 인권 쪽에서는 "초유의 사태다, 대단하다" 이렇게 얘기하는데, 서울에서는 그 돈 가지고도 공간을 구하기 어렵더군요. 처음에는 100평 정도 되는 공간을 얻으려고 했는데, 1년이면 6000만 원 이상 임대료로 나가더라고요. 그렇게 하면 돈을 다 까먹잖아요. 소중한 돈을 다 까먹게 될 거 같아서, 중간에 목표를 바꿨죠. 그럼 아예 집을 사자, 하고 질러버렸어요.(웃음) 12억 5천만 원짜리 2층 주택을 사서 저희가 증축한 거죠. 돈이 모자라서 은행 대출도 받았고요.

사회자   10억을 목표로 했는데, 9억. 어마어마한 돈이 모였죠. 근데 사회자인 제가 듣기로는 1억이 부족하다는 말씀 같군요.(웃음) 늦게라도 동참하고 싶은 분들은 어떻게 해야 하나요.

박래군   인권재단 '사람'을 후원하시면 됩니다. 5,000원도 좋고, 만 원도 좋습니다. 인권재단 주춧돌 기부는 마감했어요. 3,000명 가까운 분들의 이름을 철판에다 새겨 넣을 거예요. 더 원하신다면 다시 모아서 기회를 만들겠습니다. 소중한 이름을 기억하기 위한 것이니까요. 지금까지는 소수의 인권 활동가들이 현장을 열심히 뛰는 운동이었다고 한다면, 이제는 인권운동도 대중적인 운동이 되어야 하고 시민들과 함께하는 운동으로 바뀌어야죠. 그러기 위해서는 시민들이 인권에 대해서 배우고 고민하고 활동할 수 있는 공간이 있어야겠다고 생각했습니다. 그래서 좀 무리를 해서라도 인권 센터를 만들게 된 거죠. 인권 센터는 만들었는데, 이제 운영이 되어야 하잖아요. 정말 뜻있는 분들의 동참이 필요합니다.

사회자   인권운동의 대중화에 대해서 말씀하셨는데, 사실 인권이란 가치에 많은 분들이 공감하면서도, 그 현장은 위험한 측면이 있잖아요. 선생님께서도 여러 번 구속된 경험이 있으십니다. 그런 현행법과 인권운동 사이의 충돌을 개인이 겪어내야 하는 거 아닌가, 하는 두려움들이 있으실 거 같아요.

박래군　사실 일상생활에서부터 바꿔야 하고, 문화도 바꿔야 하죠. 이런 것들이 다 인권운동이에요. 주로 우리나라 인권 활동가들은 현장에 달려와서 불복종운동을 하다가 연행되고, 구속도 되죠. 하지만 그런 것만이 인권 활동은 아닌 거죠. 미국에서는 시민들이 자발적으로 경찰 감시 모임을 운영해요. 그중에 대표적인 한 노부부가 계신데, CIA 감시를 50년 동안 해오셨어요. 처음에는 두 분이서 시작한 거예요. 그러다가 거기에 네트워크가 연결되면서 시민들이 하나둘 결합한 거죠. 처음에는 별 볼 일 없었죠. 개인이 어떻게 CIA를 감시하겠어요. 그런데 그분들이 계속 진행하다 보니까, 거기서 나오는 보고서가 이제는 언론에서도 자주 인용돼요. 권위 있는 보고서가 되었어요. 시민들이 함께 만들어가는 것들을 우리도 개발해내야 합니다. 우리가 할 수 있는 게, 현장에 가서 치열하게 싸우는 것만이 아니라는 거죠. 직장에 다니면서도 할 수 있고, 집에서도 할 수 있는 게 굉장히 많아요. 국제적인 인권 단체인 앰네스티에서는 다른 나라의 양심수 석방을 위해서 편지 쓰기 같은 걸 하거든요. 이런 활동들을 우리가 개발해내야 하죠. 그렇게 되면 인권 단체만이 아니라 시민들 스스로도 해나갈 수 있겠죠. 여태까지 그런 운동을 못 했는데, 운동 방식도 새로 고쳐야 해요.

사회자　인권운동의 저변이 확대되고 대중의 참여가 확산되면 소위 말하는 운동가, 활동가들이 현장에서 맞닥뜨리는 위험도 좀 완화

될 수 있을까요?

박래군 완화되겠죠. 우리가 믿을 수 있는 건 사실 시민의 힘이죠. 저는 정당운동보다 더 중요한 게, 사회운동이라는 생각이 들어요. 사회운동이 소수의 운동가만 하는 운동으로 전락해서는 안 되죠. 소수의 운동가만 하는 운동은 지속 가능한 운동이 아니잖아요. 시민들 스스로가 자기 권리를 찾기 위해서 나서는 운동으로 확산되어야 한다고 생각합니다. 그렇게 된다면 활동가들이 현장에서 부딪치는 부분들도 많이 보호가 되겠죠.

사회자 사실 우리 사회, 특히나 언론에서 그런 인식을 많이 유포시키죠. 권력은 말할 것도 없고요. 인권운동을 하시는 분들, 그야말로 소수가 힘들게 싸우고 계신데, 언론에서는 '외부 세력'이라고 간단하게 한마디로 정리합니다. 외부 세력이라고 하면 빨갱이가 생각난단 말이에요. 그럼 시민들은 '저 사람들은 잡혀갈 만하려니' 하는 생각을 할 수도 있을 거 같습니다. 이런 흐름으로 보면 인권운동의 대중화와 여러분의 관심, 그리고 미디어의 정확한 보도 같은 것들이 참 필요할 거 같습니다. 언론인의 한 사람으로서 부끄럽습니다.

박래군 언론의 자유, 굉장히 중요하죠. 언론의 자유 같은 경우도 사실 시민들과 함께해야 할 것이지, 언론인들만 운동으로 할 게 아니잖아요. 언론 단체들도 사실 굉장히 어려워요. 거기도 소수 활동가들이 움직이는데, 시민들과 함께할 수 있는 것들을 개발해서 만들어가야죠. 시민들의 압력으로 인해서 가야 하는 거예요. 예를 들어서 오늘 새벽에 석방된 쌍용자동차 김정우 지부장 같은 경우, 그저께 밤에 영장 청구가 되었다고 알려졌죠. 탄원서를 모으자고 그랬어요. 어제 오후 3시에 영장실질심사였는데, 오후 1시까지 6,000장이 넘는 탄원서가 민주노총 금속노조 팩스로 쉬지 않고 들어오는 겁니다. 만약 이거 없었다면, 판사가 쉽게 영장을 발부했을 가능성이 높겠죠. 그런데 탄원서가 6,000장이나 들어오고, 페이스북과 트위터에서 김정우를 구속시키면 안 된다는 여론들이 있었던 거잖아요. 압박을 어느 정도 받았는지 모르지만, 그게 작용했을 거라는 생각이 들어요.* 독재국가 같은 곳에서도 전혀 안 통할 거 같지만, 앰네스티의 지속적인 편지쓰기 활동 같은 것들이 결국 그 사람을 석방시키게끔 만들거든요. 어떻게 하는지 지켜보고 있다는 걸 알리는 거죠. 그것만으로도 큰 힘이 됩니다. 죽을 수도 있는 사람을 죽지 않게 할 수 있고, 부당하게 감옥에 있는 사람을 감옥에서 꺼낼 수도 있고요.

***
직업이 되어버린 집행위원장

사회자 선생님, 실례지만 별이 몇 개시죠?(웃음)

박래군 별이 확정된 게 열한 개이고요. 지금 별이 생길 게 세 개 정도 더 있습니다.(웃음) 검찰 조사를 받고 있는 것과 재판이 중단된 것이 있죠.

* 그러나 김정우 지부장은 이후 6월 10일 대한문에서 연행되어 구속되었다.

사회자 선생님의 이력을 훑어보면 과거에 평택 범대위 집행위원장을 하셨고, 지금도 용산참사 진상규명위원회 집행위원장을 하고 계십니다. 왜 선생님을 자꾸 시킵니까?

박래군 직업이 한때 집행위원장이었죠.(웃음) 저는 직책 같은 거 안 맡는다고 항상 빼요. 그런데 운동판에 묘한 게 있습니다. 정파적인 갈등들이 있어요. 그래서 NL이 주도하는 건 PD 쪽에서 반대하고, PD가 주도하는 걸 NL이 못 보고 그러거든요. 이걸 다 아우를 수 있는 게 인권운동가들이죠. 인권운동가가 무슨 정파가 필요하겠습니까. 이럴 때 저한테 집행위원장을 맡깁니다. 좋은 건 아니죠.

사회자 선생님께서 인권운동을 하신 지가 20년이 훌쩍 넘었는데요. 그 계기가 먼저 보낸 동생분, 박래전 열사의 죽음에 있다고 말씀하셨던 것으로 알고 있습니다. 선생님의 인생에서 박래전 열사는 어떤 존재입니까.

박래군 제 동생이 1988년 6월 4일에 분신했고, 6월 6일에 운명했어요. 저는 그전까지 학생운동을 하다가 노동운동가로 살아가려고 했죠. 동생이 그렇게 죽고 나서 유가족이 되었고, 유가협 회원이 된 거죠. 그때 이소선 어머니를 비롯해서 많은 유가족들을 만나게 되었습니다. 1988년 10월에 135일 동안 어머님, 아버님들과 의문사 진상규명 농성을 했거든요. 그때 활동가가 한 명밖에 없었어요. 그래서 농성이 제대로 뒷받침되지 못하니까, 저도 같이 도와드렸죠. 그때가 전두환, 노태우 구속 투쟁을 한참 하고 있을 때였습니다. 그래서 집회가 되게 많이 벌어졌죠. 늦가을에서 겨울 사이였는데, 어머님들께서 추운 거리를 쏘다니다가 농성장에 오시는 거예요. 농성장이 종로 5가 기독교 회관에 있었는데, 그 시멘트 바닥에 스티로폼을 깔고 주무시는 게 너무 안쓰러웠어요. 그러다 보니까 정이 가기 시작한 거죠. 농성 중에 한번은, 무기형을 받고 장기수로 십몇 년 동안 살다가 나온 분이 명동성당에서 결혼을 했어요. 축하할 일이잖아요. 그래서 우리 어머니들이 가서 축하를 해주고 왔어요. 그런데 그날 농성장이 울음바다가 되었습니다. 내 자식이 살아 있었으면, 장기수가 돼서라도 살아 있었으면, 내 자식도 결혼할 수 있었을 텐데……. 유가족들의 괴로움이 이런 겁니다. 이런 것들을 보고 외면할 수가 없었어요. 그렇게 유가협 일을 하게 되었고, 그때부터 인권운동을 하게 된 거죠. 유가협에서 주로 의문사 진상규명 투쟁을 했어요. 과거 청산 운동이 거기서부터 시작된 거죠. 한편에서는 1980년대부터 쭉 있었던 광주학살 진상규명 책임자 처벌 투쟁도 있었고요. 그리고 고문 피해자들을 돕는 일도 있었죠. 이런 일들을 하면서 인권운동을 하게 된 겁니다.

    제가 3형제예요. 형과는 다섯 살 차이가 나서, 좀 거리가 있었어요. 제 동생과는 두 살 차이가 나는데, 동생이 저를 귀찮을 정도로 졸졸 쫓아다녔어요. 쟤네들은 창자가 붙어서 난 놈들이라고, 동네 어른들이 말할 정도로 굉장히 친하게 지냈죠. 제가 국문과를 가니까 동생도 따라서 국문과를 가고, 또 운동을 하니까 운동도 같이하게 되었죠. 동생이지만 동지로서, 또 문학을 같이 논할 수 있는 동료로서 지냈죠. 제 동생이 스물여섯에 죽었는데, 그러고 나서 올해가 25년이 되는 거예요. 저는 이만큼 늙었고, 물론 동생도 살았으면 머리가 희끗

희끗한 나이가 됐겠죠.

사회자　형제가 모두 문학도들이었지 않습니까.

박래군　제 동생은 《반도의 노래》라고 하는 유고시집을 남겼습니다. 평소에 시를 많이 썼어요.

사회자　선생님께서는 소설을 쓰시려고 했다면서요?

박래군　네. 소설을 쓰려고 대학에 들어갔습니다. 대학에 입학하기도 전에 문학회를 찾아 들어갔죠. 연세 문학회였는데, 기형도 시인과 성석제 소설가, 동기로는 공지영, 이런 친구들을 다 문학회에서 만났어요. 1학년 내내 운동과는 거리가 먼 생활을 했죠. 하루 종일 원고지에다가 습작을 했어요. 습작하고 소설책 읽는 걸 반복했죠. 거기다가 문학회니까 술을 얼마나 잘 먹습니까. 저녁때 되면 술 퍼먹고……(웃음)

사회자　창자가 붙어 있다는 말을 들을 정도로 가까우셨고, 일찍 보내셨기 때문에 마음에 많이 사무치실 텐데, 동생을 주인공으로 한 소설을 생각해보신 적은 없으십니까.

박래군　그건 생각 안 해봤고요. 기록은 좀 제대로 해보고 싶은 생각이 있습니다. 유가협에 있으면서 열사들의 유서를 모아서 해설집을 만들고 싶었는데, 일에 쫓겨서 못 했어요. 제 동생은 유서를 많이 남겼어요. 총 다섯 장이었죠. 유서는 생의 마지막 순간에 쓰는 글이에요. 제대로 쓴 글도 있지만, 굉장히 서툴고 문장도 안 되는 유서들도 많죠. 하지만 그걸 이해하면, 어떤 문학 작품보다도 절실하게 다가옵니다. 전태일 열사의 마지막 글도 그렇잖아요. 이런 것들이 곳곳에 많이 있는데, 이게 하나로 모아져 있지 못해요. 그 글을 모으고 시대적인 배경과 해설을 넣어서 책을 만들어보고 싶었는데, 그러지 못했어요. 그런 작업은 해보고 싶은 생각이 있습니다.

사회자 끝으로 한 가지만 더 여쭤볼게요. 딸딸이 아빠시죠? 저도 딸이 둘 있습니다. 따님들과 사이가 무척 좋다는 소문이 있는데, 사실인가요?

박래군 네. 저는 아이들과 친구처럼 지냅니다. 권위가 없어서 그렇죠.

사회자 저는 오늘 박 선생님과 처음 대화를 해보는데요. 참 소박하고 소탈하세요. 근데 이런 분한테 별을 열한 개나 달아준 우리 사회는 도대체 어떤 곳인지 고민하지 않을 수 없습니다. 다소 무겁게 들릴 수 있지만 매우 중요한, 인권이라는 주제를 가지고 박래군 선생님께서 여러분께 좋은 말씀 해주시리라고 믿습니다. 인권은 우리 사회, 우리 정치를 '새로고침' 하는 데 빠져서는 안 될 화두라는 생각이 듭니다. 큰 박수로 선생님의 강연을 청해 듣도록 하겠습니다.

박래군 제목을 뭐로 할까 고민하다가 '다시 인권'으로 하자고 했습니다. 그 이유는 시대적인 상황도 있겠지만, 저도 인권을 다시 한 번 '새로고침' 해보고 싶은 생각을 갖고 있거든요. 2000년대 이후로 해서, 저의 인권운동과 관련해서 기억나는 몇 가지 사건들을 뽑아봤습니다.

***
국가인권위원회 만들기

2000년 12월 28일부터 2001년 1월 9일까지 13일 동안 명동성당 들머리에서 혹한기 노상 단식농성을 하던 모습입니다. 당시 30년 만의 강추위와 30년 만의 폭설이란 얘기가 있었죠. 명동성당 들머리 계단에서 텐트도 치지 않고 침낭을 덮고 13일 동안 농성을 했습니다. 거기가 농성 조건이 굉장히 안 좋아요. 골목에서 칼바람이 불어오죠. 그리고 단식농성을 할 때 제일 힘든 게, 음식 냄새거든요. 지금은 없어졌는데 명동성당 맞은편 2층에 중화요릿집이 있었어요. 짜장면을 볶을 때면, 아주 힘들었죠.(웃음) 단식농성은 굉장히 경제적이기도 해요. 보통 농성을 할 때, 돈이 제일 많이 들어가는 게 먹는 거예요. 그런데 단식농성은 물만 먹으면 되니까 경제적이죠. 이때 단식농성을 했던 이유가 우리나라에 국가인권위원회를 만들어보자는 거였어요. 국가인권위원회 법안이 3년 동안 논의되고, 될 듯 될 듯하다가 완전히 무산되는 그런 상황을 맞았어요. 중간에 한번 무산되려고 할 때, 인권 활동가들이 농성을 통해서 다시 그 물꼬를 살렸어요. 그런데 또다시 위기가 온 거죠. '여기서 되살리지 않으면 국가인권위 논의 자체가 사라지겠구나' 하는 절박한 상황이었어요. 당시 20명 정도 되는 전

국가보안법 철폐와 국가인권
위원회 건설을 위한 노상 단식
농성 모습.

국의 활동가들한테 전화를 했습니다. 12월 28일, 명동성당에 들어가서 주저앉은 거죠. 경찰들이 다 가로막고 있어서 농성 물품을 갖고 들어갈 수가 없었어요. 맨몸으로 한 명씩, 한 명씩 들어가서 박스나 종이때기 같은 걸 깔고서 13일 동안 버텼습니다.

저는 국가인권위원회라는 걸 1993년에 오스트리아 빈에 가서 처음으로 알았어요. 그때까지만 해도 우리나라의 인권운동은 우물 안 개구리였습니다. 양심수 석방 운동과 고문 철폐 운동이 인권운동의 전부인 줄 알던 때였어요. 1993년에 인권 단체들이 공동대책위원회를 만들어서 빈 세계인권대회에 참가했단 말이죠. 인권이라고 하는 게 범주가 굉장히 넓다는 걸 그곳에서 알았어요. 양심수 문제뿐만 아니라 경제, 사회, 문화적 권리 같은 것도 얘기하는데, 생전 들어보지도 못한 것이 많았죠. 저는 당시 유가협의 사무국장으로, 우리나라의 의문사를 국제사회에 알리려는 목적으로 참여했습니다.

의문사라는 게 국가와 권력기관이 끌고 가서 죽였는데, 그 사인이 밝혀지지 않은 거잖아요. 어떤 과정을 밟아서 어떻게 죽였는지, 누가 죽였는지가 말이죠. 서울대학교에 다니던 김성수라는 학생이 신림동에서 누나와 자취를 했는데, 어느 날 전화 한 통을 받고 나가요. 그리고 아무 연락이 안 되는 거예요. 그러다가 부산 송도 앞바다에서 세 개의 돌덩이를 단 익사체로 발견돼요. 누가 봐도 이건 죽은 사람을 갖다가 돌을 매달아서 가라앉힌 거죠. 그런데 지금도 못 밝히고 있어요. 의문사 진상규명위원회에서 겨우 밝힌 건, 이게 자살이 아니라는 것뿐이에요. 발견 당시에는 자살이라고 그랬거든요. 자살이 아니고 타살이지만, 누가 가해를 했는지는 모른다. 이런 사건들이 굉장히 많습니다. 그래서 이런 사건들을 알리고 국제적인 여론의 힘을 얻어서 풀어내 보자, 하고 빈 세계인권대회에 갔습니다. 근데 가서, 우리를 도와달라는 말을 못 했어요. 세계에서 그렇게 학살이 많이 일어나는 지 몰랐던 거죠.

남미의 한 나라에서는 3만 명이 죽었다는 거예요. 3만 명이 죽었는데 어떻게 죽었는지 모른다. 어디 가서 죽었는지 모른다. 나중에 보니까 3만 명을 암매장도, 수장도 시켰대요. 그때 필리핀 실종자 가족대책위 사무국장을 만났어요. 필리핀에서는 2만 명이 대통령 궁을 향해서 행진하는 걸 단 1개 중대가 막아냈대요. 어떻게 1개 중대로 막아내느냐 물으니까, 총을 쐈대요. 그런 게 일상화되어 있는 사회인 거죠. 그 필리핀 활동가가 저한테 물어봐요. "야, 너희 나라는 대학생 한 명 죽었는데 100만 명이나 모였다며?" 6월항쟁을 얘기하는 거죠. 한국은 오히려 주목을 많이 받는 나라였어요. 우리는 그런 것도 모르고 간 거죠. 거기 가서 의문사 얘기를 하려다가 도리어 다른 나라의 그런 사례들을 보면서, '우리가 뭔가 해야겠구나', '국제 연대를 해야겠구나'라는 마음을 갖고 왔어요. 그때부터 우리 사회의 인권운동에서 국제 연대가 열리기 시작한 거죠.

1988년 동생이 죽고 나서부터 인권운동을 했다고 하지만, 1993년의 빈 세계인권대회에 참가하면서 인권운동가로서의 눈이 트이기 시작했다고 생각합니다. 그때 빈 세계인권대회에서 들었던 게 국가인권위원회를 유엔이 권고하고 있다는 사실이었어요. 국가들이 유엔에 가서는 국제인권조약에 가입을 합니다. 국제인권조약에 맞게 국내의 법과 제도와 관행과 문화를 바꾸겠다고 약속하는 거죠. 그런데 국내에 들어와서는 입 싹 씻어버리고 모른 척합니다. 국가를 감시할 수 있는 기구를 국가 안에 만들라는 게 유엔의 권고였어요. 그 사실을 알고서, 우리도 국가인권위원회를 만들자고 결심한 거죠. 저 농성을 통해서 국가인권위 논의가 다시 물꼬를 트게 되었고, 2001년 4월 30일에 국가인권위법이 통과됩니다. 그래서 국가인권위원회가 생겼어요. 당시 생길 때도 굉장히 불만족스러웠는데, 지금은 불만족을 넘어 기대를 가질 수 없는 기구가 되어버렸어요. 다시 제자리로 돌려놓아야 합니다.

***
똥물도 고맙다, 또 올게

그다음은 2003년도 에바다입니다. 에바다는 경기도 평택 진위면에 있는 청각장애인 시설입니다. 에바다 학교가 있고, 농아원이 있어요. 이 학교에 다니며 농아원에서 생활하던 아이들이 1996년 11월 27일 새벽 4시에 농성을 시작합니다. "너무 춥고 배고파서 못 살겠다." 김영삼 대통령께 드리는 글을 발표하면서 농성을 시작했어요.

그 싸움이 2003년 6월 7일에 끝났어요. 아이들이 농성할 수밖에 없게끔 고통을 주었던 비리재단, 에바다복지회를 장악했던 최씨 일가들이 완전히 쫓겨난 게 2003년 6월 7일입니다. 거의 7년 가까운 세월 동안 싸웠어요. 그곳 선생님들도 아이들 편에 서서 함께 농성했는데요. 재단에서 청각장애인 아동들을 시켜서 그 선생님들한테 똥물을 끼얹고, 가슴에 뜨거운 물을 붓고, 뺨을 때리고, 침을 뱉게 했어요. 선생님들은 이런 모욕을 견디면서, 사랑으로 그 아이들을 끝까지 지킨 거죠.

'해 아래 집'이라고, 농성하던 선생님들과 아이들이 먹고 자고 하던 집이 있었거든요. 밤 12시에 괴한들이 그곳을 습격합니다. 쇠파이프와 각목을 들고 와서 집기를 다 두들겨 부수고, 암흑 속에서 아이들을 짓밟아버렸어요. 그중에 이성준이라고 하는 학생이 있었는데, 그 학생이 유도 선수였는데도 꼼짝없이 맞았습니다. 병원에 입원도 했죠. 그런 폭력 사태가 일어났어요. 제가 어렵게 에바다복지회 이사가 되어 있었던 때에요. 하지만 에바다 시설에 들어갈 수는 없었어요. 그 일이 있은 후 제가 〈오마이뉴스〉에 '차라리 저를 패라 하십시오'라는 호소문을 썼습니다. 그리고 박경석 노들장애인야간학교 교장과 같이 평택으로 내려갔어요. '우리 대화로 풀자', '아이들한테 폭력을 사주하지 마라', 이런 호소가 담긴 피켓을 들고 가서 서 있었어요. 척추장애가 있는 박 교장은 휠체어에 앉아 있었죠. 시간이 흐르고, 누군가 저쪽에서 바가지에 뭘 들고 나와요. 저희한테 뿌리는 거예요. 똥물이었어요. 순간 피켓으로 가려서 저는 얼굴은 맞지 않았는데, 박 교장은 머리부터 다 뒤집어쓴 거예요. 똥물도 완전히 삭은 똥물. 냄새가 한참을 가더라고요. 씻어내고 씻어내도 냄새가 계속 나는 거 같았어요. 수돗가에서 씻고 다시 서 있는데, 박 교장 얼굴에 똥독이 불긋불긋 올라오는 거예요. 더 이상 할 수가 없어서 철수했죠. 그런데 이분이 자기에게 똥물을 끼얹은 아이들한테, "애들아 고맙다. 또 올게" 그러면서 웃고 가요.

박경석 교장은 장애인 이동권 투쟁을 통해서 우리 사회에 이동권이라고 하는 권리를 새롭게 만들어낸 분입니다. 인권이라는 게 옛날부터 있는 것이 아니라 새롭게 생겨날 수도 있다는 것을 보여준 사례죠. 이전에는 헌법재판소에서 이동권은 기본권이 아니라고, 즉 인권이 아니라고 결정을 내리기도 했어요. 그런데 2005년도에 교통약자의 이동편의 증진법을 통해서 이동권이 법적인 권리로 승인된 거예요. 인권은 예로부터 내려온 권리만이 아니라, 가장 절실하게 느끼는 누군가에 의해서 새롭게 제기되고, 이것이 많은 사람들의 동의를 받으면서 새로운 목록으로 등장할 수 있는 겁니다. 인권은 역사적인 경험 속에서 더 풍부해지는 과정도 거치게 되죠. 그런 투쟁을 만들어낸 산증인과 제가 같이한 거예요. 에바다는 이제는 비리재단을 넘어서서, 제대로 운영되는 모범적인 시설로 바뀌어가고 있습니다.

2004년도에는 국가보안법 농성이 있었죠. 이때 노무현 전 대통령이 이런 말을 했어요. "국가보안법은 낡은 유물이다. 그러니까 칼집에 넣어서 박물관에 보내자." 그래서 국가보안법 투쟁이 불붙게 됩니다. 2004년 10월부터 12월까지 여의도에서 천막농성을 했죠. 국가보안법 폐지 법률안을 상정하지 못하도록 당시 한나라당이 박근혜 대표의 지휘로 법사위를 95일 동안 점거해버렸죠. 당시 집권 여당이었던 열린우리당에서는 국가보안법을 폐지하고, 형법으로 대체하는 형법개정안을 상정하려고 했죠. 그런데 한나라당이 법사위를 점거해서

심의조차 못 하니까 본회의까지 못 올라가는 거잖아요. 이럴 때 국회 의장이 직권상정을 할 수가 있거든요. 이건 물리적으로 절차를 밟으려야 밟을 수가 없는 상황이었으니까요. 근데 직권상정을 안 했어요. 결국 국가보안법을 폐지할 수 있는 기회를 놓치고 말았죠. 저한테 인권운동가로서 우리 사회에서 인권이 향상되기 위해 뭐가 제일 필요하냐, 우선적으로 뭐부터 하고 싶으냐고 묻는다면, 지금도 국가보안법 폐지라고 얘기해요. 국가보안법을 두고는 인권 국가라고 할 수 없어요. 민주주의 국가라고 할 수가 없어요. 국가보안법을 없애면 마치 사회주의가 될 것처럼 얘기하지만, 사실은 국가보안법이 없어져야 자유민주주의가 가능한 겁니다. 사상의 자유를 인정하지 않는 민주주의가 어떻게 자유민주주의입니까. 국가보안법이라고 하면 국가안보를 위해서 꼭 필요한 법처럼 느껴지잖아요. 하지만 국가보안법의 뿌리는 일제의 치안유지법이었습니다. 이승만이 1948년 12월 1일 국가보안법을 제정한 다음, 1949년에 그 법으로 11만 명을 검거·연행·구속시킵니다. 당시 120개가 넘는 사회단체와 정당을 저 법으로 해산시켰죠. 자기의 정치적인 반대 세력들을 국가보안법으로 모두 제거했다는 걸 안다면, 국가보안법이 국가안보를 위한 법이 아니라 정권안보를 위한 법이라는 걸 알 수가 있죠. 그런 방식으로 써먹을 수 있는 법이었기 때문에 그 이후에 정권을 잡은 사람들도 이 법을 없애지 않고 계속적으로 활용해왔던 거고요. 이 법이 없어져야 해요. 국가보안법이 없어져야 우리 사회의 민주주의와 자유가 가능합니다. 그나마도 국가보안법의 적용이 이 정도밖에 안 되는 건 그동안 변호사들을 비롯한 인권운동가들이 국내외에 문제를 제기하면서 막아왔기 때문이죠. 그런데 이명박 정부 이후 국가보안법의 적용률이 높아지고 있어요. 노무현 정부 마지막 해에는 삼십몇 건 정도였던 것이 한 해에 백오십몇 건씩 국가보안법으로 처벌받는 사람들이 생겨나고 있습니다.

***

평화적 생존권은 헌법 정신

평택 대추리 투쟁 때 모습입니다. 종종 수갑 찬 제 사진을 봐요. 사람이 살면서 어렵고 힘들었던 때를 되돌아볼 필요가 있거든요. 그래서 수갑 차고 저렇게 끌려가던 때가 있었지, 라고 되새겨보면서 성찰하려는 겁니다. 근데 한편으로는 운동하는 입장에서 가장 빛났던 때이기도 해요. 그러니까 저렇게 활짝 웃고 있죠. 법원에서 구속적부심사를 받고 나오면서 이렇게 웃고 있는 거죠. 평택 대추리의 경우는 참 마음이 아팠어요. 여러 현장 투쟁을 많이 해봤지만 대추리 주민들이 강제 이주되고 나서는 정말 힘들었어요. 몸도 너무 힘들었고, 마음도 힘들었어요. 고관절이 틀어졌다고 해서 걷지 못하던 때도 있었어요.

대추리는 굉장히 힘들었던 싸움입니다. 당시 사람들의 인식은 반미 투쟁으로 국한되어 있었죠. 인권운동가들은 평화적 생존권을 제기하면서 대추리에 들어갔어요. 평화적 생존권이 뭐냐면, 자기가 살고 있는 땅에서 평화롭게 살 수 있도록 하는 권리예요. 이걸 우리는 너무도 쉽게 잊어요. 우리 헌법도 이 권리를 보장하고 있어요. 물론 헌법재판소는 부인했죠. 하지만 우리 헌법이 깔고 있는 평화의 정신, 이것에 기초해서 봤을 때 평화적 생존권을 인정하고 있다고 저희는 생각합니다. 평택 대추리에서 살던 사람들은 이미 여러 번 쫓겨났던 사람들이에요. 일제 때는 일제 비행장 만든다고 쫓겨났고, 그다음에는 미군이 들어와서 쫓겨났어요. 거기 옆 갯벌 쪽으로 쫓겨났죠. 그 갯벌을 맨손으로 개간해서 들판을 만들었어요. 바로 옆에 미군기지가 있어서 소음도 굉장히 심하고 여러 가지 불이익이 많았지만, 거기서 아이 낳고 농사지으면서 잘 살았어요. 공동체가 유지된, 드물게 아름답고 좋은 동네였어요.

평택 대추리 투쟁 때. 수갑이 채워진 채로 구속되고 있다.

거기에 갑자기 평택 미군기지가 확장되어 들어온다는 거예요. 285만 평이나 확장한다고 그러면서, 주민들을 강제로 이주시켜버립니다. 마을을 완전히 없애고, 그 너른 들판을 다 없애겠다는 겁니다. 어떻게 만든 들판입니까. 그 들판을 없애고 거기다가 미군기지를 만든다는 거죠. 미군이 100년 이상 그 땅을 무료로 쓰는 걸로 되어 있어요. 그걸 2008년까지 완공해야 했기 때문에 주민들을 빨리 쫓아내야 한다는 게 국방부 쪽 입장이었어요. 거기에 맞서서 주민들이 4년 동안 싸우는데, 저희 인권 활동가들이 결합했던 거죠. 평화적 생존권을 지키자. 평택에 미군기지가 확장된다는 건 중국을 막는 미군의 첨단기지가 들어온다는 겁니다. 미국이 예전에는 북한이 침략해 들어오는 것을 막는 방어적인 성격의 주한미군을 주둔시켰다면, 이제는 전 세계의 분쟁 지역에 미군이 출동할 수 있도록 전초기지를 만들겠다는 거예요. 이 기지가 들어와서 제대로 가동된다면 미국이 끼어 있는 분쟁 지역에 우리가 휩쓸려 들어가는 거죠. 이걸 뻔히 아는데, 거기에 미군기지가 확장되도록 놔 둘 수는 없다는 것이죠. 주민들이 그런 뜻으로 싸운 거예요. 그래서 그분들이 얘기하는 겁니다. 여기에 공장이 들어오거나 다른 시설이 들어온다면 기꺼이 내주겠다. 하지만 전쟁기지는 안 된다. 거기에 저희들이 함께하면서 싸웠죠.

2006년은 굉장히 잔인한 해였어요. 1차, 2차, 3차에 걸쳐 행정대집행이 들어왔습니다. 그해 5월 4일, 주민들의 투쟁 거점인 대추분교를 행정대집행에 의해서 뺏겨버렸고, 무너져버렸어요. 마을 주변마다 전부 철조망을 둘러쳐 놓고, 그 마을을 고립시켰어요. 결국 행정대집행이 되고 난 다음 해인 2007년도 봄에 주민들이 강제 이주를 하게 됐죠. 정부가 너무 못된 짓을 많이 해요. 공동체를 이루고 있었던 그 마을을 갈가리 찢어놓았어요. 이웃과 이웃 사이를 분열시키고, 심지어 아버지와 아들까지 분열시켜요. 지금 강정 마을에서 똑같은 일이 일어나고 있죠. 제대로 절차를 밟아가면서, 공동체가 유지될 수 있도록 하면서 진행해도 괜찮잖아요. 그런데 온갖 술수를 벌여서 갈등시키고 분열시켜요. 몇백 년 동안 같이 살아왔던 강정 마을, 그 아름다운 마을의 앞집, 뒷집이 서로 앙숙이 되어 있어요. 민주적 절차다 무시하죠. 국책 사업이라는 명분으로 말입니다. 대추리도 마찬가지였죠. 우리나라의 이러한 국책 사업에 있어서, 그 방식은 반드시 고쳐져야 합니다.

***
여기 사람이 있는데, 여기 사람이 있는데

그다음, 용산참사입니다. 용산참사에 대해서는 일일이 설명 안 드려도 되겠죠? 2009년 1월 19일부터 한강로 2가에 있는 남일당 건물에 전국철거민연합회 회원들이 망루를 짓고 올라가서 농성을 했던 겁니다. 그리고 농성 25시간 만에 경찰 진압으로 여섯 명이나 죽는 대참사가 일어났습니다. 경찰은 화재나 망루농성을 진압할 수 있는 장비를 갖추지 않은 상태였죠. 사진에는 보이지 않는, 망루 반대편에 매달렸던 사람이 구조를 받지 못하고 떨어졌거든요. 안전시설이 하나도 없으니까 허리와 발목이 나가서 지금까지도 수술을 받고 있습니다. 정부에서는 수술비를 대주는 게 아니라 도리어 건강보험공단에서 지급한 보험료도 내놓으라고 하고 있어요. 저희가 지금까지 이 부상자들의 치료비를 대고 있습니다. 2009년 1월 20일, 새벽부터 진압이 들어왔잖아요. 1차 화재가 7시 6분경에 일어났어요. 그걸 서둘러 껐거든요. 화재가 나면서 경찰특공대가 그 옆에 있는 공간으로 다 철수했어요. 화재가 또 날 수 있는 상황이잖아요. 굉장히 위험한 거죠. 경찰특공대가 1차 진압할 때 들어가면서 썼던 소화기가 빈 깡통인 채였어요. 그런데 10분 후에 이걸 채우지도 않은 상태에서 또다시 2차 진압에 들어간 거예요. 2차 진압을 하다가 큰 화재가 나서, 사람들을 죽게 만들었죠. 경찰이 망루에 올라간 철거민들을 이 나라의 국민이라고 생각했다면, 그래서 자신들이 보호해야 할 대상이라고 생각했다면, 그렇게 진압할 수 있었을까요. 그리고 철거민들도 경찰이 자신들을 보호할 거라고 생각했다면, 그렇게 극렬한 방식의 저항을

남일당 망루에는 불길이 치솟고 있고, 경찰은 컨테이너 박스를 통해 진압하고 있다.

할 수 있었을까요. 2009년 용산참사는 우리에게 많은 얘기를 건넵니다. 우선은 지금까지의 재개발이 잘못되었다는 걸 정면으로 응시할 것을 요구하고 있어요. 저는 그때 용산참사 범국민대책위원회 공동집행위원장을 맡으면서 그걸로 수배가 되어, 수배 생활을 영안실에서 10개월 정도 했어요. 그러고 나서 4개월 동안 감옥 생활을 하다가 나왔고요. 그때 징역 3년 1개월에 집행유예 4년을 받아서, 2015년 10월 말이나 되어야지 집행유예가 풀려요. 선거권도 안 주더라고요.

저는 용산참사가 일어나고 나서, 회의가 들었어요. 사람이 저렇게 죽는 걸 봤잖아요. 옛날 의문사 사건처럼 보이지 않는 곳에서 비밀리에 죽인 것도 아니고, 죽음의 현장이 전부 인터넷으로 생중계되었어요. 인터넷에 생중계되던 화면들이 공중파를 통해서 전국에 수십 번, 정말 수백 번 방영되었어요. 경찰 진압은 사람을 죽이려고 하는 게 아니잖아요. 연행하고 해산시킬 목적인 거잖아요. 그런데 사람을 죽였어요. 공권력이 한 자리에서 여섯 명이나 죽였단 말이에요. 그러면 당연히 국민들이 분노해서 나올 줄 알았어요. 항쟁이 일어나야 하죠. 그래서 정권이 사과하고, 여기에 대한 대책도 세우고, 법도 개정하고, 이렇게 가야 하는 거잖아요. 그런데 그러지 않았어요. 사건이 나자마자 검찰에 대대적인 수사본부가 만들어졌죠. 수사 인력 100명, 수사검사만 22명을 투입한 대대적인 수사본부였습니다. 당시는 철거민들의 생사 확인도 안 되었어요. 가족들이 생사를 확인해달라고 울부짖을 때 경찰서에 잡아놓고 조금만 기다리라고 했죠. 그사이에 이 사람들이 뭘 했느냐면, 국립과학수사연구소로 시신을 가지고 가서 두 시간 만에 부검을 끝내버려요. 그리고 이 다섯 구의 시신을 다 분리해서 안치시키려고 수원에 있는 아주대학교병원 영안실까지 예약을 해놓았어요. 이걸 기자들이 우리에게 귀띔해주어서, 우리가 순천향병원으로 가서 막았던 거예요. 이후에 355일 동안 순천향병원 냉동고에 시신이 보관되었던 이유입니다. 그런데 이런 끔찍한 것들을 보고도 왜 사람들이 나오지 않을까. 추모대회를 하더라도 만 명을 넘어간 적이 없어요. 이건 만 명이 아니라 2만 명, 3만 명, 10만 명 이렇게 나와야 하는 사안인데……. 사람들이 왜 나오지 않나 생각을 많이 했습니다. 갈수록 추모대회는 어려워졌죠. 경찰은 신고도 안 받아주면서 불법이라고 그랬어요. 그래서 매일 연행됐죠. 고민 끝에 내린 결론이 뭐였느냐면, '사람들이 용산을 제대로 볼 수가 없는 거구나'였어요. 사람들의 마음이 너무 불편하구나. 자신들도 저 대열에 끼어서 투기를 하고 내 집 마련의 욕망을 키웠으니, 그게 잘못되었다고 흔쾌하게 동의할 수가 없는 거구나. 근본적으로 그런 맥락이 있다고 봐요. 어려운 문제죠. 그래서 저희가 내걸었던 구호가 '여기, 사람이 있다'였어요. 이제 집을 재산 증식의 수단으로 볼 것이 아니라, 사람이 사는 곳으로 보자. 이제 관점 자체를 바꿔야 한다. 여기에 올라가서 저항했던 이들도 사람입니다. 우리와 같이 가족들을 먹여 살리기 위해 아등바등 살아왔던 사람들이죠. 평범한 시민들이고, 또 그 동네에서는 서로 '사장님, 사장님' 하던 사람들이에요. 이런 사람들이 죽은 거잖아요. 당시 상황을 인터넷으로 생중계하던 사람이 저기서 불이 막 날 때, 울먹이는 목소리로 "저기 사람 있는데, 저기 사람 있는데" 그랬어요. 당시 극적으로 탈출했던 김재호 씨라는 분이 이번에 책을 냈죠. 《꽃피는 용산》이란 책입니다. 감옥살이 3년 9개월 동안 딸한테 만화로 편지를 썼던 걸 묶어서 낸 책입니다. 아직 못 보셨으면 꼭 보세요. 그 사람이 얘기하려고 하는 것이 뭔지 한번 들어봐 주셨으면 좋겠어요. 마음을 열고 좀 봐주셨으면 좋겠어요.

근데 2009년에 또 엄청난 사건이 있었어요. 쌍용자동차 파업이에요. 5월 22일부터 77일 동안 금속노조 쌍용자동차 지부에서 옥쇄파업을 했어요. 공장을 점거하고 파업을 벌였죠. 정규직 2,646명, 그리고 비정규직까지 포함하면 3,000명에 가까운 사람들을 하루아침에 해고하겠다는데 어떤 사람이 제 발로 걸어나가겠습니까. 이게 노동자들이 잘못한 게 아니잖아요. 경영을 잘못했다면 몰라도 노동자가 잘못한 건 하나도 없는 상황이었죠. 회계조작 같은 부분이 다 드러났어요. 그런데 그것에 의해서 전체 노동자의 3분의 1에 해당하는 3,000명을 하루아침에 잘라버린 거예요. 노동자들이 여기 맞서 싸웠죠. 그때 회사 쪽에서는 산 자와 죽은 자로 나누어서 산 자가 죽은 자들을 공격하도록 만들었어요. 정리해고 대상에서 빠진 사람이 산 자

쌍용자동차 파업 때 경찰특공대가 노조원을 진압하는 모습. 용산참사를 연상시킨다.

고, 정리해고 대상자가 죽은 자예요. 쌍용자동차 해고자들은 그때의 충격이 지금도 너무 큽니다. 10년 넘게 한솥밥을 먹으면서 같이 일했던 사람들이, 같은 아파트에 살면서 '형님, 아우' 하던 그런 사람들이 쇠파이프로 때리고 볼트를 날리는 구사대가 되어서 나타났으니까요. 해고자들도 쇠파이프를 잡고는 있었지만 차마 동료들을 향해서 내리치지 못하고 맞으면서 울었어요. 언론에는 반대로 나왔죠. 그런 동료들에 대한 배신감, 관계의 절단, 그리고 사회적 낙인, 이게 결국은 사람들을 죽게 만들었어요. 자살자가 열두 명이고, 심리적인 스트레스로 인한 심근경색 등으로 죽은 사람이 또 열두 명, 모두 스물네 명입니다. 우리나라 평균 자살률보다 무려 열 배나 높습니다. 쌍용자동차 노동자들이 내걸었던 구호가 '함께 살자' 입니다. 저들이 만든 경쟁의 틀대로 살 것이 아니라, 죽은 자와 산 자로 나뉘어서 산 자가 되기 위해 발버둥칠 게 아니라 이걸 부정하고 우리 손잡고 같이 살자는 거죠. 그래서 노조가 몇 가지 제안을 했잖아요. 월급 덜 받겠다. 수당

안 받아도 좋다. 그런데 다 거부하고 무조건 쫓아낸 거죠. 이건 용산 참사를 다룬 영화 〈두 개의 문〉에서 박진 활동가가 했던 말을 따온 거예요. 쌍용자동차 파업을 진압하고 나서 조현오 경찰청장과 경기경찰청장이 자축을 했다고 그러죠. 헬리콥터에서 최루액을 쏟아붓고, 거기다가 테이저건까지 쏘아대고, 용산처럼 컨테이너로 경찰특공대를 투입해 진압하면서 노동자들을 엄청 두들겨 팼잖아요. 그러면서 자축을 했어요. 왜? 용산처럼 사람이 안 죽었다고요. 박진 활동가가 그럽니다. 용산을 통해서 경찰한테 몹쓸 교훈을 남겼다. 용산에서 사람을 죽였는데도 국민들이 그렇게 항의하지 않더라는 거죠. 그러니까 '아, 이제 되나 보다' 그래서 다시 컨테이너로 경찰특공대를 투입해서 이번에는 쌍용자동차 노동자들을 잔인하게 짓밟아버렸어요. 우리가 지금 이런 시대에 살고 있습니다.

쌍용자동차 노동자들만이 아닙니다. 우리 사회에서 사람들이 너무 많이 죽는데, 우리가 무감해요. 불감증에 걸렸어요. 2010년도 통계입니다. 2011년도에는 이게 더 늘었죠. OECD 자살률 1위예요. OECD를 벗어나더라도 세계 자살률 1위입니다. 10만 명당 32.1명이 죽었어요. OECD 평균이 11명 정도 돼요. 우리나라 자살률이 거의 세 배예요. 세계 어디에서도 찾아볼 수 없을 정도로 자살률이 급증하고 있어요. 우리나라도 1990년대 초반, 1995년까지만 해도 OECD 평균 정도였죠. 그러다가 갑자기 1998년이 되니까, 10명대 후반으로 뛰었어요. IMF 때문입니다. IMF로 정리해고가 되어서 쫓겨난 사람들이 거리에 넘쳐나던 때였죠. 그러다 2003년도가 되니까 20명대로 넘어갔어요. 2008년에 20명대 후반으로 넘어갔죠. 그리고 2009년에 30명대로 넘어간 거예요. 이게 우연의 일치가 아니라 당시 정권이 채

자살자 추이

연도	자살자 수	10만 명당 자살자 수	증감치	하루 평균	OECD 순위
2010년	15,566명	31.2	+0.2%	42.6명	1위
2009년	15,413명	31.0	+5.0%	42.2명	-
2008년	12,858명	26.0	+1.2%	35.2명	-
2007년	12,174명	24.8	+3.0%	33.3명	-
2006년	10,653명	21.8	-2.9%	29.1명	-
2005년	12,011명	24.7	+1.0%	32.9명	-
2004년	11,492명	23.7	+1.1%	31.4명	-
2003년	10,898명	22.6	+4.7%	29.8명	-
2002년	8,612명	17.9	+3.8%	23.5명	-
2001년	6,911명	14.1	+0.5%	18.9명	-
1998년	8,622명	18.4	-	23.6명	-
1995년	4,930명	10.8	-	13.5명	-
1992년	3,628명	8.3	+1.0%	9.9명	-
1991년	3,151명	7.3	-0.3%	8.6명	-
1990년	3,251명	7.6	+0.2%	8.9명	-
1989년	3,133명	7.4	-	8.5명	-
1986년	3,564명	6.6	-	9.7명	-
1983년	3,471명	8.7	-	9.5명	-

택했던 경제정책과 딱 맞아떨어져요. 왜 노무현 정부 때 저렇게 많으냐, 김대중 정부 때 도입되었던 정리해고 같은 부분들이 상시화되었거든요. 비정규직의 피눈물을 닦아주겠다고 그랬는데, 도리어 비정규직이 더 확대되었잖아요. 절망이 점점 깊어진 거예요. 사람들이 유서 한 장 없이, 소리 없이 죽어가요. 그래서 2010년도로만 보면 하루에 42.6명이 죽는 그런 끔찍한 야만사회가 되었어요. 60대 노인 자살률은 이 평균 자살률의 두 배예요.

그런데 이런 통계도 있어요. 수도권에 사는 사람들의 절반 정도가 전·월세를 삽니다. 전월세 가격이 올라서 아우성치잖아요. 그런데 임대주택을 혼자서 2,123채 소유하고 있는 사람이 있어요. 한 53세 여성은 723채를 소유하고 있어요. 광진구에 사는 한 살배기는 5채의 임대주택을 소유하고 있다고 그러죠. 갈수록 부가 한쪽으로 편중되고 있는 겁니다. 반대 측면을 볼까요. 고시원이나 비닐하우스에 사는 서울 시민이 무려 2만 명이나 된다고 합니다. 비닐하우스에 사는 사람들이 1,021세대, 2,028명이랍니다. 쪽방이 4,133세대, 4,417명입니다. 한쪽에는 임대주택을 혼자서 2,000채 이상 갖고 있는 사람이 있고, 한쪽에는 쪽방에서 살 수밖에 없는 사람이 있고, 또 노숙인도 있죠. 이게 양극화잖아요. 그래서 인권은 자유만이 아니라 이제 평등에도 관심을 모아야 합니다. 인권이 지향하는 세상은 자유롭고 평등한 세상, 연대를 통해 공동체를 이루며 함께 사는 세상이거든요. 민주화 운동을 통해서 우리 사회의 자유가 많이 확장된 것처럼 보였잖아요. 그리고 이제 자유는 누가 정권을 잡는다 해도 되돌려지지 않을 거라고 그랬잖아요. 그런데 그게 허상이었음을, 사상누각에 세워진 자유였음을 이명박 정부하에서 깨달았습니다. 경제적인 토대, 사회적인 토대 없는 자유라는 건 한 방에 무너질 수 있다는 걸 깨달았죠. 우리가 이명박 정부 시절에서 찾을 수 있는 교훈입니다.

***

복잡한 인권 공부, 시작은 감수성부터

인권이란 뭐냐. 제가 인권운동을 26년 동안 해오고 있는데, 저 자신에게 계속 물어봐요. 국제인권조약 같은 걸 보면, 모든 사람은 이러이러한 권리를 갖는다고 해서 모든 사람에게 적용되는 것처럼 나타나죠. 보편성을 갖고 있기 때문입니다. 근데 굉장히 구체적이에요. 현실성이 있잖아요. 현장이 있잖아요. 더 파고 들어가면 한쪽에는 인권 피해자가 있고, 한쪽에는 인권 가해자가 있어요. 인권 피해자의 편을 드는 인권 옹호자가 있고요. 반면 인권 가해자와 한편을 이루고 있는 이해 관계자들이 있어요. 그게 인권입니다. 단순하게 나타나지 않아요. 그래서 인권은 공부해야 해요. 감수성부터 키워야 합니다.

근대의 인권이라고 하는 건 국가의 억압에 맞서 개인의 자유를 확장하는 것에서부터 시작했어요. 국가가 함부로 사람들을 잡아가고, 고문하는 것에 반대하면서 개인의 자유를 확장시켜 간 거예요. 이 과정에서 고문이 사라졌죠. 예전에는 고문이 공식적인 수사 기법이었거든요. 그리고 형사소송법 같은 게 만들어집니다. 저는 노무현 정부가 가장 잘한 게 형사소송법을 개정한 것이라고 얘기해요. 형사소송법 개정을 통해 영장실질심사가 전면화되었어요. 국가가 함부로 구속하는 걸 막았죠. 그리고 공판중심주의가 도입되었어요. 인신구속의 과정이나 절차들이 까다로워지면서 구속율이 떨어지고 있습니다. 감옥에도 정원이 있어요. 우리나라 감옥의 정원이 몇 명인지 아시나요? 6만 명 정도 돼요. 최근 구속자가 제일 많았던 때가 언제냐면, 1998년이에요. IMF가 터지고 나니까, 생계형 범죄자들도 다 감옥에 집어넣습니다. 그래서 그때는 7만 5천 명까지 갔어요. 6만 명 정원대로 살아도 굉장히 빡빡하거든요. 요즘은 4만 5천 명 수준으로 떨어졌어요. 불구속 재판 원칙으로 형사소송법이 개정되면서 그런 거예요. 이렇듯 국가의 억압에 반대해 개인의 자유를 계속 확장하는 것이 인권운동의 시작이었어요.

그리고 19세기 내내 노동자들이 싸워가면서, 노동자의 인권을 확장시켰어요. 《레미제라블》에 나오는 상황을 봅시다. 당시 프랑스에는 단결금지법 같은 것이 있었어요. 노동자가 노동조합을 만들지 못하도록 법적으로 막아놓고 있었죠. 《레미제라블》의 배경 자체가 굉장히 어둡잖아요. 1830년대에는 노동자의 임금이 그 이전 시대의 4분의 1 정도로 떨어졌습니다. 그래서 사람들이 곳곳에서 혁명을 일으켜요. 바리케이드를 세우고 저항하면, 정부군이 그들을 학살하죠. 1832년, 라마르크 장군 장례식을 계기로 해서 일어났던 혁명에서는 500명 정도가 학살당했다고 하죠. 그건 비교적 작은 규모였어요. 생존권의 문제가 너무 심각했기 때문에 민중들이 들고일어날 수밖에 없었던 시대가 《레미제라블》의 배경이에요. 이후로 노동자들이 계속 싸우면서 자신들의 권리를 확보해갔어요. 19세기 내내 이어진 싸움을 통해 성인 남성의 투표권도 얻었고요. 그런데 여기서 제외된 사람들이 있죠. 여성입니다. 그래서 여성운동이 시작됩니다. 그래서 20세기 초반부터 여성들이 참정권을 얻기 시작하고요. 여성들은 국가에 의한 억압뿐만 아니라 가부장적인 질서에 의한 억압에 대해서도 문제 제기를 하기 시작했죠. 이것이 유엔에서 받아들여지면서 여성차별철폐협약이 만들어졌습니다. 그다음에 아동권리협약도 만들어졌고요. "여성이 인류 최후의 식민지다"라는 말이 있습니다. 그래서 여성만 해방되면 온 인류가 다 해방될 것이라고 생각했죠. 근데 여성보다 더 열악한 위치에 있는 게 아동들이죠. 세계적으로 지금도 아동노동이 굉장히 심각해요. 아디다스라든지 리복이라든지 하는 유명 메이커들, 좀 안 사면 좋겠어요. 아동들의 피로 얼룩진 상품이에요. 주로 동남아시아 쪽에서 네 살짜리, 다섯 살짜리도 동원해서 저임금 노동으로 만들어낸 거예요. 또한 여자아이가 열 살만 넘으면 성매매로 팔아넘기잖아요. 가난한 사람들이 빚 때문에 아이들을 노동이나 성매매로 내몰고 있는 게 현실이에요. 우리는 어떻습니까. 한 해에 150~200명의 초·중·고등학교 학생들이 자살하는 사회입니다. 고등학교에서 1등 하는 아이도 얼마 전에 자살했죠? 그 아이가 이렇게 얘기했어요. "머리가 내 심장을 갉아먹고 있다." 삶의 이유, 존재 이유를 모르게끔 만들어가는 거예요. 우리는 또 다른 방식으로 어린이와 청소년의 권리를 침해하고 있는 겁니다. 그리고 장애인권리협약이 2006년도에 만들어졌어요. 2000년대 들어와서 이동권 투쟁이나 활동보조인 투쟁, 그리고 장애인차별금지법 제정 투쟁을 통해서 보이지 않는 존재였던 장애인들이 이제 조금씩, 조금씩 시민권을 얻어가고 있는 중입니다. 이주노동자도 그래야 하는 상황인데, 지금은 도리어 완전히 무방비 상태로 노출되어 있죠. 폭력적인 단속과 추방이 이루어지고 있는 상태입니다. 성소수자는 어떻습니까. 우리나라 이성애자들은 그들을 아예 보이지 않는 존재로 취급하죠. 학생인권조례에 성소수자들을 인정하는 조항이 하나 나오는 걸 가지고 일부 기독교 세력 쪽에서 반대하고 있잖아요.

  표를 보시면 인권 가해자와 피해자가 보입니다. 인권은 사람의 관계 속에서 성립하거든요. 인권이라고 하는 건 한마디로 얘기하면 정치·경제·사회·문화적 약자들의 지위를 높이면서 이 사람들한테 인간의 존엄을 찾아주려고 하는 거잖아요. 반면에 이 사람들을 계속 억압하고 힘들게 하고 불평등하게 만드는 세력이 있죠. 이렇게 놓고 보면 인권이라는 건 굉장히 진보적인 이데올로기입니다. 원래 인권은 그 태생부터 혁명적이었어요. 계몽주의를 바탕으로 한 시민혁명

인권 가해자와 피해자

개인	국가 등	자유권, 사회권 조약/ 고문방지협약 등
개인	국가 등	자유권, 사회권 조약/ 고문방지협약 등
노동자	자본가 등	ILO 조약 등
여성	남성 등	여성차별철폐협약 등
아동	어른 등	아동권리협약 등
장애인	비장애인	장애인권권리협약 등
성소수자	이성애자 등	성소수자 권리선언 등
이주노동자	자본가 + 본국 노동자 등	이주노동자권리협약 등

과정이 있었잖아요. 계몽주의 사상의 핵심은 뭡니까, 특권 세력을 인정하지 않는다는 겁니다. 중세의 특권 세력이었던 왕과 성직자와 귀족이 농노와 함께 모두 똑같은 하나님의 자녀라는 사상이었어요. 계몽주의자들이 근 100년 동안 계몽했던 게 그거거든요. 너나 나나 다 하나님의 자식인데, 왜 너만 그런 특권을 갖느냐. 이 특권을 모든 사람이 누릴 수 있는 권리로 만들어가는 게 인권의 역사였어요. 여기서 우리가 놓치지 말아야 할 '관계'라고 하는 건 굉장히 중층적입니다. 이런 사례를 들어볼 수가 있어요. 한 남성 노동자가 있다고 생각해보죠. 노동자의 입장일 때는 인권 피해를 당하고 있거나 인권 피해를 당할 수 있는 위치에 있는 거죠. 그래서 이 사람한테는 인권이 필요해요. 그렇지만 이 사람이 집에 들어가서 남성의 위치로 가면, 부인과의 관계 속에서 폭군이 될 수가 있어요. 가해자가 되는 겁니다. 이 사람이 어른이기도 하잖아요. 어른이면 아이들한테도 인권적으로 가

해를 할 수가 있어요. 그리고 이 사람이 비장애인이면 장애인한테 인권 피해를 줄 수도 있고요. 즉 한 사람이 인권 피해자일 수도 있고, 인권 가해자일 수도 있어요. 구체적인 관계 속에서 파악해야 합니다. 사람들은 자신이 인권 피해를 당하면 억울해서 못 살죠. 어떤 사람은 술 먹고 차를 끌고 가서 파출소를 들이박기도 해요. 법정에 가서 소송도 합니다. 자기가 당한 인권 피해에서 억울한 걸 풀려고 그렇게 노력합니다. 그런데 내가 가해를 한다는 사실에 대해서는 아예 느끼지조차 못해요. 아내한테 욕하고 때리고, 애들한테 어디서 쪼그만 게 아빠한테 말대꾸하느냐고 윽박지르는 것들이 인권 침해인데, 자신이 인권 가해를 하고 있다는 걸 못 느끼는 거예요. 인권 감수성이 없기 때문입니다. 우리가 인권 감수성 훈련을 아주 어릴 때부터, 유치원 때부터 해왔어야 해요. 그래서 성인이 되었을 때, 인권 감수성 정도는 몸에 배어 있어야 하는 거죠. '내가 이렇게 하면 저 사람이 굉장히 억울하겠구나', '이런 게 인권을 침해하는 거겠구나' 라는 걸 무의식적으로 몸에 배도록 만들어줬어야 해요. 그런데 학교에서 시험 볼 때만 문제로 나와요. 현실에서는 '인권 주장하면 감옥 간다', '인권은 포기하고 살아라' 이렇게 가고 있죠. 그래서 인권 교육을 할 때는 먼저 인권 감수성 훈련부터 해요. 휠체어를 타보는 거죠. 턱이 있어서 인도로 올라갈 수도 없고, 건물에도 들어갈 수 없는 상황을 한번 겪어보는 거예요. 지하철에서 삐뽀삐뽀 소리가 나는 리프트를 타고 올라가 보는 거죠. 그럴 때 나를 바라보는 주위 사람들의 시선이 얼마나 따가운지를 한번 느껴보는 거예요. 인권 감수성을 키우기 위해 이런 경험을 우리가 꼭 해야 해요. 인권 감수성이 풍부한 사회에서는 이렇게 많은 사람이 자살하지는 않을 거라고 생각합니다. 인권 감수성 훈련을 꼭 받으세요. 인권 단체들에 전화하세요.

***
나를 위해 말해줄 이, 아무도 없었다

인권은 상호의존적입니다. 그래서 남이 당하는 인권 침해에 대해 침묵할 때, 그 피해는 꼭 나한테 돌아오게 됩니다. 히틀러가 만든 나치 소년대라는 조직이 있습니다. 히틀러는 이들에게 도서관마다 돌아다니면서 나치에 반대하는, 나치에 불리할 거 같은 책들을 골라내게 했어요. 아이들이 신나서 그걸 다 찾아냈죠. 그리고 그 책들을 광장에 쌓아놓고 불을 질렀습니다. 하이네가 이런 상황을 미리 예견했는지, 책을 불태우는 자는 사람까지 태운다는 말을 했죠. 실제 히틀러가 사람도 태워 죽였잖아요. 마르틴 니묄러라고 하는 독일의 목사가 있는데, 실제로 이분도 강제수용소에 끌려갔다가 극적으로 구출되었습니다. 이분이 쓴 시가 있습니다. "나치가 공산주의자를 잡아갈 때, 나는 침묵했다. 나는 공산주의자가 아니었으니까 / 그들이 유대인을 잡아갈 때, 나는 침묵했다. 나는 유대인이 아니었으니까 / 그들이 노조원을 잡아갈 때, 나는 침묵했다. 나는 노조원이 아니었으니까 / (중략) / 그들이 나를 잡아갈 때, 나를 위해 말해줄 이는 아무도 없었다."

우리 사회에서 어느 날부터 정리해고가 시작되었죠. 내 일이 아니라 남의 일이잖아요. 다른 공장, 다른 회사의 일이잖아요. 그래서 침묵했어요. 그랬더니 내가 다니는 회사에서 정리해고가 벌어집니다. 정리해고제가 도입된 게 IMF 때입니다. 그때 금 모으기를 할 게 아니라 정리해고제 반대 투쟁을 했어야 합니다. 그랬다면, 지금같이 노동자들이 매번 죽어나가는 사태를 막을 수 있었을지도 모릅니다. 비정규직이 확산될 때, 내가 당장 비정규직이 아니니까 방관했어요. 이젠 비정규직이 당연한 고용 형태인 것처럼 여겨지는 상황이잖아요.

인권이라고 하는 건 저항성을 갖고 있습니다. 바로 불의를 바로잡을 권리입니다. 그건 실정법을 뛰어넘는 거예요. 그 실정법이 옳은가, 틀린가를 판단하는 기준이 되는 겁니다. 인권이 법을 뛰어넘어야만 사회가 진보해요. 마틴 루터 킹 목사는 불복종운동을 통해서 흑인의 권리를 찾아갔던 사람이잖아요. 그는 100만 군중이 모인 워싱턴 광장에서 "I Have a Dream"으로 시작하는 명연설을 합니다. 그의 메시지처럼 실정법이 잘못되었는데 그 실정법의 테두리 안에서만 권리를 수상한다면, 그건 결국 법에 굴종하는 거죠. 법이 잘못됐다면 법을 뛰어넘기 위한 시도를 해야 합니다. 그 과정 속에서, 법도 바뀌는 것 아닐까요?

국가는 인권 보장의 세 가지 의무가 있습니다. 존중의 의무, 보호의 의무, 실현의 의무입니다. 철거민들의 경우, 세입자도 주거의 권리가 있다고 인정해줘야 해요. 존중해야 합니다. 살고 있는 사람도 주거권이 있다고 인정해줘야죠. 보호의 의무는 세입자를 강제로 쫓아내려고 할 때 국가가 나서서 그걸 막아주는 거예요. 그렇지만 보호만 한다고 해서 세입자 문제를 해결할 수 있는 게 아니잖아요. 공공임대주택을 늘리는 방법이 있습니다. 공공임대주택이 전체 주택 비율의 20퍼센트 정도만 된다면 우리 사회에서 집 없는 사람들의 설움이나 세입자 문제가 사라질 수 있습니다. 이것이 실현의 의무입니다. 그런데 우리가 느끼기에 국가는 거꾸로 가고 있죠. 여기에 저항할 권리가 있습니다. 이 저항권은 사회주의자들이 주장한 게 아닙니다. 자유주의 철학자인 로크 같은 사람들이 주장한 것입니다. 국가의 목적은 인권이고, 국가는 수단이에요. 근데 수단인 국가가 이 목적을 훼손하고 도리어 인권을 억압할 때는 어떻게 할 거냐. 로크는 주권자인 국민들이 정부를 바꿔야 한다고, 전복시켜야 한다고 그랬어요. 이게 저항권입니다. 우리 헌법도 저항권을 인정하죠. 4·19도 인정하고, 5·18도 인정하고 있습니다. 그런데 학교에서는 안 가르쳐주려고 하죠.

　밀양에서 송전탑 싸움을 하는 할머니들이 울산 송전탑에 올라가서 철탑농성을 하는 현대자동차 비정규직 노동자 최병승, 천의봉 두 사람을 지지 방문하러 갔던 적이 있습니다. 지난번 대선이 끝나고 나서 사람들이 멘붕에 빠졌잖아요. 그래서 죽기도 하고 힘들어하고 있을 때, 도리어 이분들이 버스를 전세 내서 전국의 투쟁 현장을 돌아다니면서, '같이 힘내자, 같이 싸우자' 이렇게 말했어요. 밀양 할머니들의 연대 정신을 우리가 새겨봐야 할 거 같습니다.

　우리가 신자유주의를 굉장히 어렵게 생각해요. '신자유주의가 노동시장을 파괴한다' 면서 노동시장 유연화니, 민영화니 얘기하잖아요. 근데 사실은 우리가 신자유주의에 너무 익숙해요. '친밀한 적' 이라고도 하잖아요. 지배 세력은 피지배 세력을 다루는 데 정치적인 방법만 사용하지 않습니다. 문화적인 방법으로도 지배하려고 해요. 1990년대 공익광고에 이런 게 나왔습니다. "우리의 경쟁 상대는 누구입니까." 주부들의 경쟁 상대는 일본의 주부였어요. 농민의 경쟁 상대는 덴마크였죠. 노동자의 경쟁 상대는 독일이었나요? 끊임없이 경쟁을 부추기는 거예요. 끊임없이 경쟁을 부추기는데, 이 경쟁도 글로벌화시키는 거죠. 1990년대부터 그렇게 쭉 만들어왔어요. 우리는 나라에서 저렇게 말하니까 '그런가 보다' 하고 막 쫓아온 거예요. 경쟁에서 뒤처지지 않으려고 아등바등 싸워온 거죠. 그랬더니 결과는 어떻습니까? 경쟁에서 이기는 사람은 항상 소수밖에 없어요. 슬라보예 지젝이라는 사람이 '고원의 평지'라는 얘기를 했다고 해요. 거기까지 올라간 사람들만 평등하고, 나머지는 인간 이하의 취급을 받고 살아온 세상이 신자유주의였다는 거죠. 그게 극명히 드러났던 게 2009년의 용산과 쌍용자동차이고, 김진숙의 한진중공업이었다는 생각이 들어요. 이제 바꿔내야 하잖아요. 경쟁 안 해도 좋으니까, 안 이겨도 좋으니까, 우리 소중한 동료고 같은 이웃이니까 함께 손잡고 가야 하잖아요. 그래서 다시 한 번 얘기합니다. 여기, 사람이 있습니다. 서로 사랑하는 사람들끼리 함께하는 세상, 저는 그게 인권 세상이라고 생각합니다. 그런 세상을 위해서 우리 같이 함께했으면 좋겠습니다.

사회자 우리에게 익숙한 사건들을 통해서 우리가 미처 생각하지 못했던 부분들을 짚어주셨습니다. 저는 개인적으로 마지막 부분에 말씀하신 친밀한 적이 '내 안에도 있을 수 있겠다'라는 생각을 했습니다. 그것을 극복하는 길은 우리 안에 분명 있을 인권 감수성을 되살리고, 또 거기에 그치지 않고 계속 공부해서 인권의 가치를 놓지 않는 일이 아닐까 싶습니다. 질문 받겠습니다.

청중1 저는 비인가 대안학교의 선생으로 있습니다. 오늘도 제가 매일 만나는 학생 네 명과 같이 왔습니다. 고등학생에 해당하는 이 친구들은 1990년대 중반쯤에 태어났거든요. 근데 이 친구들을 가까이서 보면, 지금의 지극히 양극화된 세상이 원래부터 그런 건 줄 알아요. 오늘 우리의 상황이 더 이상 개선되거나 발전하지 않고 지금과 같거나 더 악화된다면 어떤 세상이 올까요. 선생님의 견해를 듣고 우리 학생들한테 세상이 왜 변해야 하는지 꼭 말해주고 싶습니다.

박래군 요즘 젊은 친구들을 보면, 정말 당혹스러울 때가 있어요. 우리가 겪고 있는 말도 안 되는 것들을 원래부터 있었던 걸로 생각해요. 요즘 제가 한 학교에 인권 강의를 나가는데요. 한국의 인권운동사를 얘기하는데. 6월항쟁을 얘기 안 할 수가 없거든요. 근데 6월항쟁을 들어본 사람이 없어요. 학교에서 안 가르쳐주는 거죠. 이런 것들이 영향을 미칠 수 있는 거 같아요.

1987년에 6월항쟁이 있었고, 그다음에 이어서 노동자 대투쟁이 있었어요. 7, 8, 9월의 3개월 동안 노동자 투쟁을 통해서 1,300개의 노조가 만들어지고, 그것으로 전노협이 만들어지고, 그 뒤에 민주노총 설립으로 쭉 이어져 왔던 거잖아요. 그때와 지금을 한번 비교해보죠. 지금은 고문 함부로 못 하잖아요. 1987년에는 고문 함부로 했어요. 안기부에 끌려가고, 보안사에 끌려가고, 대공분실에 끌려가서 고문당했어요. 지금 그렇게 끌려갈 수 있나요. 전체적으로 보면 조금씩, 조금씩 달라지고 있는 거예요. 그런데 이명박 정부 이후에 우리가 향유하고 있는 이만큼의 성과들도 자꾸 되돌려져요. 한편으로는 예전 전두환 군사독재 정권, 더 나가면 박정희 유신독재 정권에서도 사람들이 저항하면서 싸웠는데, 이제는 싸우지 않죠. 연대성을 다 파괴시켰어요. 친밀한 적을 이용해서 다 파괴시켰기 때문에 사람들이 개별화되고, 개별화된 사람은 나 혼자만이라도 살아야 한다는 식으로 가 버린 거잖아요. 이걸 극복하는 길이 이후에 우리 사회가 발전할 것이냐, 후퇴할 것이냐를 가름할 것이라고 생각해요. 저는 전자를 믿습니다. 우리가 연대성을 회복하고 함께 살자는 쪽으로 가서 지금과 같은 야만적인 사회를 극복하고 보다 밝은 사회로 갈 거라고 믿습니다. 그렇기 때문에 싸울 수 있는 거라고 생각합니다.

사회자 선생님께서는 우리가 발전 단계에서 저항을 맞닥뜨리더라도 결국 그것을 극복할 것이라고 긍정하시면서, 이런 모든 활동들을 하시는 거군요.

박래군 그렇죠. 촛불집회가 있었고, 그다음에 희망버스가 있었잖아요. 그때 한진중공업의 김진숙 지도위원이 85 크레인에 올라가서 309일 만에 내려왔어요. 김진숙 씨는 자기가 살아서 내려올지 몰랐다, 근데 희망버스 덕분에 살아서 내려왔다고 말합니다. 2003년도에 한진중공업에서 김주익 씨가 돌아가셨어요. 그때도 한진중공업에서 정리해고가 있었고요. 근데 그때는 세상의 반응이 싸늘했어요. 시민들이 안 움직였어요. 여론이 안 움직였어요. 근데 2009년도에 김진숙이라는 사람이 거기 올라가서 트위터도 하고 하면서, 사람들이 움직였어요. 사람들이 자기와는 관계없다고 여겼던 문제들의 간극이 많이 좁혀져 있는 상태예요. 한진중공업 노동자의 문제, 쌍용자동차 노동자의 문제로만 생각하지 않고, 시민들이 내 문제로 생각하기 시작했다는 거예요. 전 이게 연대성이 회복되어가는 조짐이라고 보거든요. 근데 연대성이 회복되면 누군가는 안 좋으니까, 이걸 못 하도록 자꾸 막겠죠.

사회자 열쇠는 우리가 쥐고 있는 거 같습니다. 다른 분 질문 받겠습니다.

청중2 '함께 살자'라는 개념이 확대, 발전된다면 동물권에 대한 논의도 진척될 거라는 생각이 드는데요. 동물권에 대한 선생님의 의견을 들었으면 합니다.

박래군 마지막에 미처 다 설명을 못 했는데, 인권 개념은 기독교 세계인 서구에서 발전했어요. 그래서 인간 중심으로 사고하는 게 굉장히 강합니다. 인간이 자연을 지배하는 걸 용인해요. 인간이 자연을 착취하는 걸 용인하는 거예요. 그게 생산력을 높여서 인간이 발전하는 걸로 보고 긍정하는 거죠. 그러다 보니 자연환경이 파괴되고 인간의 생존조차 위협받는 상황이 되었어요. 그 한계점을 극복하기 위한 노력들이 진행되고 있죠. 고 안옥선 교수가 주창했던 게 생태적 인권론이에요. 생태적 인권론은 불교적 세계관을 반영한 건데, 인간만 존엄한 게 아니라 모든 존재, 온 존재가 다 존엄하다고 보는 거죠. 그래서 온 존재와 같이 조화를 이루면서 어떻게 살 것이냐를 사람들이 고민해야 한다는 거예요. 그런 쪽에서 보면 동물도 당연히 존중받아야 하죠. 저도 동물권이 굉장히 중요하다고 생각하고, 그것이 존중받는 방향으로 가야 한다고 봅니다. 동물을 야만적으로 다루는 것에 항의하고 분노해야 합니다. 그런데 한편으로는 그만큼 사람 죽는 문제에도 분노하고 항의해야 하는 것 아닌가요. 사람 죽는 문제에 대해서는

"인권은 상호의존적입니다.
그래서 남이 당하는 인권 침해에 대해 침묵할 때,
그 피해는 꼭 나한테 돌아오게 됩니다."

침묵하면서 그러는 건 안 맞는 거죠. 이것도 해결해야 하고, 저것도 해결해야 하는 거죠. 어느 하나만 해결하거나 어떤 하나만 우선이다, 이렇게 가면 안 되는 거 같습니다.

***
아래로부터의 인권, 아래로부터의 민주주의

청중 3   요즘 정권 교체에 실패해서 심정이 참 허탈합니다. 혹시나 전 정권처럼 또다시 인권 탄압이 이루어지는 거 아닌가, 우려스럽기도 합니다.

박래군   박근혜 정권 아래서도 인권 탄압이 이루어지겠죠. 이명박 정부 수준에서 그 이상으로 갈 수도 있다고 저는 생각합니다. 이명박 정부에서는 표현의 자유, 언론의 자유와 관련된 탄압이 있었고, 집회 시위의 자유와 관련된 부분들도 있었죠. 이전 정부들과 다르게 이명박 정부가 굉장히 탄압을 교묘하게 했어요. 그 효과를 봤죠. 2008년에 촛불집회가 있었잖아요. 엄청나게 많은 사람들이 나왔어요. 사람들은 그때 현장에서 물대포를 쏘고 전경들이 짓밟고 한 것 때문에 사람들이 겁먹고 안 나온다고 하는데, 결코 그런 게 아니에요. 그다음에 일어난 일들을 봐야 해요. 그때 그 현장에서 1,500명이 연행되었고, 촛불집회가 다 끝나고 나서 또다시 1,800명이 소환조사를 받았어요. 일반 시민들이 그냥 집회 한번 나온 건데, 이거 가지고 계속 추적을 했습니다. 집에 찾아오고 회사에 찾아오고 여기에 벌금을 때리고, 심지어 압수수색까지 해버리는 거예요. 이러면서 사람들의 공포심을 조장하는 거죠. 내가 직접 안 당해도 누구네 집에 어쨌더라, 누가 이렇게 됐더라, 이런 것들이 사람들을 위축시켰어요. 그런 방식으로 비판의 목소리를 눌러버린 거죠. 정부는 운동권보다 시민들의 움직임에 굉장히 예민하죠. 그래서 역으로 시민들이 움직여야 해요. 진보진영 믿지 마세요. 저도 진보진영에 속해 있는 사람이지만, 너무 믿지 마세요. 저는 다 다시 시작해야 한다고 봅니다. 다 '새로고침' 해야 합니다. 사실 2007년 대선 이후, 진보진영의 바닥이 다 드러났어요. 실력 없음이 다 드러났는데, 시민들이 촛불을 들면서 착각을 일으킨 거예요. 5년 동안 진보진영은 그 촛불시위에서 말로만 배웠지, 아무것도 안 한 거예요. 준비를 못 한 거죠. 그러니까 진보진영 믿지 말고, 우리가 하자. 뭘 해야 하냐면, 아래로부터 다시 시작해야 해요. 운동에 아무리 왕도가 없다고 하더라도 기본이 있거든요. 의식화와 조직화예요. 우리가 서구의 사회민주주의 국가를 굉장히 부러워하잖아요. 그 힘이 뭡니까, 노동조합의 힘이거든요. 거기는 노동조합 조직률이 60퍼센트, 90퍼센트가 돼요. 그 힘으로 양보를 얻어낸 거예요. 노동조합들이 진보정당 만들어서 거기 당비 내주고, 지역에 거점들을 만들어서 주민들을 교육하고 조직하면서 사회복지 국가가 나온 겁니다. 어느 날 갑자기 생겨난 게 아니거든요.

우리나라 노동조합 조직률이 몇 퍼센트입니까. 10퍼센트 이하입니다. 어용노조까지 포함해서 10퍼센트 이하인 나라에서 노동운동이 뭘 이룩할 거라고는 기대하지 마세요. 도리어 노동운동도 엄청난 각성을 통해서, 자기 성찰을 통해서 거듭나야 합니다. 정말 뼈를 깎아야 해요. 다시 만들어가야 합니다. 지역에 거점들이 만들어져야 합니다. 거기서 지역 주민들과 함께하는 작은 실천들부터 만들어가고, 다시 다져야 합니다. 민주노동당이 2004년도 총선에서 10석을 얻었을 때, 몇몇 사람들이 집권 플랜을 얘기하더라고요. 제가 말도 안 되는 소리 하지 말고 제대로 좀 하라고 했습니다. 200개의 진보정당 지역 조직에서 그곳 주민들한테 감동을 주는 정치를 하라고 말이죠. 그렇게 10년만 하면 바뀐다고 얘기했습니다. 이런 것들을 만들어가야 합니다. 지난 정부 시절에 인권 쪽의 변화 중에는 긍정적인 것도 있었어요. 각 지역에 인권조례들이 만들어집니다. 여러분이 많이 활용하셔야 합니다. 아홉 개의 광역시도에서 인권조례가 만들어졌고, 인권위원회나 인권 센터 같은 인권기구들이 만들어졌습니다. 그리고 24개 시군구에서 인권조례와 인권기구가 만들어졌습니다. 이 부분들을 잘 활용하시길 바랍니다. 이게 아래로부터의 인권, 아래로부터의 민주주의를 할 수 있는 토대이자 조건 아니겠습니까.

사회자 진보정치 세력에 실망하셨더라도 지금 말씀하신 아래로부터의 인권에 희망을 걸어주시기 바랍니다. 마지막 질문을 받고 마무리하도록 하겠습니다.

청중 4 안녕하세요. 저는 스물두 살 대학생입니다. 제가 다른 친구들에 비해서 인권 쪽에 관심이 많아요. 나중에 직업도 이런 쪽으로 생각하고 있습니다. 제가 이런 말을 친구들한테 하면, 아직 현실을 모른다고들 합니다. 그래서 선생님께 인권운동의 매력이라든지, 보람에 관해 여쭙고 싶습니다.

박래군 인권 가지고도 이제 먹고살 수 있습니다.(웃음) 아까 조례 얘기를 조금 더 하면, 몇 년 전부터 인권 교육 수요가 엄청나게 늘어났어요. 경기도에서 학생인권조례가 만들어졌잖아요. 그러면 이제 학교에서 교사들과 학생들이 무조건 인권 교육을 받아야 하는 거예요. 그리고 아까 말씀드렸던 광역시도나 기초단체들에서도 이런 방식으로 시행하는 거예요. 제가 서울시인권위원회 부위원장을 맡고 있어서 곧 인권 교육에 들어가야 하는데요. 공무원들과 산하기관의 종사자들까지 하니까, 5만 명이 인권 교육을 받아야 해요. 그리고 시민들을 대상으로 하는 시민 교육도 들어가야 해요. 그러면 동에서 하는 주민자치센터에도 내년부터는 인권 교육이 필수과목으로 들어갈 가능성이 높습니다. 그런데 강사가 없어요. 그래서 이쪽도 좋은 직업이 될 수 있을 거라는 생각이 들고요.

인권에 대해 저라고 처음부터 확신이 있었겠습니까. 그런데 몇 가지 경험들이 있었죠. 제가 학교 다니면서 강제징집을 당했어요. 1983년에 강제징집이라고 하면 데모하다가 경찰서에 잡혀가서 두들겨 맞고, 병무청에서 만들어온 서류에 지장만 찍으면 그냥 군대에 끌려가는 겁니다. 제 인생에서 가장 암담했던 몇 가지 경험에 해당하는 게 강제징집이에요. 굉장히 두려웠어요. 왜냐하면, 강제징집을 당했던 제 친구 하나가 군대 간 지 6개월 만에 의문사한 일이 있었어요. 철책에서 가슴에 총을 맞고 발견된 경우였죠. 그래서 절대 군대에 가지 않겠다고 생각했는데 군대에 끌려간 거죠. 자대에 배치되어서 철책에 들어갔는데, 고참이 불러놓고 그러는 거예요. 너 사회에서 뭐 하다 왔냐. 대학 다니다 왔습니다. 그것 때문에 두들겨 맞았어요. 어디서 농사짓다 온 놈이 대학 다니다 왔다고 거짓말을 하냐. 외모 차별을 당한 거죠. 어느 대학교냐. 어느 대학교 다니다 왔습니다. 또 그거 때문에 맞았어요. 그다음 날 아침에 화장실에서, 쫄다구니까 빨리 똥 싸고 나가야 하는데 팬티가 안 내려가는 거예요. 그 전날 두들겨 맞은 엉덩이가 터져서 팬티에 들러붙은 거죠. 그 화장실 안에서 정말 많이 울었어요. 그러면서 다짐했어요. 앞으로는 어떤 일이 있어도 울지 않겠다. 동생이 죽었을 때, 또 한 번 다짐했어요. 동생이 바라는 세상을 만들 때까지 나는 절대 울지 않겠다.

　인권운동을 하는 사람이 아니라면 인권 침해를 당한 사람들의 얘기를 듣고, 느끼고, 같이 공감대를 형성하기가 쉽지 않겠죠. 다른 사람들이 그 사람들 속에 들어가서 뭔가 도움을 준다는 희열과 기쁨을 느끼기는 어려울 거예요. 인권운동가가 갖고 있는 특권 같은 거죠. 사람들이 다른 사람들한텐 얘기 안 해도, 인권운동가한텐 얘기를 해요. 이런 과정이 주는 에너지가 있어요. 제가 인권운동을 한다고 그러면, 어떤 사람들은 그거 해서 밥 벌어먹기 힘들지 않으냐고 그러거든요. 애들은 어떻게 키우느냐고요. 물론 한동안 제 아내가 벌고 그랬죠. 그런데 활동을 하다 보면 사람들이 바뀌는 모습이 보여요. '아, 이 사람이 이제 나한테 오지 않고, 자기가 다른 사람들의 문제를 풀어주는 그런 사람이 되었구나.' 이런 모습들을 보면서 기쁨을 느끼죠. 물론 힘든 면들도 많지만, 그건 지나가는 거잖아요. 자신을 믿으면서 갈 수 있는 거 같고요. 그만큼 사람에 대해서 이해의 폭이 넓어지는 거 같아요. 제 답변이 도움이 되었는지 모르겠습니다.

사회자　좋은 말씀 잘 들었습니다. 오랜 시간 같이해주셔서 고맙습니다. 마주하기 불편한 인권 침해의 현실 속에서 그나마 이렇게 살 수 있는 건 선생님같이 치열하게 사시는 분들이 있기 때문이 아닌가 생각합니다. 지난 30년 동안 우리 사회의 인권을 위해서 헌신해주신 데 대한 고마움의 표시로 다 같이 박수로 오늘 자리 마무리하도록 하겠습니다.

제3강

제4강

제5강

제6강

정치, 바꿀 수 있을까?
: 우리 정치를 떠받치고 있는 기둥들

*

2013년 4월 10일(수) 저녁 7시
서울 용산 백범김구기념관

제2강

제1강

윤여준 1939년 충남 논산에서 태어나 경기고를 거쳐 단국대 정치학과를 졸업했다. 〈동아일보〉와 〈경향신문〉 기자를 지냈으며, 1977년 주일대사관 공보관으로 관계에 진출했다. 이후 청와대 의전·공보·정무 비서관과 국정원장 특별보좌관, 대통령 공보수석 비서관을 지냈다. 1997년 환경부 장관을 역임했으며, 2000년에는 한나라당 소속으로 제16대 국회의원 활동을 했다. 두 차례에 걸쳐 여의도연구소장을 맡았고, 현재는 정치소비자협동조합 '울림' 이사장으로 있다.

사회자 안녕하세요. '새로고침'을 주제로 훌륭한 선생님들과 함께 달려온 인터뷰 특강, 어느덧 마지막 날에 다다랐습니다. 대미를 장식하실 분은 윤여준 선생님입니다. 우리는 지난 대선을 일주일 앞둔 어느 날 텔레비전에서 그를 만났습니다. 보수주의자라고 자타가 공인하고, 보수정치 세력의 책사, 전략통, 장자방이라고 불리던 분이시라, 그분이 야당 후보인 문재인 후보를 지지하는 찬조연설을 하시는 걸 보고 우리는 좀 의아해했죠. 보수 정치인이 진보 후보를 지지하는 것이 사실 의아한 일이기는 합니다만, 당적을 바꾸는 일이 무시로 일어나는 우리 정치 현실에서 윤여준의 문재인 지지는 어쩌면 일회성 뉴스로 끝났을 수도 있을 거 같습니다. 그런데 그 찬조연설은 많은 사람들한테 울림을 주고, 심지어 표심을 움직이기도 했습니다. 그 힘은 어디서 나왔을까요? 저는 개인적으로 12월 12일 찬조연설에 나오는 바로 이 대목이라고 생각합니다. "저는 민주화 세력의 반대 진영에 속해 있었던 사람입니다. 그러면서도 민주화의 혜택은 누구 못지않게 누린 사람입니다. 그러니까 저는 우리나라의 민주주의에 빚진 사람인 셈이죠. 그런 미안함과 부채의식이 마음 한 켠에 늘 있어왔습니다." 과장된 참회나 화려한 수사는 없었지만, 저분이 왜 의외의 선택을 했을까, 의아해하고 의심할 법한 사람들을 설득하고 그들을 공감시키는 데 부족함이 없었던 것 같습니다. 저는 개인적으로 정치는 경계선에서 이루어지는 타협의 예술이라고 여기고 있습니다. 사실 경계선에 선다면, 보수와 진보도 크게 다르지 않을 거 같다는 생각이 듭니다. 정치권에서 많은 갈등, 반목, 대립이 있지만, 결국은 한쪽이 한 발 양보하고, 다른 한쪽이 한 발 나아가는 현실로 귀결되고 맙니다. 그래서 정치 세력이 중심에서 추구하는 이상과 경계선에서 이루어지는 현실의 타협은 늘 다르게 마련인 거 같습니다. 오늘 '새로고침'의 대상은 정치입니다. 거창한 정치 이상이라든가 학문적인 정치이론, 원론 같은 것이 아니라 현실의 정치, 경계선의 이야기를 드리려고 합니다. 본인 스스로 경계선에 가로질러 서 있기 때문에 무엇인가 할 일이 있을 것이라고 말씀하시는 분입니다. 합리적인 보수주의자, 윤여준 선생님을 모시겠습니다.

윤여준 안녕하세요. 윤여준입니다. 오늘이 마지막 날이니까 유종의 미를 거두어야 하는데, 저는 유종의 미를 거둘 만한 식견 있는 사람이 아닙니다. '아, 이거 사람을 잘못 고르셨구나' 싶습니다. 더군다나 백범기념관이라고 하니까 그 무게가 느껴집니다. 잔뜩 쫄아서 아는 것도 생각이 안 날 지경입니다. 그렇지만 노종면 선생께서 긴장을 풀어주신다니까 최선을 다해보겠습니다.

사회자 최근에 윤여준 선생님을 자주 만날 수 있는 수단이 생겼어요. 팟캐스트 윤여준. 순위를 보니까 정치 시사 분야에서는 늘 상위권에 랭크됩니다. 방송했던 내용이 기사화되는 사례도 상당히 많고요.

파급력이 점점 커지고 있습니다. 매주 목요일에 방송이 올라가죠?

윤여준 네. 수요일 밤에 녹음해서 목요일 아침에 올리고 있습니다.

사회자 저는 윤여준 선생님께서 방송을 하신다고 해서 어떻게 하실까 궁금했거든요. 근데 방송을 들어보니까 전문가의 손길이 느껴져요. 혹시 도움을 주는 분들이 있습니까?

윤여준 평소에 가깝게 지내는 젊은 친구들이 있는데, 그중 한 그룹이 선거 끝나고 나서 마음도 좋지 않고 하니까 술자리를 자주 가졌나 봐요. 그러다가 이렇게만 할 수 없지 않냐, 그럼 뭘 하냐, 요즘 팟캐스트가 대세인데 그거 한번 해보자, 그럼 누구랑 하냐, 그때 제 생각을 한 모양이에요. 저한테 와서 그걸 하자고 해서, 처음에는 사양했죠. 젊은 사람들이나 하는 거지, 내가 그걸 어떻게 하느냐고 그랬죠. 그랬더니 "나이가 많고 적은 게 무슨 상관이냐, 생각만 젊으면 되지" 그러더군요. 생각이 젊다고 하는 바람에 제가 또 거기 넘어간 거죠.(웃음) 원래 제가 호기심이 많고, 안 해보던 걸 하기를 좋아하는 성격이 있습니다. 그렇다면 "내가 하자고 그런 것도 아니니까 하다 망하면 내 책임 아니다" 그러면서 해본 겁니다.(웃음) 방송을 도와주는 젊은 친구들이 직업이 다양해요. 그분들이 준비를 해주고, 저는 그냥 가서 말만 합니다.

사회자 술자리에서 이루어진 역사군요.(웃음) 박근혜 정부가 출범한 지 한 달 반이 지났는데 불안해들 하세요. 원인이 어디에 있는 겁니까?

윤여준 대통령이 취임하고 나서 두 달 가까이 됐는데, 아직 정부가 제대로 구성이 안 되었잖아요. 이렇게 오랫동안 정부를 구성하지 못한 게 처음 있는 일이 아닌가 싶습니다. 결국 인사 실패인데요. 오죽했으면 인사 '실패'가 아니라 인사 '참사'라고까지 언론이 표현하지 않았습니까? 저는 박근혜 대통령이 당에 계실 때부터 박근혜 리더십에 대해서 비판을 많이 했던 사람입니다. 어쨌든 그분이 대통령에 당선된 건 국민의 선택이니까요. 취임하고 나서 최소한 3개월에서 6개월 정도는 시간을 줘야 한다, 그 사이에는 일절 비판을 하지 않겠다, 마음먹고 있었습니다. 그런데 자꾸 이렇게 얘기 안 할 수 없는 소재를 제공해주니까……. 이슈를 비켜갈 수도 없는 것 아니겠습니까. 그러다 보니 본의 아니게 박근혜 대통령을 자꾸 비판하는 것처럼 되어서 마음이 편치 않네요. 어쩔 수 없이 그렇게 된 거죠.

사회자 '당과의 소통을 강화하겠다'는 말씀을 대통령이 하셨어요. 기대해볼 만한 부분인가요?

윤여준 이명박 전 대통령도 소통을 강화한다고 여러 번 말했죠. 그런데 이명박 전 대통령은 소통이 뭔지 잘 몰랐던 것 같아요. 대통령이 소통하려면, 제일 중요한 통로가 집권당입니다. 여당은 집권당으로서 책임이 있고, 또한 전국적인 조직을 가지고 있지 않습니까? 집권당이 그 조직을 통해서 국정을 설명하고, 국민들을 설득해서 동의를 구하고, 자신들이 얻은 민심을 종합하여 대통령과 행정부에 전달해서 국정에 반영하는 과정을 해줘야 하거든요. 이런 게 쌍방 통행이고, 소통입니다. 그런데 이명박 전 대통령은 소통의 가장 중요하고 큰 통로인 집권당을 스스로 무력화해버렸죠. 지금 새누리당은 그때보다 더 심각합니다. 제가 팟캐스트에서 이런 말을 한 적이 있습니다. "있고도 없는 당이고, 없고도 있는 당이다." 오죽했으면 이런 얘기를 했겠습니까. 박근혜 대통령이 진정으로 소통하겠다면 집권당을 활성화시켜야 합니다. 그래서 집권당이 활발하게 국정의 전면에 나서서 국민을 만나고, 설득하고, 국민 얘기를 듣는 일을 하게 해줘야 합니다. 대통령이 어떻게 국민과 매번 소통을 합니까. 물론 하는 방식이 있긴 하지만, 가장 큰 통로는 역시 집권당이라는 거죠.

사회자 사실, 윤여준 선생님은 한동안 정치 전면에서 물러나 계셨기 때문에 젊은 분들은 잘 모르실 수도 있을 거 같아요. 그분들이 '윤여준'이라는 이름 석 자를 갑자기 맞닥뜨리게 된 게 이른바 안철수 현상 때일 거 같습니다. 안철수의 멘토로 언론에 보도되면서 갑자기 주목을 받기 시작했습니다. 아직도 언론에서 '안철수의 멘토'라는 표현을 쓰더군요.

윤여준 저는 전혀 멘토였던 적이 없습니다.

사회자 '안철수는 대통령감인가' 라는 질문을 스스로도 하셨고, 김성식 전 의원과 대담을 하면서도 그 질문을 던지셨죠. 이번에는 제가 선생님께 질문을 던지겠습니다. 안철수 전 후보는 대통령감인가요?

윤여준 자업자득이네요. 이거 참, 제가 그 질문을 왜 했을까요.(웃음) 김성식 전 의원은 지금 하는 역할이 있으니까 그런지 몰라도 확신에 찬 목소리로 얘기하더군요. 저는 어떻게 보면 대통령감인 것 같고, 어떻게 보면 아닌 것 같아서 아직 판단하기가 어렵습니다.

사회자 그럼 질문을 바꾸겠습니다. 대통령감이 되기 위한 조건을 말씀해주실 수 있을까요? 조언일 수도 있고, 어떤 특정한 정치를 분석하고 평론하는 입장에서 판단하시는 걸 수도 있고요.

윤여준 제가 '청춘콘서트'를 진행하면서 안철수 전 후보를 다섯 달 동안 자주 만나 얘기를 나눠봤는데요, 그때 제가 느낀 건 그에게 CEO 마인드가 있다는 점이었습니다. 그래서 국정의 최고 책임자가 되기에는 위험하다고 생각했습니다. 본인한테도 그런 얘기를 했고요. CEO는 자기가 맡은 기업의 이윤을 극대화하는 게 가장 중요한 일입니다. 기업은 그래야 살아남으니까요. 이윤을 극대화하려면, 생산성과 효율성이 생명이 됩니다. 그런데 국가는 효율성을 생명으로 하는 조직이 아니고, 특히 민주주의는 생산성이나 효율성을 생명으로 하는 제도가 아닙니다. 그런데 CEO가 대통령이 되면 민주주의 정치 과정을 낭비로 보게 됩니다. 국민에게 어떤 어젠다, 즉 의제를 제시해서 설명하고 설득하고 반대 입장을 가진 이들과 토론하고 동의를 구하는 과정이 민주주의 정치 과정인데, 이게 낭비로 보이거든요. '시간이 급하고 절박한데 언제 찬성, 반대를 나누고 있느냐. 대통령인 내가 국가의 미래에 대해서 깊이 고민한 끝에 결정한 거니까 믿고 따라주면 되지' 라고 생각하는 거죠. 동기가 나빠서 그러는 게 아니라, 효율성 때문에 과정을 생략하고 싶어 하죠. 이명박 전 대통령이 번번이 이걸 생략했죠? 국민적 동의 없이 무리하게 추진하다 보니까 그 과정에서 끈질긴 반대에 부딪치게 됩니다. 결과적으로는 오히려 비생산, 비효율적인 것이 되게 마련이거든요. 민주주의라는 게 낭비로 보이는 과정을 밟아야 일이 원만하게 추진되고, 나중에 갈등이 안 생겨서 결과적으로 더 생산성이 높은 법이죠. 안철수 전 후보한테도 그런 CEO 마인드가 보였습니다. 그리고 본인이 워낙 정치와 동떨어진 세계에서 살아온 분이 돼서, 현실정치를 전혀 모르거든요. 대한민국 정치가 참 이상한 판이어서 현실정치를 잘 아는 사람도 살아남기가 쉽지 않은 법인데, 전혀 동떨어진 세계에서만 호흡하고 산 분이라서 거기 들어가서 과연 생존이 가능하겠는가, 그런 생각이 있었어요. 그리고 자연과학을 한 분이지 않습니까, 의사였잖아요. 정치 현상을 파악하는 것도, 의학적인 접근을 하려고 그러거든요. 제가 이런 말을 한 적이 있습니다. 안 교수의 생각대로 하려면 환자한테 하듯이 MRI, CT, 초음파 다 찍어보고, 혈액 검사와 대소변 검사 다 해보고, 그 수치를 놓고도 신중하게 판단해야 한다, 그런데 정치인이 정치 현상을 MRI나 CT 찍듯이 한다고 해서 결론이 나오는 것은 아니다, 정치 상황은 매일 바뀌는데 매일 찍을 수도 없다, 그런 사고방식으로는 정치 못 한다. 제가 이렇게 말한 적이 있습니다. 그만큼 생소한 세계거든요. 안 교수 같은 분이 정치판에 들어가면, 적응 기간이 굉장히 고통스러운 시간이 될 거라고 생각합니다. 그걸 감내해내야만 정치인으로서 성공할 수가 있겠죠.

***
놓쳐버린 천재일우의 기회

사회자   저는 안철수 개인보다는 '안철수 현상'으로 표현되는 정치 변화의 가능성에 대해서 관심이 있는 사람입니다. 아마 많은 분들이 그러실 거라고 생각해요. 우리나라 현실 정치 지형이 기존의 정당 구도에서 다르게 변화할 가능성은 없을까, 이런 게 상당히 궁금합니다. 어떻게 전망하십니까?

윤여준   가능성이란 건 늘 50 대 50이라면서요? 내일 지구의 종말이 올 가능성도 50퍼센트 아니겠습니까. 가능성으로만 보면 말이죠. 가능성이 없다고 단정할 수는 없겠죠. 그렇지만 지금 상황으로 보면 정치 변화를 이끌어낼 만한 에너지를 어디서 끌어내느냐에 대해 기대하기 어려운 상황입니다. 새누리당이나 민주당은 기득권 정당이고, 소위 적대적 공생관계에 있습니다. 서로 기대서 기득권을 유지하는 구조를 오랫동안 누려온 정당들이죠. 저는 그걸 철근 콘크리트로 만들어진 구조물로 봐요. 그걸 부수려면 엄청난 에너지가 있어야 한다고 보고요. 2012년에 안철수 현상이 있을 때는, 저걸 잘 묶으면 그만한 에너지가 나올 수 있다고 봤습니다. 하지만 금년에는 작년 같은 에너지를 갖기 어려울 거라고 봅니다. 짧은 시간 내에 한국 정치가 크게 변화할 거라고 기대하지는 않습니다.

사회자   현재 여야의 적대적 공생관계 속에서, 내년 지방선거까지는 치를 것으로 보시는 거죠.

윤여준 불행하게도 그렇게 될 가능성이 높지 않나 싶은데요.

사회자 민주당에서 대선이 끝나고 거의 넉 달 만에 대선평가보고서를 내놨던데요. 혹시 보셨습니까?

윤여준 신문에 난 제목만 봤습니다. 기사를 자세히 읽어보지는 못했고요.

사회자 보고서가 만들어지는 과정에서 잡음도 많았고, 대선 끝난 지 몇 달이나 됐는데 아직까지도 책임론을 가지고 싸우느냐는 인식도 있는 거 같습니다. 패배한 정당에서, 잡음이 있더라도 패배의 원인을 반추해보는 작업이 의미가 있다고 보십니까?

윤여준 물론이죠. 작년 봄에 총선거를 치르고 12월에 대통령 선거를 치렀는데, 그 두 선거를 다 지지 않았습니까. 최소한 집권을 위해 노력하는 정당이라면, 당연히 왜 졌는지 패인을 분석해서 같은 실수를 되풀이하지 않도록 해야죠. 자기 성찰을 위해서라도 제삼자가 객관적이고 냉정하게 분석, 평가하는 과정이 있어야 합니다. 우리나라는 여당이든 야당이든 거대 정당들이 선거에 진 다음에 객관적이고 냉정한 평가를 하지 않습니다. 선거를 주도했던 사람들이 전부 당내 큰 세력인데 자칫하면 자기들한테 책임 문제가 돌아오잖아요. 그러니 그걸 거론하지 않기를 원하죠. 그러다 보니까 제대로 된 평가보고서 같은 게 만들어지지 않았다고 봅니다. 이번에 내용이 어찌 되었든, 분량은 방대하다고 그러대요. 더군다나 한상진 교수는 평소에 정치 현상에 대해서 많은 관심을 가지고 계신 분이니까, 상당히 예리하고 심층적으로 분석했을 거라고 봅니다. 내용이 어찌 되었든 간에 민주당에서 그런 보고서가 나왔다는 것만으로도 저는 큰 의미가 있다고 봐요.

사회자 보고서에 이런 내용이 있더라고요. '대선 패배의 책임이 후보에게도 있고, 물론 당에도 있다. 더불어서 안철수 후보한테도 책임이 있다. 그런데 둘이 서로의 과오를 인정하고 화해한다면, 미래의 주역이 될 가능성이 남아 있다.' 이른바 민주당 주류와 안철수로 표현되는 안철수 정치 세력이 다시 손을 잡을 가능성이 있다고 보십니까?

윤여준 정치는 생물이라면서요. 옛날에 유진산 야당 총재가 이런 말을 한 적이 있습니다. "어느 구름에서 비가 올지 몰라야 한다."(웃음) 그러니까 다시 연합할 가능성이 없다고 장담할 수는 없겠죠. 그런데 화해라는 표현이 적절한가요? 작년에 후보를 사퇴한 이유가 뭐든, 미온적이든 적극적이든 선거 유세를 같이했지 않습니까. 그럼 그게 뭔가요. 싸우면서 한 건가요. 지금 화해하라고 하면, 그때 싸우면서 했다는 얘기잖아요.

사회자 대선평가보고서에 보면, 당시 안철수 전 후보의 2주간의 잠적과 그 이후의 유세 과정에 문제가 있다고 지적을 해놨더라고요.

윤여준 저는 이렇게 생각합니다. 작년의 '안철수 현상'은, 교수이

자 중소기업을 운영하던 한 개인이 만들어낸 현상이었잖아요. 우리 정치사에 없던 일이죠. 그만큼 다수 국민이 기존 정치와 정치인에게 실망하고 분노했다는 거 아닙니까. 한국 정치가 바뀌어야 한다는 간절한 염원이 있었기 때문에 그 현상이 생긴 것이죠. 그렇게 보면 작년이 문재인 후보, 안철수 후보 두 사람에게 한국 정치를 제대로 바꿀 수 있는 천재일우의 기회였던 셈입니다. 그런데 그 기회를 두 사람이 무산시켰잖아요. 누구의 잘못이 크냐, 작으냐를 떠나서 저는 두 사람이 모두 굉장히 무거운 책임을 느껴야 한다고 생각합니다. 그런데 선거 이후에 보여준 두 후보의 태도는 그게 아니었어요. 저분들이, 자기들이 어깨 위에 짊어졌던 역사적 사명이 얼마나 크고 무거운 것이었는지를 절실히 느끼고 있는지에 대해 저는 매우 회의적이었습니다. 자신들이 얼마나 많은 국민에게 실망을 주었습니까? 특정 개인이 당선되고, 특정 개인이 떨어지는 차원이 아니었죠. 한국 정치를 근본적으로 바꿔서, 나라를 바꿀 수 있는 천재일우의 기회를 준 것인데, 이 기회를 무산시켰습니다. 이 책임을 어떻게 하겠느냐……. 저는 그런 점에서 두 분이 화해하고 말고 하는 차원보다도, 역사와 국민 앞에 잘못을 빌고 참회해야 한다고 생각하는 사람입니다.

사회자 화해에 앞서서 참회가 먼저다?

윤여준 그 기회를 무산시켰으니까요. 이것은 두고두고 역사적으로 냉정히 평가받아야 할 일이라고 저는 생각합니다. 앞으로 그분들이 그것을 보상할 수 있는 일을 하면 보상이 될 수도 있겠지만, 지금 시점에서 보면 그렇다는 겁니다.

사회자　오늘 강연 제목이 '우리 정치를 떠받치고 있는 기둥들'이더군요. 사실 정치 불신 현상이 워낙 뿌리 깊어서, 우리가 정치에 대해서 냉소하고 외면하기 쉬운 현실입니다. 오늘 윤여준 선생님의 강연은 정치에 대해 진지하게 고민해볼 수 있는 시간이 될 것으로 기대합니다. 큰 박수로 윤여준 선생님의 강연을 청해서 듣도록 하겠습니다.

윤여준　원래 책이나 신문기사의 내용이 시원찮을 때 제목으로 과장을 하죠. 저도 강연 내용이 시원찮은데 어떻게 이걸 커버할지를 고민하다가, 전직 기자라서 제목으로 좀 사기를 치자는 좋지 않은 생각을 했던 겁니다.(웃음) 비판이야 하기 쉽죠. 많은 비판이 이미 나와 있습니다. 그런데 대안을 찾는다는 것은 정말 쉬운 일이 아닙니다. 저는 솔직히 대안 비슷한 걸 내놓을 수준이 못 됩니다. 다만, 제가 생각하는 대안의 방향은 말씀드릴 수 있지 않을까 하고 왔습니다.

한국 정치가 국민들한테 어떤 평가를 받고 있는지에 대해서는 말씀드릴 필요가 없을 거 같습니다. 지난 4월 4일 〈한겨레〉 오피니언 지면에 '패러디의 시대'라는 칼럼이 실렸는데요. 문화평론가 문강형준 씨가 쓴 글입니다. 그중에 이런 대목이 있어요. "한국 정치는 근대적 과제인 통일, 지역구도, 패거리, 부패 등의 모순을 끝내 극복하지 못한 채 이미 실패했다. 정치라는 그 기표만은 남아서 선거나 여야대립 같은 제도와 습관을 반복한다. 선거 때마다 '새 얼굴'을 갈망하는데 묶여 있는 이 죽은 정치는 사실 자신을 패러디함으로써 생명을 유지하고 있는 셈이다." 제가 읽어본 한국 정치를 비판하는 글 중에, 가장 부드러운 표현 같지만 가장 혹독한 글입니다. 읽는 사람이 가장 가슴 아프게 느끼는 그런 평가라고 생각합니다. 한국 정치는 이미 국민으로부터 '삼류'라는 평가를 받은 지 오래되었죠. 삼류라는 평가를 공개적으로 받고서도 항의 한번 변변히 못 할 만큼 한국 정치인과 지도자들이 스스로 정치는 삼류이고, 자신들은 삼류 정치인이라는 걸 인정한 지 오래되었습니다. 그럼 왜 이렇게 되었느냐. 관점에 따라서 여러 가지로 평가할 수 있겠습니다만, 네 가지로 나눠서 말씀드려 보려고 합니다. 한국 정치를 떠받치고 있는 네 개의 기둥이 있습니다. 첫 번째는 이데올로기라는 기둥이고, 두 번째는 리더십이라는 기둥입니다. 그리고 구조와 제도라는 세 번째 기둥이 있고, 마지막으로 국민들의 참여라는 기둥이 있습니다. 건국 이후부터 치면 70년 가까이 된 것이고, 민주화 이후에만 보더라도 25년 동안 정치를 떠받치고 있는 기둥들입니다. 그러나 이제 기둥이 너무 낡고 썩어서 이 상태로는 더 이상 건물, 즉 국가를 떠받치고 있을 수 없는 지경에 이르렀다는 거죠. 시대적인 시의성을 상실한 채, 기능을 제대로 못 하는 걸 기능부전이라고 하지 않습니까. 신체의 장기가 제대로 기능을 못 하는 것처럼, 기능부전 상태에 빠져서 국가 운영이 원활하게 이루어지지 않고 있다는 거죠. 이게 우리가 당면하고 있는 가장 큰 문제입니다. 저는 네 개의 기둥 중에서도 사람에 관한, 소위 리더십 부분이 제일 중요하다고 생각합니다. 이데올로기, 리더십, 구조와 제도, 참여라는 이 네 가지 요소는 서로 얽혀 있습니다. 그래서 잘못하면 꼬리에 꼬리를 무는 순환논법에 빠지기 쉽습니다. 저는 어쨌건 한국 정치가 당면한 문제를 푸는 실마리는 사람과 관련된 리더십에 있는 것이 아닌가, 하는 생각을 평소에 하고 있어서, 그런 관점에서 말씀을 드려 보겠습니다.

***
첫 번째 기둥: 이데올로기

　1987년에 민주화가 시작되어서, '87년 체제'라는 말을 많이 합니다. 당시 우리 헌법은 권위주의 세력과 민주화 세력의 타협에 의해서 이루어진 것입니다. 그래서 성격상 여러 가지 문제가 있었는데, 4반세기를 지나오는 동안 민주주의를 심화해야 한다는 과제를 제대로 수행하지 못했습니다. 거기다 탈냉전이라든지 세계화라든지, 정보화 등 문명의 급격한 변화를 일으키는 물결들이 닥쳐왔습니다. 정권이 새로운 환경에 적응하고 그런 환경을 활용해서 국가 발전을 일으켜야 하는데, 전혀 그 역할을 못 했기 때문에 문제가 된 거죠. 87년 체제의 한계를 학자들이 자주 언급합니다. 87년 체제가 모든 문제의 핵심은 아니지만, 가장 중요한 요소라는 판단을 했기 때문에 학자분들이 87년 체제의 한계와 모순, 그리고 문제점에 관해 평소에 자주 얘기하시는 게 아닌가 생각합니다.

　민주화 이후, 여러 가지 법과 제도를 고치는 법적 개혁이 있었습니다. 정치 관행을 바꾸려는 개혁도 있었죠. 부분적으로 성과를 거둔 것도 사실입니다. 그렇지만 이제는 그런 부분적인 개혁만으로는 안 되는 상태, 즉 전면적인 개혁을 하지 않으면 안 되는 시점에 이르렀다고 봅니다. 당장 문제의 시급성이나 절박성, 중요성을 보면 한국 정치를 구성하고 있는 네 개의 기둥을 혁명적으로 바꿔야 합니다. 그런데 혁명이라는 수단을 통해서 바꾸는 건 바람직하지 않으니까 이런 혁명적 과제를 비혁명적 방법으로 바꿀 수밖에 없는 거 아닌가, 하는 관점에서 차례로 말씀드려 보겠습니다.

먼저 첫 번째 기둥인 이데올로기 문제를 말씀드리겠는데요. 지금부터 드리는 말씀은 제가 독창적으로 이론화한 게 아니고, 여러분이 이미 알고 계시는 내용을 간단하게 정리해서 말씀드리는 것입니다. 세계적으로 냉전이 종식되고, 이데올로기 대립이 많이 약화됐습니다. 이미 서구에서는 1980년대 중반에 정치학자들한테서 이런 말이 나왔습니다. '이데올로기정치 시대는 끝났고, 생활정치 시대가 왔다.' 그러고 나서 바로 베를린 장벽이 무너졌고, 소련이 해체되는 등 일련의 일들이 진행되었죠. 서구는 이미 생활정치로 옮겨 갔는데, 우리는 분단 현실 때문에 아직도 냉전 체제가 그냥 남아 있습니다. 이게 비극인데요. 해방 이후 한국 현대사가 이데올로기의 역사입니다. 해방 공간에서 좌익과 우익이 유혈 충돌을 했습니다. 때로는 테러도 했죠. 그러다가 단독정부를 세웁니다. 그런데 6·25 전쟁이 발발해서 동족끼리 치열한 전투를 벌인 끝에 수백만 명이 죽고 다칩니다. 남북한이 정치적, 군사적, 경제적으로 대결 구도를 이어오다 보니까, 우리 현대사 자체가 대결의 역사라는 거죠. 이런 역사적인 체험을 벗어날 수가 없는 겁니다. 물론 이해되는 측면이 있습니다만, 어쨌든 치열한 이념 대결 구도가 한국 정치의 발전을 가로막은 것은 사실이죠.

소위 우파라고 하는 쪽의 이데올로기를 보겠습니다. 대한민국 헌법에 보면, '자유민주적 기본 질서'라는 표현이 있습니다. 이 자유민주적 기본 질서라는 것은 사실 이념적인 스펙트럼이 넓어서, 포용적인 측면이 강합니다. 그런데 이걸 좁혀 해석해서 질서만을 강조하고, 국가주의적인 태도를 여전히 보이는 면이 있죠. 또한 대통령을 절대시합니다. 대통령 본인도 스스로 그렇게 생각하는 경향이 있죠. 국민도 대통령을 절대시해서 무조건 권력과 권위에 맹종하는 태도가 아직도 가시지 않고 있는 걸 우리가 지금 목격하고 있는 거 아닌가요? 그러다 보니 민주주의 국가의 대통령에 대한 인식이 부족한 채 대통령이 된 분들이 국민과의 소통을 소홀히 하면서 효율성과 생산성을 앞세워서 일방적으로 권한 행사를 해버리는 일이 많았죠. 지금 박근혜 대통령만 하더라도 정부조직법 개정안을 국회에 보낼 때, 한 자도 못 고친다는 식이거든요. 이건 있을 수 없는 일입니다. 헌법에 보면 입법권은 국회에 속한다고 나와 있습니다. 민주주의 국가는 삼권분립 체제 아닙니까. 대통령은 행정부의 수반입니다. 행정권을 가진 행정부의 수반이 입법권을 가진 국회에 법안 개정안을 보내면서 어떻게 한 자도 못 고친다고 그럽니까? 국회의 권능을 완전히 무시한다는 것인데, 있을 수 없는 일입니다. 만약 박근혜 대통령의 머릿속에 삼권분립이라든지, 헌법 원리라든지, 민주주의 원리 같은 것이 분명히 있으면 그렇게 했겠습니까. 전 그걸 보면서, '정말 어처구니없는 일이다', '어떻게 저런 일이 있을 수 있나' 라는 생각을 했는데요. 그런 일이 벌어졌죠.

그런데다가 보수적인 이데올로기를 주장하는 분들은, 흔히 신자유주의를 이야기하죠. 소위 시장 제일주의, 시장 지상주의 같은 거죠. 이걸 상당히 교조적으로, 때로는 맹목적으로 주장합니다. 예를 들면, 10대 그룹의 매출액이 GDP의 76퍼센트가 넘는다는 통계가 나옵니다. 열 개의 기업집단이 GDP의 80퍼센트 가까이를 점유하고 있다면, 이건 잘못된 경쟁 구도 아닙니까? 그런데도 여전히 시장에 맡기라는 주장을 합니다. 물론 그 내용을 들여다보면, 그 10대 기업 자체만의 순수한 점유율은 30퍼센트가 채 안 된다고 합니다. 그러나 계열화되어 있는 중소기업까지 합쳐서 그렇게 되는 거니까, 결국 중소기업이 대기업에 완전히 종속되어 있는 현상을 얘기하는 셈이 됩니다. 이것도 바람직한 건 아닙니다. 소위 우파의 이데올로기를 살펴보면 정치적으로는 국가주의적인 성향이 강하고, 경제적으로는 시장 제일주의를 따릅니다. 이 두 가지 대표적인 이데올로기를 교조적으로 주장합니다.

반면에 소위 개혁적이라고 불리는 쪽을 살펴봅시다. 이쪽 진영에서도 대통령들이 권위주의적인 행태를 보인 건 사실입니다. 이명박 전 대통령이나 박근혜 대통령만 그런 게 아니고, 민주화 운동의 화신이며 상징적 존재라는 김영삼 전 대통령이나 김대중 전 대통령 역시 대통령이 되고 나서 제왕적이라는 평가를 받았습니다. 권위주의적 대통령이라는 얘기죠. 그렇긴 해도 한국 사회의 민주주의가 과거 권위주의로, 반민주적인 체제로 가는 건 불가능합니다. 이제 그런 시대는 지나갔다고 봐야겠죠. 그런데 아직도 야당을 중심으로 한 진보 진영에서는 '민주 대 반민주' 구도가 한국 사회의 중심 어젠다라는, 조금 잘못된 인식을 하고 있습니다. 그리고 민주주의의 핵심 가치는 자유와 평등인데, 이를 강조하다 보면 나는 선이고 상대방은 절대악으로 보는 일이 생기거든요. 이런 사고방식을 조심해야 합니다. 또한 국민 참여 확대가 굉장히 중요한데, 양적 확대만 중요한 게 아닙니다. 질적인 참여가 굉장히 중요합니다. 책임 있는 참여를 해야 하기 때문입니다. 양적인 확대에만 치중하는 것은 위험합니다. 참여를 절대선으로 여기는 경향이 있는데, 이것도 상당히 잘못된 인식이죠. 확대 못지않게 중요한 건 참여의 질입니다. 그런데 질에 관해서는 별로 강조하지 않죠.

그다음으로는 민족에 관한 생각인데요. 민족이라는 게 굉장히 소중한 가치이지만 이념이나 체제를 초월하는, 어떤 절대적인 것으로 간주하는 건 조금 문제가 있지 않을까요? 그렇게 민족을 절대시하면 모든 형태의 통일이 무조건적으로 절대시되거든요. 이것도 현실적이지 않고, 어떻게 보면 국민들한테 위험한 주장으로 비칠 가능성이 높습니다.

지난번 대통령 선거가 시작되기 전에 저는 이런 생각을 했습니다. 박근혜 후보, 문재인 후보, 안철수 후보 세 분이 모두 평소에 이념적으로 극단적인 입장을 취한 분들이 아니었습니다. '이 세 분 중에 누가 대통령이 되어도, 이번 대통령 선거를 치르면서 한국 사회의 이념 대결이 많이 완화되겠구나'라고 굉장히 고무적으로, 희망 섞인 기대를 했습니다. 그런데 선거가 진행되면서 또다시 보수와 진보의 대결 구도가 만들어지고, '민주 대 반민주' 구도가 만들어졌습니다. 또 이분법적인 극한 대결이 시작된 거죠. 기본적인 대결 구도가 보수와 진보의 정면 대결 양상이 되는 바람에 좌도 우도 아닌, 실용주의적이고 합리주의적이고 균형 잡힌 생각을 중시하는 사람들의 입지가 거의 없어졌죠. 저는 이것은 아주 불행한 일이라고 생각했습니다. 그래서 한국 사회를 둘로 쪼개는 이분법적인 이데올로기나 이론은 가능하면 하루빨리 청산했으면 좋겠다는 생각을 많이 합니다. 아까 사회자께서 말씀하셨죠. "정치란 경계선에 선 타협의 예술이다." 절묘한 표현인데요. 이데올로기 대결 구도가 만들어지면, 경계선에서 타협이 안 됩니다. 그래서 한국 정치가 보다시피 파행을 거듭하게 됩니다. 참 불행한 일입니다. 우리도 이미 세계화 질서 속에 들어간 나라 아닙니까? 이미 국민의 의식은 세계화되어 있죠. 그래서 2008년도에 광우병 때문에 촛불집회가 있을 때도, 저는 이렇게 해석한 기억이 납니다. '대한민국 국민은 이미 생활정치 쪽으로 가 있다. 그런데 대통령은 여전히 경제적 관점에 머물러 있다. 광우병 위험이 있는 소고기를 들여오는 문제를, 국민은 나와 내 자식의 건강에 관한 문제로, 삶의 질 차원으로 보는데, 대통령은 CEO답게 그 문제를 경제적 관점으로만 봤다.' 당시에 대통령이 서민은 값싸고 맛있는 미국산 소고기를 사 먹고, 부자는 한우 사 먹으라는 식으로 말했잖아요. 국민과 지도자 사이에 의식의 격차가 있었습니다. 그 의식의 시차가 만들어낸 갈등이라고 해석한 기억이 있습니다. 우리 국민들은 벌써 오래전부터 소모적인 이념 대결은 그만두고, 민생을 우선할 수 있는 생활정치를 하라고 요구했죠. 그런데 정치권이 그걸 귀담아듣지 않았습니다. 그러다 보니까 실망이 절망이 되었다가 분노로 바뀌었고, 그런 분노와 절망이 '안철수 현상'을 만들어낸 원동력이 아니었을까요?

그래서 '안철수 현상'이 생겼는데도 별 성과가 없었죠. 안철수 후보 자신이 이를 제대로 살리지 못하는 바람에 기존의 두 정당이 아마 크게 안심했을 거라고 보는데요. 어쨌든 지금부터라도 한국 정치가 이분법적인 대결 구도를 벗어나서, 국민의 생활을 우선 챙기는 쪽으로 가야 합니다. 정치란 게 왜 있습니까? 민생을 떠나서 정치를 왜 합니까? 따지고 보면, 국가도 그것 때문에 있는 거죠. 국가가 왜 만들어졌습니까? 민생 때문에 만든 거 아닙니까? 한국 정치가 자기들만의 권력을 놓고 헤게모니 쟁탈전을 하느라고 시간을 소모하면, 민생은 점점 어려워집니다. 국민들한테 완전히 버림받는 때가 오기 전에, 지금부터라도 빨리 벗어나야 합니다. 그러나 이념이라는 것은 가치 체계라서, 사람을 보고 이념을 버리라는 건 말이 안 되는 주문이죠. '이념을 초월하라', 이것도 무리한 주문입니다. 다만, 이념에 매몰되지 말아야 한다는 거죠. 내가 추구하는 이념과 내가 믿는 가치가 절대선이라고 생각한다면, 이것이 바로 이념에 매몰되는 것이거든요. 이러면 상대방이 절대악이 되어버립니다. 보수도 진보도 마찬가지죠. 유일신을 믿는 종교도 타 종교의 진리를 인정해서 함께 공존하지 않습니까. 그런 마당에 경계선에서 타협의 예술을 보여줘야 할 정치인이, 타협하지 않고 죽기 아니면 살기로 싸운다는 것은 있을 수 없는 일입니다. 상대방의 주장에도 진리가 있다고 인정하고, 수용할 것은 수용하고, 내 것도 양보해야만 타협이 됩니다. 이게 안 되는 건 이데올로기에 매몰되어서 그런 겁니다. 이걸 하루빨리 청산해야 합니다. 그렇지 않고서는 한국 정치가 절대로 바뀔 수 없고, 앞으로 나아갈 수도 없어요.

***
두 번째 기둥: 리더십

이제 리더십 문제를 말씀드릴 차례입니다. 리더십 얘기가 몇 년 동안 무성해서, 진부하게 느껴지실 정도일 텐데요. 권위주의가 끝나고 87년 이후에 민주화가 시작됐는데, 민주화 이후에 등장했던 우리 국가 지도자들이 새로운 민주화 시대를 이끌어가는 리더십을 확립하지 못했습니다. 우선, 새로운 국가 운영 원리를 제시하고 국민을 이끌어 갔어야 하는데, 그런 쪽의 노력과 성과가 미흡했습니다. 그래서 지금까지도 박정희 모델이라고 하는, 학문적으로는 권위주의 발전체제 혹은 발전국가라고 하는 산업화 모델이 쭉 내려온 겁니다. 시대는 빠르게 바뀌는데 국가 운영의 패러다임은 옛날 것이니까, 이게 안 맞아서 지금 한국 정치가 이렇게 혼란스럽고 국민을 실망시키는 겁니다. 오죽하면 정치가 국가 발전의 걸림돌이라는 평가를 받겠습니까.

민주주의 시대를 이끌어갈 새로운 시대에 맞는 리더십이 굉장히 중요한데, 이게 확립이 안 되어서 나라가 어지럽고 혼란스럽다는 겁니다. 권위주의 시대의 리더십은 굳이 이 자리에서 말씀드릴 필요가 없을 것 같고, 민주화 이후의 리더십에 대해서만 간단히 말씀드려 보겠습니다. 민주화 이후의 문제점 중 하나는 민주화를 주도했던 세력이 빠르게 기득권화되었다는 겁니다. 꼭 우리만 그런 것은 아니라 일반적인 이야기입니다만, 민주화 과정에서 형성된 사회관계를 어차피 전제할 수밖에 없고, 그렇게 되면 거기서 급속한 변화가 일어나기는 어렵습니다. 그러면 바로 그 사회 리더십이 기득권화된다는 일반 이론이 있습니다. 우리도 예외가 아니어서 빠르게 기득권화되었다는 겁니다. 거기에다가 IMF 체제를 맞은 이후에는 신자유주의적 세계화 현상이 급속도로 휩쓸고 갔죠. 빈익빈 부익부, 소득의 격차, 빈부 격차가 심하게 벌어졌습니다. 그 과정에서 사회·경제적 지배계층이 상당히 폐쇄화·세습화되는 양상을 보여주고 있죠. 우리나라 재벌기업이라고 얘기하는 기업들이 거의 다 세습하는데, 이는 다른 자본주의 국가에서는 보기 어려운 모습입니다. 우리의 경우는 아주 폐쇄적이라는 거죠. 그러다 보니 소수의 특정 세력이 사회로부터 유리되고, 격리되는 현상이 생겨났습니다. 이게 사회 갈등의 원인 아닙니까.

우리가 국가라는 정치 공동체를 만들어서 유지하는 것은 공공성을 지키기 위해서거든요. 개인으로는 지킬 수 없는 것들이 있으니까 모여서 공동체를 만들고, 국가라는 걸 만들어서 이걸 지키고자 하는 겁니다. 이때, 구성원을 결속시키는 가치는 공공성이죠. 다수니 전체를 위한 게 공공성 아닙니까? 공공성이라는 가치가 국가를 형성하고 유지하는 데 있어서 핵심 가치라는 것입니다. 정치학자 중에는 이렇게 표현하는 사람도 있습니다. "국가란 공공성이 제도로 응결된 것이다." 공공성이라는 게 국가의 핵심적인 가치가 되어야 합니다. 대통령은 국정의 최고 책임자이니까, 자동적으로 공공성의 상징적인 존재죠. 따라서 대통령의 직무를 수행함에 있어서 처음부터 끝까지 늘 공공성이라는 가치를 염두에 두어야 하며, 그걸 파괴하거나 외면하는 일이 있어서는 안 되겠죠. 공공성이라는 가치를 지키고 가꾸고 키워나가는 노력을 끊임없이 해야 하는 겁니다. 대통령에게는 그런 책임이 있는 거죠. 그런데 불행하게도 민주화 이후에 등장했던 대통령들이 공공성에 대한 의식이 투철하지 않았습니다. 공공성이라는 의식이 투철하지 않으면, 그 결과 공인의식이 희박해져서 권력을 내 것이라고 생각하는 의식이 생깁니다. 정치학에서는 이걸 '가산주의'라고 합니다. 국가를 가부장이 집에서 물려받은 재산처럼 생각하여 이를 마음대로 한다는 거죠. 가산주의적 태도를 갖게 되면, 권력을 남용하고 정실 인사를 하게 됩니다. 자연히 부패가 오기 마련이죠.

이명박 전 대통령의 경우도 대통령에 취임하고 나서 첫 번째 내각을 구성할 때, '강부자', '고소영' 내각이라는 평가를 받았습니다. 사적인 인연을 따라 사람을 썼다는 얘기 아닙니까. 공직 중에서도 장관이나 청와대 수석 같은 고위 공직은 국가의 중요한 정책을 결정하는 자리이기 때문에 특히 중요합니다. 그런 자리는 철저하게 공적인 원칙으로 사람을 써야 합니다. 공적 원칙이 뭐냐, 적재적소의 원칙이죠. 나와의 친분과 관계없이 그 사람이 어느 자리의 적임자냐는 기준으로만 봐야 합니다. 적임이라는 건 능력과 도덕성을 모두 보는 거겠죠. 공직은 국민을 대신해서 국가권력을 행사하는 자리이기 때문에 어디까지나 공적 기준으로 사람을 써야 합니다. 그게 공공성이죠. 그런데 그걸 무시하고 사적인 인연을 따라 사람을 썼다는 건 공공성을 파괴하는 행위입니다. 이명박 전 대통령이 공공성을 파괴하겠다는 생각으로 그렇게 했겠습니까. 저는 몰라서 그랬다고 봅니다. 민주주의가 뭔지, 국가라는 게 어떤 특성을 가진 조직이고 기구인지에 대한 인식이 없으니까 내 것이라는 생각으로 그렇게 하지 않았겠느냐는 거죠.

김영삼 전 대통령이나 김대중 전 대통령 같은 분들도 대통령에 취임하고 나서 가족과 측근들의 부패 비리 문제가 생겼습니다. 김영삼 전 대통령의 경우에는 작은 아드님 문제가 있었죠. 김영삼 대통령이 대통령이고, 아들이 '소통령' 이라고 불리지 않았습니까. 신문에서도 그렇게 썼죠. 대통령의 아들은 대통령과 사적인 관계밖에 없거든요. 국가에 관여할 만한 아무런 공적 자격이 없다는 겁니다. 사사로운 혈연관계밖에 없어요. 김대중 전 대통령은 세 아드님이 다 관련되었는데, 가운데 자가 홍 자 돌림이니까 '홍삼 게이트' 라고 했잖아요. 김대중 전 대통령은 생명의 위협을 받으면서 민주화 운동을 한 민주화의 상징적인 존재인데, 막상 대통령이 되고 나서는 민주주의적인 가치가 내면화되어 있는 모습을 보여주지 못했다는 거죠. 그런 불행한 역사가 있습니다.

노무현 전 대통령의 경우는 조금 다릅니다. 권위주의나 지역주의 타파를 위해서 굉장히 노력했죠. 부분적 성과도 있었습니다. 그건 평가해야 합니다. 그런데 역시 새 시대에 맞는 국가 운영의 리더십을 보여주는 데에는 성공하지 못했다는 겁니다. 특히 소수의 참모에게 국정 운영을 위임하다시피 했던 것은 민주적인 태도가 아닙니다. 엄연히 국가 공적 기구가 있는데도 불구하고, 소수의 참모들의 손에서 주요 국정이 결정되는 그런 구조는 절대로 민주주의적인 것은 아니거든요. 노무현 대통령 역시 그런 점에서는 공공성을 확보하는 데 성공했다는 평가를 받기가 어렵다고 저는 생각하고요. 이명박 전 대통령의 경우에는 '강부자', '고소영'으로도 모자라 '만사형통'이란 말까지 등장했죠. 조선조도 아니고 21세기 민주주의 국가에서 이게 말이 되겠습니까만, 버젓이 그런 일들이 벌어졌습니다. 당사자들은 신문 헤드라인으로 뽑혀 나와도 조심하는 기색이 없고, 대통령도 단속할 생각을 하지 않았죠. 그러다가 여기까지 온 거 아닌가요.

정치권, 특히 국회와 입법부가 권위주의 시절에는 존재감이 별로 없었죠. 권력에 의해서 수직적인 통제를 받았으니까요. 민주화 이후에 위상이 현저히 높아진 게 사실입니다. 국회의원들이 입만 열면 '헌법기관' 운운하죠. 국회는 헌법기관이거든요. 그런데 정작 헌법기관의 의미에 대한 인식은 별로 없어 보이더라고요. 국회의원 스스로가 국회는 국가 운영을 위한 헌법기구라고 생각해야 합니다. 국회는 통치기구입니다. 정치기구만이 아니라 통치기구라고요. 그런데 국회의원분들이 국회는 통치기구, 헌법기구라는 의식이 희박합니다. 그러니까 늘 정치적인 견제만 하면 자신의 역할이 끝난다고 생각합니다. 견제만 하다 보니까 만날 싸움만 하는 겁니다. 스스로가 헌법기구고 국회가 통치기구라고 생각하면, 그러한 자세를 갖지는 않았겠죠. 민주주의 시대가 요구하는 정치적 통치기관으로서의 리더십을 확립하지 못했다는 점은 아주 불행한 일입니다.

정당에는 국민의 세금으로 재정 지원을 해줍니다. 정당이 뭐가 예뻐서 우리의 세금으로 돈을 줍니까. 그건 정당의 역할이 중요해서 그런 것이죠. 정당은 국민의 정치적 의사를 형성하는 기능을 합니다. 민주주의 국가는 국민의 의사에 따라 운영해야 하니까, 국민의 정치적 의사를 형성하는 역할이 얼마나 중요합니까. 민주주의의 기본인 거죠. 그런 역할을 정당이 한다고 해서 헌법 8조에 정당 조항이 있고, 우리의 세금으로 재정 지원을 해주는 거죠. 그런데 정당들이 정작 그런 헌법적 기능을 제대로 못 하고 있는 것이 현실입니다. 물론 여러 가지 원인이 있습니다만, 어쨌건 당연히 해야 할 기본적인 역할, 가장 중요한 헌법적 기능을 제대로 하지 못하고 있습니다. 행정부는 행정부대로 대통령의 권위주의적인 행태가 있고, 입법부는 입법부대로 또 문제가 있습니다. 우리는 지금 이중의 대표성을 가지고 있습니다. 대통령도 국민이 직접 선출하여 국민의 대표로서 행정권을 줍니다. 국회의원도 국민이 직접 선출하는 국민의 대표로서 입법권을 주죠. 행정권, 입법권을 가진 두 대표를 뽑아서, 국민을 대표하여 나라를 이끌어가도록 합니다. 이게 대의제 아닙니까. 이처럼 이중의 대표성을 가지고 있는데, 두 대표성을 가진 존재가 국민으로부터 가장 불신을 받는 존재가 된 겁니다. 2년 전인가요, 국민을 상대로 신뢰도를 조사한 게 있습니다. 꼴찌가 국회였습니다. 신뢰도 2.9퍼센트로 경찰과 똑같았습니다. 꼴찌에서 두 번째가 어디냐, 청와대예요. 신뢰도 3.3퍼센트였습니다. 그럼, 국민 100명 중에 국회와 청와대를 믿는 국민이 세 명밖에 안 된다는 얘기죠. 이래서야 무슨 국민의 대표 구실을 하겠습니까. 그러니까 '안철수 현상'이 생긴 거죠. 두 국민 대표가 제대로 자기 역할을 못 하고 국민의 기대와 요구를 번번이 저버리니까, 국민들이 기댈 데가 없잖아요. 현실이 힘들어도 앞날에 희망이 있으면 지금의 어려움을 얼마든지 참고 견딜 수가 있는데, 앞날에 희망이 안 보이니까 메시아를 기대하는 심리가 생깁니다. 어떤 메시아 같은 존재가 나타나서 나와 우리의 고통스러운 삶을 한 번에 해결해주기를 기대하는 것이죠. 우리만 그런 게 아니라 어느 사회나 그렇죠. 안철수 현상이라는 게 바로 이러한 메시아 기대 심리에서 나온 거라고 볼 수 있거든요. 저 역시 어느 방송 프로그램에서 '국민이 메시아 기대 심리를 갖게 된 것은 이해하지만 그게 아주 위험한 것'이라고 이야기한 적이 있습니다. 또 본인 스스로도 이렇게 자꾸 국민으로부터 메시아 기대 심리를 투사받게 되면, 자기도 모르게 자기가 메시아라는 착각을 하기 쉽습니다. 그래서 제가 여러 차례 안철수 교수는 자신이 메시아라는 생각을 하면 큰일이 날 것이고, 국민도 안 교수를 메시아로 만들면 안 된다는 얘기를 하고 다녔습니다. 현실에서는 메시아라는 게 있을 수 없으니까요. 이 복잡한 사회적 문제를 어떻게 한칼에 해결하겠습니까. 요컨대, 이런 메시아 기대 심리가 생겨난 것은 국민이 직접 뽑은 두 대표가 자기 역할을 못 해서 그렇다는 겁니다.

***

세 번째 기둥: 구조와 제도

그다음, 구조와 제도의 문제입니다. 지금의 헌정체제가 87년도에 만들어져서 민주화 이행기의 과도기적인 특성을 강하게 반영하고 있기 때문에 민주정치가 성숙시기로 가는 데에는 제약이 있는 게 사실입니다. 더군다나 세계화나 지방화 시대의 흐름을 반영하지 못하고 있기 때문에 헌법을 고쳐야 한다는 얘기가 나오는 거죠. 간단히 예만들어봐도 대통령과 국회의원의 임기 주기가 맞지 않죠. 이것도 굉장히 많은 문제가 있습니다. 그리고 우리나라는 대통령제와 내각제가 적당히 섞여 있잖아요. 처음 정부를 수립하고 제헌헌법을 만들 때 본래 헌법은 내각제 헌법으로 만들었는데, 이승만 대통령이 강력한 대통령제를 원하는 바람에 절충하다 보니까 대통령제와 내각제를 적당히 섞어서 국무총리 제도가 생겼죠. 또한 대통령 5년 단임제에서 오는 문제도 있습니다. 민주주의 정부는 반응성과 책임성이 굉장히 중요하거든요. 반응성이라는 것은 국민의 요구에 그때그때 반응하는 거죠. 정부와 대통령은 국민의 요구에 즉각적으로 반응해야 합니다. 그런데 5년 하고 나갈 사람이니까, 굳이 그럴 필요가 없다고 생각하는 거죠. '재선'이 없으니까 반응성이 약해진다는 겁니다. 5년 하고 나가버리기 때문에 책임도 물을 수가 없습니다. 반응성과 책임성이 없어진다는 건 큰 문제입니다.

지난번 총선 전에 한나라당이 새누리당으로 당명을 바꿔버렸어요. 당 로고와 색깔도 바꿨습니다. 그러면서 '우리는 야당입니다'라는 뉘앙스를 많이 풍겼잖아요. 이건 꼼수죠. 선거는 국민이, 즉 주권자가 정당과 정치인을 심판하는 중요한 계기거든요. 정당이 후보를 내서 국민들한테 심판을 받잖아요. 다수의 선택을 받은 당이 집권하고, 국정을 이끄는 것 아닙니까. 그리고 일정한 시간이 지나면 선거를 통해서 국민이 심판을 하죠. 지난 총선은 이명박 정부와 한나라당에 대해 국민이 아주 중요한 심판을 할 기회였습니다. 그런데 그 직전에 당명과 로고, 색깔까지 다 바꾸어버리고 '우리는 한나라당이 아닙니다'라고 하면서 심판 대상을 없애버린 거잖아요. 그동안 집권해서 국정을 이끌어온 사람들이 어느 날, '우리는 아닌데요' 해버린 거죠. 심판 대상을 없애버린 거예요. 불법은 아닐지 모르지만 정당정치, 의회정치의 기본 원칙을 흔든 거죠. 정치 도의상 해서는 안 될 일을 한 겁니다. 박근혜 후보가 이명박 전 대통령 임기 내내 핍박을 받고 불이익을 받아, '여당 내의 야당이다' 하는 인식이 국민한테 있었죠. 그걸 부정하자는 게 아닙니다. 당당하게 한나라당 당명을 가지고, 내가 이렇게 이끌겠다고 말하고, 심판을 받아야죠. 국민이 이명박 전 대통령을 미워해서 박근혜 대통령을 안 찍었겠습니까, 저는 그렇게 보지 않습니다. 총선을 앞두고 당명을 바꾼 것은 정직한 태도가 아니다, 저는 그렇게 생각했어요. 얘기가 다른 데로 새었습니다만, 어쨌거나 5년 단임제는 그런 폐단이 있어서, 고쳐야 한다는 얘기가 많이 나오고 있죠.

    대법원과 헌법재판소는 서로 간의 위상도 애매하고 권한도 애매합니다. 두 기관이 자꾸 부딪치죠. 무슨 문제를 놓고 헌재와 대법원이 갈등을 빚는 때가 생기잖아요. 이걸 어떤 형태로든 조정해야 한다고 생각합니다. 민주평화통일자문회의인가요, 이것도 그 위상이 아주 애매해요. 설립할 때 취지는 분명히 있었던 것인데, 그와 같은 성격의 기구를 가지고 있는 게 과연 좋은지 의문입니다. 이처럼 헌법상 제도에서 고칠 필요성이 있는 것들이 꽤 있습니다. 최근에 말이 나오고 있는 국회선진화법이라는 것도 박근혜 대통령이 당에 계실 때 만든 것인데요. 물론 다수당이 강행 처리하는 일도 있어서는 안 되겠지만, 저렇게 고쳐놓으니까 이제 되는 게 아무것도 없잖아요. 여야가 국회에서 충돌하면, 국정이 멈추는 체제입니다. 국정이 마비된다고까지는 할 수 없을지 몰라도, 여야가 부딪치면 원활한 국정 운영이 중단되게 되어 있죠. 법이나 제도만 고친다고 되는 게 아니거든요.

국회의원들의 사고방식, 행동양식이 그대로인데 제도만 고쳐놓으니까 발생하는 문제가 많습니다. 지난번 정부조직법 개정안이 국회선진화법 때문에 처리가 안 되니까 다시 바꾸자고 하는 것 아닌가요. 자기들이 불과 얼마 전에 강력하게 해야 한다고 주장해서 바꿔놓고서는 자기들이 불리하니까 도로 바꾼다고 하는 것도 말이 안 되죠. 어쨌든 제도에는 문제가 많습니다.

그다음에 정당 내부의 공천 제도에 대한 문제입니다. 상향식이 좋으냐 하향식이 좋으냐. 모바일을 도입하는 게 좋으냐 나쁘냐. 국민 참여 경선 등 다양한 변화를 시도하고 있는데, 변화에 다 장점만 있는 건 아니죠. 상향식, 아주 아름다워 보입니다. 민주적으로 보이죠. 하지만 실상은 그렇지 않거든요. 우리나라 정당을 보면 상향식으로 공천해서는 아무것도 바꿀 수 없습니다. 왜냐하면, 지구당의 당원과 대의원이라는 사람들이 모두 그 지구당 위원장이나 현직 국회의원의 사돈의 팔촌들이거든요. 제도만 보면 이상적이지만, 우리나라 정당 현실에서 상향식으로 했다가는 국회의원을 못 바꾼다는 거죠. 하향식은 중앙당이 일방적으로 정하는 것이라는 점에서 비민주적이라고 얘기할 수 있지만, 하향식 공천도 중앙당이 공개적이고 투명한 원칙과 기준을 가지고 진행하면 얼마든지 보완할 수 있거든요. 제도라는 건 다 장단점이 있는 겁니다. 어떻게 운영하느냐가 보다 중요한 문제인 거죠.

우리 사회에서는 "제도가 문제다, 그러니까 제도를 바꿔야 한다, 제도 개혁을 하자"는 말이 나오죠. 제도를 고치는 것도 중요합니다. 하지만 사람이 안 바뀐 상태에서 제도만 바꾼다고 해서 크게 개선이 될까요. 개헌을 위한 논의에 참여해보면, 5년 단임제라는 제도에 많은 문제가 있으니까 이 제도를 바꾸면 현재 한국 정치의 모순이 많이 해결될 것이라는 의견이 다수입니다. 저는 그렇지 않다는 입장입니다. 제도가 중요하지 않다는 게 아닙니다. 제도 요인이 있고, 환경 요인이 있고, 행위자의 요인이 있죠. 환경이라는 것은 예를 들어 남북 관계라든지, 세계 경제라든지, 이런 것이고요. 행위자는 사람입니다. 행위자의 요인을 빼고 제도만 고쳐서는 개선이 별로 안 된다는 게 제 의견입니다. 정부와 청와대에서 오랫동안 근무하면서 관찰한 바로 그렇다는 겁니다. 토론 자리에 가보면 저와 똑같은 의견을 가진 분이 김종인 전 의원입니다. 그분도 청와대에서 오래 근무를 했죠. 저와 그분만 사람의 문제가 더 중요하다고 생각하고, 다른 분들은 모두 제도가 중요하다고 해서 늘 소수의견으로 몰리는데요. 저는 지금도 그런 의견을 가지고 있습니다. 물론 대통령 단임제를 폐지하고 4년 중임제를 하자든지, 대통령 선거에도 결선투표제를 도입하자든지, 국회의원 선거의 소선거구제가 안 좋으니까 바꾸자든지, 비례대표를 늘리자든지, 다당제를 확산시키자는 것 등이 다 민주주의 요소임에는 틀림없고 이를 제대로 도입하는 것에 의미가 있다는 데 동의합니다. 그렇지만 어떤 제도가 서양 국가에서 효과를 봤다고 해서, 그 나라의 역사적 배경이나 특성을 무시하거나 소홀히 생각하고 그 제도만 직접 들여온다고 해서 반드시 성공하라는 법도 없거든요. 제도를 도입할 때는 그것이 우리 현실에 맞는지 면밀하게 따져볼 필요도 있습니다. 어쨌거나 제도를 바꾸는 게 효과를 거두려면 행위자인 사람의 변화와 함께 이루어지든지, 아니면 행위자의 변화가 더 앞서든지 해야 합니다. 그렇게 하지 않고서는 기대했던 효과를 거두기 어렵다는 것이 평소 제 생각입니다. 사람의 행태가 반복적으로 되풀이되면 관행이 되지 않습니까. 그리고 관행이 뭉쳐진 게 제도와 구조라고 본다면 역시 사람이 우선 아니냐는 것이죠. '사람이 먼저다.' 문재인 전 후보의 선거구호를 얘기하는 거 같은데, 그런 뜻이 아니라 행위자 요인이 우선이라는 말씀을 드리는 겁니다.

***

네 번째 기둥: 국민의 참여

마지막으로 참여의 문제입니다. 민주화 이후에 시민들의 정치 참여 요구가 굉장히 급속도로 늘어났죠. 노무현 정부가 등장해서 참여 정부라는 이름을 지었을 때, 굉장히 이름을 잘 지었다고 생각했습니다. 마침 세계적으로 국민들의 참여 요구가 폭발적으로 분출되던 시기였고, 우리나라도 예외가 아니었죠. 노무현 전 대통령의 문제의식은 예민하고 정확했다고 생각하는데, 다만 문제의식과 의제 설정에는 상당한 괴리가 있었습니다. 그 결과, 막상 노무현 전 대통령의 재임 중에는 국민의 정치 참여 요구를 제도적으로 수렴하는 데 있어 큰 진전이 없었다고 봅니다. 그러다 보니까 의회정치나 대의정치에 대한 국민의 불만이 급속도로 높아졌고, 여기에다가 소위 SNS라고 부르는 정보통신 기술이 눈부시게 발달해서 국민들의 직접참여가 훨씬 수월해졌습니다. 처음 인터넷이 나왔던 1980년대 중반에 서양의 미래학자들이 이런 말을 했습니다. "2025년경에 가면 정당이 없어질 것이다. 정치인이라는 직업 자체가 없어질 것이다." 과거에는 개인이 자기 의견을 공론화하려면 반드시 정당이라는 매개를 통해서만 가능했습니다. 이제는 인터넷이라는 수단을 통해 한 개인의 생각이 순식

간에 수십만의 공감을 얻어서 공론이 되는 길이 열렸잖아요. 그러니까 굳이 정당이 없어도 된다는 거죠. 시민단체 정도만 있어도 얼마든지 정당을 대신할 수 있고, 그러므로 정당이 없어질 것이다. 따라서 정치인이라는 직업이 따로 필요 없다는 거죠. 각자가 다 그런 방식으로 의견을 제기할 수 있고, 공론장이 열려서 거기서 공론으로 결정하면 그만이니까요. 이제 얼마 지나지 않으면 투표하지 않고, 자기가 가지고 있는 휴대폰으로 직접 공론에 이르는 방법도 도래하지 않겠습니까. 이처럼 국민의 정치 참여가 현실적으로 수월해지니까 참여 욕구가 분출하는 거죠. 그런데 아까 잠깐 말씀드렸지만, 참여의 폭만 확대되는 것은 위험할 수 있습니다. 책임 정치가 아니기 때문이죠. 국민 참여의 폭을 확대해서 받아들이는 노력도 해야겠지만, 어떻게 하면 국민 참여의 수준을 질적으로 높이느냐, 그래서 국민들이 책임 있는 참여의식을 가지고 정치 참여를 하느냐, 사실은 이게 굉장히 중요한 일입니다. '나꼼수' 현상도 일종의 참여입니다. 수많은 젊은이들이 모여 공감대를 만들어서 현실 참여를 했으니까 그것도 참여 형태의 하나이긴 했지만, 제가 보기에는 그런 형태의 참여는 카타르시스적인 참여이지, 한국 정치의 미래를 생산적으로 건설한다든지 하는 책임을 수반한 참여라고 보기에는 어려운 면이 있죠. 그래서 역설적인 얘기지만, '나꼼수'가 그렇게 젊은이들의 속에 있는 분노의 감정들을 계속 분출시켜주는 바람에 이명박 정부가 안정을 누릴 수 있었다고 생각합니다.

촛불집회가 열렸을 때가 2008년 5월이죠. 왜 촛불을 들고 나왔느냐, 우리가 뽑은 국민의 대표인 대통령이 국민의 건강권을 무시하고 잘못 협상을 했다. 그럼 국회에서 이걸 제대로 견제해줘야 하는데,

제대로 못 했으니까, 그래서 믿을 수 없으니까 직접 나온 거 아닙니까? 그런데 그때 야당의 지도부가 맨 앞줄에 촛불을 들고 앉아 있었단 말이에요. 저는 그 장면을 텔레비전을 통해서 봤습니다. 그리고 크게 놀랐습니다. 국회에서 충분히 논의하여 이런 일이 벌어지지 않게 하라고 국민들이 대표로 뽑아 보낸 사람들이 그곳을 찾았다면, '여러분, 정말 죄송합니다. 여러분이 우리에게 사명을 부여한 것인데, 우리가 제구실을 하지 못해서 국민 여러분이 직접 이렇게 시청 앞에 나와서 집회를 하게 되었으니 죄송할 따름입니다' 이렇게 사과를 하고, '이제부터 저희가 제대로 임무와 역할을 다하겠습니다. 집으로 가십시오' 이랬어야 하는 거 아닌가요. 그래야 의회 민주주의를 지킬 수 있는 거 아닌가요. 그런데 국민의 대표들이 거기서 같이 촛불을 들고 앉아 있으면 왜 정당이 필요하고 국회가 필요합니까. 스스로를 부정하는 것입니다. 저는 그 장면을 보고 정말 참담하더라고요. 야당 지도부가 저런 정도의 의식이면 어떻게 의회 민주주의를 합니까. 이대로는 대의제가 지탱이 안 됩니다. 이렇게 문제가 있기 때문에 국민이 불신하는 겁니다. 국민의 분출하는 직접참여, 직접민주주의 욕구를 누를 수 없습니다. 분출하는 에너지가 워낙 세기 때문에 이미 누를 수 없는 상태가 되었어요. 노무현 대통령 때부터 이 분출하는 국민들의 직접민주주의 참여 욕구를 어떻게 제도적으로 수렴하느냐, 그래서 어떻게 의회제와 대의제를 수정·보완하느냐, 고민했어야 합니다. 제가 보기에는 여당도, 야당도 그 고민을 지금까지 안 하고 있습니다. 학자, 언론인 할 것 없이 우리 사회의 모든 지혜를 모아서, 어떻게 하면 국민들의 직접민주주의 참여 욕구를 제도적으로 수용해서 국민이 불신을 가지고 있는 대의제를 보완하느냐에 대한 논의를 해야 합니다. 굉장히 중요하고 미룰 수 없는 과제입니다. 지난번 대통령 후보로 나오신 분들도 모두 정치 개혁, 정치 쇄신을 얘기했습니다. 하지만 근원적이고 핵심적인 문제에 대해서는 별로 인식이 없는 것 같았습니다. 지엽적인 문제를 거듭 언급하는 걸 보고, 저분들이 정말 근원적이고 중요한 정치 개혁 과제에 대해서는 인식이 모자란 게 아닌가, 하는 실망감을 가졌는데요. 지금부터라도 우리는 거기에 대해서 고민을 해야 합니다. 우리가 주권자이자 참여자이니까요. 물론 정치인들이 일차적으로, 제도적으로 어떻게 보완할지 고민을 해야겠죠. 하지만 우리 스스로도 참여 민주주의를 실천할 수 있는 주권자로서의 소양을 갖는 게 굉장히 중요하다고 생각합니다.

***

국가는 국민의 것이다

요점만 간단히 추려서 말씀드렸는데요. 이데올로기, 리더십, 구조와 제도, 그리고 참여라는 네 개의 기둥을 전면적으로 수리하지 않으면 한국 정치의 건강성을 회복하기 어렵다는 것입니다. 기둥이 썩어서 무게를 지탱할 수 없으면 가라앉지 않겠습니까? 네 개의 기둥을 바꿔야 합니다. 지금 당장 눈에 보이는 모습들이 있습니다. 새누리당은 박근혜 대통령이 취임한 다음에 아주 무기력한 모습을 보이고 있습니다. 오죽하면 '있고도 없고, 없고도 있는 당'이라고 그랬겠습니까. 아주 모욕적인 말이죠. 집권 여당으로서 국정을 책임진 세력이라고 하기 어려운 모습을 보이고 있는 것 아닙니까. 또 야당은 어떻습니까. 총선과 대선 패배 이후에 지금도 그 책임론을 놓고 갈등하고 있습니다. 누구에게 책임이 있건 없건 간에 저런 모습을 보이는 것은 국민들을 실망시키는 것이죠. 상당수의 국민은 민주당에 욕도 안 하잖아요. 그게 뭐냐면, 기대를 버렸다는 뜻이에요. 심각합니다. 제1야당 아닙니까. 여당이 저 모습이면 제1야당의 역할이 굉장히 중요합니다. 제1야당이라도 자기 구실을 해줘야 입법부의 권능을 살릴 수 있죠. 삼권분립 체제에서 대통령만 자꾸 권력이 세지면 안 됩니다. 여당이 저 모양이라면 상당한 의석수를 가지고 있는 제1야당이 입법부로서 제대로 그 견제 역할을 해줘야 합니다. 그러나 이런 모습이면 누가 기대를 걸 수 있겠습니까.

야당에게는 딜레마가 있습니다. 제가 한나라당에 당적을 가지고 있을 때입니다. 김대중 대통령 시절이라 야당일 때였죠. 매일같이 싸웁니다. 툭하면 국회에 안 들어가고 청와대 근처까지 몰려가서 트럭에다 스피커 설치하고 아우성치는 일을 여러 번 했습니다. 제가 당원이니까 안 따라갈 수 없잖아요. 따라가면서 계속 시민들의 반응을 살폈어요. 시민들은 눈길조차 주지 않았습니다. 거기 모여 있는 건 다 당원이고 우리끼리 하는 거지, 시민들은 호의를 갖지 않을 뿐만 아니라 아예 눈길조차 안 주는 겁니다. 그걸 보면서 느꼈습니다. '아, 이런 방식으로는 안 되는구나.' 생각해보니까 야당의 딜레마가 이거더라고요. '야당다운 야당이 돼라.' 왜냐, 제대로 권력을 견제해야 하니까요. 국민은 야당다운 야당이 되라고 요구하지만 싸우지는 말라고 합니다. 왜 싸움만 하느냐는 거예요. 이게 딜레마거든요. 야당다운 야당이 되라, 그런데 싸움하지 마라. 안 싸우면서 야당다운 야당이 되어야 하잖아요. 이거 쉽게 해결할 수 없습니다. 그 딜레마를 야당이 고민하지 않았습니다. 자기들이 그런 딜레마에 빠져 있다는 것조차 인식을 못 했습니다. 어떻게 하면 민주화 시대에 맞는 야당상을 만드느냐, 국민이 원하는 야당상이라는 게 뭐냐, 이 숙제를 풀어야 합니다.

여당에게도 딜레마가 있습니다. 한쪽으로는 집권당이니까 대통령을 도와서 국정을 제대로 수행해야 합니다. 국정 운영에 책임이 있습니다. 여당으로서의 책임이죠. 반면에 원내 다수당이면 대통령과 행정부를 견제해야 하는 입법부 구성원으로서의 책임이 있습니다. 이게 또 부딪칩니다. 그러면 어떤 경우에 대통령한테 협력하고, 어떤 경우에 대통령을 견제할 것이냐는 원칙과 기준이 있어야 하는데, 이게 없어요. 왔다 갔다 합니다. 국민이 비판적인 것 같아서 조금 비판적인 목소리를 내다가 청와대가 난색을 펼치면 다시 꼬리를 감추죠. 이런 일을 거듭한단 말이에요. 그러니까 여당 노릇만 하지, 제대로 국회의원 노릇은 안 한다는 거죠. 이 딜레마가 서로 부딪치는 겁니다. 원칙과 기준을 합리적으로 정하고 국민이 납득할 수 있는 지점을 고민해야 하는데, 여당은 그런 딜레마 자체를 몰라요. 자기들이 딜레마에 빠져 있다는 걸 모르니까 그걸 개선할 여지가 없는 거죠.

문제는 여당이든, 야당이든 고민조차 안 한다는 겁니다. 고민을 안 해도 되는 이유는 뭐냐, 지금 우리나라 선거법이나 정당법은 제3당의 존속이 아주 어렵게 되어 있습니다. 두 거대 정당이 기득권을 누리기 좋은 구조로 되어 있어요. 이쪽이 시원찮으면, 적당히 기대고 있으면 돼요. 사람 인(人) 자 모양이죠. 지게와 지게 다리. 둘 중에 하나만 빠져도 무너지고, 서로 기대고 있어야 유지됩니다. 권력을 잡았다 놓쳤다 하지만, 서로 편하게 기대고 있으면 기득권을 누리는 데는 아무런 지장이 없습니다. 이렇게 오랫동안 내려온 거죠. 이게 소위 '적대적 공생관계'인 겁니다. 여야는 적수인데, 서로 기대어 같이 살고 있는 공생관계라고 하죠. 이것을 깨지 않으면 한국 정치는 바뀌지 않습니다. 이 기득권 구조가 철근 콘크리트죠. 어마어마한 에너지가 있어야만 깰 수 있습니다. 그런 에너지가 전혀 없어서 포기하고 있었는데, 안철수 현상이 생긴 겁니다. 그 정도의 에너지면 저걸 깰 수 있겠다는 희망적인 기대가 있었죠. 근데 작년에 그 기대감이 깨졌습니다. 안철수 교수가 올해에 작년 같은 그런 에너지를 국민들로부터 끌어내기는 현실적으로 어려워 보입니다. 어떻게 보면 참 암담한 상황이죠. 새누리당이 저러니까 민주당은 적당히 하면 원내 2당 유지하는 건 큰 문제가 없을 거라고 생각할 수 있습니다. 그럼 굳이 고통을 수반하는 개혁을 왜 하려고 하겠습니까. 개혁한다고 하면서 꾸물거리다가 욕 한번 먹고 말면 되는 것이고, 또 출마하면 찍어줄 것 아니겠습니까. 이렇게 가면 안 바뀐다는 거죠. 순환논법이 되기 때문에 말씀드리기가 조심스러운데요. 결국은 우리에게, 주권자에게 달려 있다는 겁니다. 저는 평소에 이런 생각을 합니다. 국가라는 게 누구의 것이냐. 대한민국 헌법 제1조 2항에 보면, '대한민국의 주권은 국민에게 있고 모든 권력은 국민으로부터 나온다' 는 조항이 있습니다. 국가는 국민의 것이지요. 그런데 지금까지 국가가 국민의 것인 적이 있었습니까. 또 제1조 1항을 보면, '대한민국은 민주공화국' 이라고 하죠. 근데 대한민국이 진정한 의미의 민주공화국이었던 시절이 있었습니까. 저는 의심이 듭니다. 헌법상에는 국가가 국민의 것으로 되어 있습니다. 명문조항은 민주공화국이니까요. 민주공화국이라는 건, 국가를 인민이 다스린다는 뜻을 지닙니다. 그런데 지금까지 국가가 누구의 것이었습니까.

정치권력, 관료 또는 대기업의 것에 가깝지, 국민의 것이 아니었죠. 엘리트라고 불리는 소수의 세력, 사실상 이 사람들의 것이 아니었냐는 거죠. 그렇다면 헌법에 위배되는 것이고, 국가를 형성하는 근본 목적에 위배되는 것이죠. 국가는 국민이 국민의 것으로 만들어야 합니다. 국가를 되찾아와야 한다는 거죠. 국민의 것으로 찾아와야 한다는 겁니다. 국민은 주권자로서는 지배자이면서, 동시에 피지배자이거든요. 피지배자로서 냉철한 시민의식을 가지고 국가를 늘 감시하고 견제해야 한다는 것이죠. 물론 국민으로서 의무와 책임을 다해야 하지만 거기서 그쳐서는 안 됩니다. 시민으로서 국가를 감시하고 견제해야 한다는 거죠. 국가는 국민이 준 무서운 힘을 가지고 때때로 야만적인 짓을 합니다. 역사적으로도 많은 사례를 볼 수 있습니다. 국가의 힘으로 야만적인 짓을 하는 경우가 얼마나 많이 있었습니까? 우리나라도 그런 일이 있었고요. 국가가 얼마나 큰 힘을 가지고 있는 줄 아시잖아요. 첫째, 합법적 폭력을 독점합니다. 대표적인 게 군이죠. 군은 사람의 살상을 목적으로 기르는 조직 아닙니까, 폭력입니다. 그런데 국가를 위해서, 공공성을 지킬 목적으로 가지고 있는 폭력이기 때문에 합법적 폭력이죠. 거기에 독점 원리가 작동합니다. 국가 안에서 어떤 개인이나 세력도 국가와 군을 나눠 가질 수가 없습니다. 엄청난 힘이고, 물리력 아닙니까. 둘째, 국민을 대상으로 강제력을 행사합니다. 국민이 국가의 주인인데, 동시에 피지배자라는 이유로 강제력을 행사합니다. 대표적인 게 두 가지죠. 세금을 거둬가지 않습니까. 세금을 거둬간다는 것은, 국민의 재산 일부를 강제로 가져간다는 거죠. 공공성 때문입니다. 또한 남자는 나이가 차면 군대에 가야 합니다. 병역의 의무가 있지 않습니까. 복무 기간이 1년 반에서

3년 정도까지 한시적이지만 국민의 생명을 그 기간 동안 맡아가는 것이죠. 전쟁이 일어날 경우에 전쟁터에 나와 싸우라고 하면 싸워야 하잖아요. 죽을 수도 있는 것 아닙니까. 국가는 국민 재산의 일부를 가져가고, 한시적으로 국민의 생명을 가져가는 엄청난 권력을 가진 거죠. 그러한 권한을 누가 준 겁니까? 우리가 준 거죠. 쉽게 말하면, 우리의 권력을 준 거죠. 왜 주었습니까, 공동체 전체를 위한 일을 하라고 준 거죠. 그것이 공공성입니다. 그런데 그런 국가가 공동체 전체를 위한 일은 하지 않고 국민의 이름으로, 국가의 이름으로 엉뚱한 짓을 한다면 막아야겠죠. 그런 일이 없도록 해야 하지 않겠습니까.

경제 민주화라는 것도 저는 그런 관점에서 봅니다. 경제 민주화라는 게 사람마다 내용이 다르고 정당마다 내용이 다른데, 경제적으로 전문성이 없으면 판단하기 쉽지 않습니다. 금산분리, 이게 좋으냐 나쁘냐, 실효성이 있느냐 없느냐. 출자총액제, 이게 실효성이 있느냐 없느냐, 하는 게 좋으냐 나쁘냐. 이러한 문제는 사실 경제적 전문 지식이 없으면 어느 것이 합리적이고, 어느 것이 현재 우리 사회에 적절한지를 알기 어렵습니다. 저는 이것을 국가의 공공성이라는 관점에서 보자는 거죠. 그러면 이해가 쉬워집니다. 국가라는 것은 공공성 때문에 만든 것이고 유지하는 것인데, 국가가 소수 기업의 이익에 봉사하는 일이 있어서는 안 되겠죠. 그걸 하지 못하게 하려고 헌법 제119조 2항에 명시하고 있죠. '국가는 균형 있는 국민경제의 성장 및 안정과 적정한 소득의 분배를 유지하고, 시장의 지배와 경제력의 남용을 방지하며, 경제주체 간의 조화를 통한 경제의 민주화를 위하여 경제에 관한 규제와 조정을 할 수 있다.' 그런데 이걸 국가가 제대로 이행하지 않았습니다. 그걸 하라고 공정거래법도 만들고, 공정거래위원회라는 국가기구까지 있지 않습니까. 그럼에도 국가가 감시를 제대로 하지 않았기 때문에 양극화가 심해지고 빈부 격차가 벌어져서 사회 갈등이 증폭된 거죠. 국가라는 공동체를 유지하기가 어려운 지경까지 갔기 때문에 대통령 후보마다 국민 대통합을 한다고 하지 않습니까. 이명박 전 대통령도 동반 성장하자고 그러지 않습니까. 왜 그러겠습니까. 결국 국가가 국가의 소임을 다하지 않았기 때문에 그런 일이 벌어진 거잖아요. 우선 현실이 다급하니까 동반 성장도 해야 하고 국민 대통합도 해야 하지만, 근본 원인은 거기에 있는 거거든요. 경제 민주화라는 것도 공공성을 살려야 할 국가가 국민 전체 이익이 아니라 소수 기업의 이익을 위해서 봉사하는 것을 바로잡기 위한 것이죠. 그러지 않으면 우리가 국가를 유지할 이유가 없으니까요. 공공성이라는 관점에서 경제 민주화를 보면 이해하기가 수월하다고 생각합니다.

어쨌건 우리는 국민인 동시에 시민입니다. 국민으로서 의무와 책임을 다하면서 국가를 끊임없이 감시하고 견제해야 한다는 말입니다. 그래서 국가를 시민의 것으로, 국민의 것으로 찾아와야 합니다. 이제 그럴 때가 되지 않았느냐는 거죠. 그러기 위해서 국민이 훌륭한 지도자를 뽑아야 하는 거죠. 그러려면 정당이 훌륭한 지도자를 후보로 내세워줘야 하는데, 지금 정당 구조를 보면 그렇지 않죠. 정당 내의 세력 판도랄까, 정당 내부의 세력 구도에 의해서 후보가 선출되는 경우가 많습니다. 그런데 우리나라는 어차피 정당의 후보가 아니면 후보가 되기도 어렵고, 당선될 가망이 없다시피 하죠. 하지만 기존의 정당들이 이만큼 우리를 실망시켰으면 우리도 제3의 방법을 찾아봐야 하는 것 아닙니까. 언제까지 두 거대 정당이 좋은 후보를 내주기만 기대하고 있을 수는 없는 것 아닙니까. 거대 정당이 아니라도 식견과 경험, 도덕성 면에서 기대해볼 만한 새로운 세력이 어디선가 꿈틀거리는 게 보이면 이제부터라도 밀어줘야 하는 것 아닙니까. 정당 소속에 관계없이 말입니다. 저는 그렇게 생각합니다. 전 사람이 중요하다고 봅니다. 리더십이 우선입니다. 좋은 리더를 뽑으면, 그 리더십이 빠르게 국민의식을 북돋을 것입니다. 제도도 중요하고 환경도 중요하지만, 사람이 제일 중요합니다. 좋은 리더를 우리 손으로 뽑는 것만이 대안의 방향일 것입니다. 꼭 거대 정당 출신 정치인이어야만 대통령감으로 평가할 건 아니지 않습니까. 특정인을 염두에 두고 드리는 말씀이 아니고요……. 워낙 기존 정당들이 저래서 내년 지방 선거, 2년 후 국회의원 선거, 더 나아가 2017년 대통령 선거에서 우리가 또 실망하는 일이 발생할 수 있습니다. 또 멘붕에 빠지는 일이 벌어질 것 같아서, 이런 기회에 제가 여러분께 주제넘는 부탁 말씀을 드렸습니다. 제 말은 여기에서 마치겠습니다. 고맙습니다.

사회자 저는 '적대적 공생관계가 철근 콘크리트 구조로 되어 있다'는 말씀을 들을 때 좀 암울했습니다. 그래도 깨어 있는 시민들이 주권자로서의 권리를 잘 행사하면 가능성이 있다는 말씀으로 결론을 내려주셔서 가슴을 쓸어내렸습니다. 선생님, 제도보다 사람이 더 중요하다는 주장이 소수라고 하셨잖아요. 사실 저도 언론계에서, 그런 면에서 소수입니다. 지난 5년 동안 공영 언론이 권력의 침해를 받아 여러 가지 문제가 생겼습니다. 이때 바로잡는 방법이 뭐냐, 현장에서 나오는 얘기 중의 하나가 지배 구조를 바꾸면 된다는 것이었습니다. 사장 선임 제도 바꾸면 된다. 그때 제가 소수의견으로, 제도를 운영하는 사람이 그대로인데 그게 되겠느냐고 했죠. 사실 어떤 제도라도 제도의 장점을 살려서 운영의 묘를 발휘하는 것이 역사로, 관행으로, 문화로 정착되는 것이 중요하다고 생각합니다.

윤여준   지금 5년 단임제로도 좋은 리더십이 등장하면, 얼마든지 좋은 나라를 만들 수 있다고 봅니다. 물론 그렇다고 제도가 중요하지 않다는 건 아니고요.

＊＊＊

우리는 질적으로 진화하고 있는가

청중1   말씀 잘 들었습니다. 말씀 중에 한 가지 기억에 남는 게 있어요. 미래학자들의 말을 인용하시면서, 2025년에는 정치인이 없어진다는 이야기를 하셨잖아요. 정치적으로나 기술적으로나 문화적으로 선생님께서는 이 세상이 어떻게 바뀔 거라고 예측하시나요?

윤여준   미래라는 게 손에 잡히는 건 아니지 않습니까. 그날그날 부딪치는 삶이 워낙 힘드니까, 미래를 생각할 정신적 여유가 없는 면도 있겠죠. 그리고 미래학자들의 말이 틀린 경우가 많았습니다. 1980년대 중반에 나왔던 미래학자들의 말 중에는 정당과 정치인만 소멸하는 게 아니라, 국경도 소멸할 거라는 주장이 있었습니다. 세계화 현상 때문에 자본과 기술과 노동이 국경을 마음대로 넘나드는 그런 시대가 왔지 않습니까. 그렇다 보니까 국경이라는 개념이 이제 없어진다. 그리고 지난 몇백 년 동안 국제정치를 규율했던 주권이라는 개념도 없어질 거다, 이렇게 얘기를 했습니다. 국민국가가 없어질 거라는 얘깁니다. 물론 아직 2025년이 되지는 않았죠. 그러나 2008년도에 어떤 일이 있었습니까? 예를 들어, EU는 경제적으로 완벽히 통합이 되고 화폐까지 통합하지 않았습니까. 이제 정치적 통합만 남았다고 큰소리를 쳤는데 경제 위기가 오니까 회원국마다 각자 살기 위해 자국 정책으로 돌아가 버렸습니다. 합의가 되지 않아 결국 EU 차원의 경제정책을 못 만들었습니다. 그러한 사례를 보면서, 아직은 국민국가에 의존할 수밖에 없다는 것을 많은 이들이 깨달았죠. 세계화 현상 때문에 국경이 많이 낮아진 건 사실이지만 그렇다고 국민국가가 금방 소멸하거나 주권이 없어지진 않으리라는 걸 확인했죠. 미래학자들의 말이 무의미하다는 건 아닙니다. 어떤 변화 추세를 내다본다는 측면에서 나름대로 참고는 해야겠지요. 그렇지만 미래학자들이 예언하는 바에 따라 좋아하거나 슬퍼할 이유는 없다고 생각합니다.

청중2 선생님이 보시기에 인간이 질적인 부분에서 진화하고 있다고 느끼시나요, 아니면 퇴화하고 있다고 느끼시나요.

윤여준 퇴화하고 있다고까지는 보지 않습니다. 우리 어렸을 때만 하더라도 겨울을 나면 굶어 죽은 사람들이 생기고, 겨울에 쓰레기통을 뒤지는 사람들이 복어 내장을 가져다 먹어서 죽는 사고가 끊임없이 일어났습니다. 보릿고개라는 게 있었죠. 그런 시절을 겪다가 박정희 대통령이 등장해서 소위 산업화를 시작했습니다. 빈곤으로부터의 탈출, 조국 근대화, 이런 기치를 내걸었죠. 그래서 국민들이 박정희 대통령의 동기부여에 전폭적으로 호응했습니다. 정치적으로 문제가 있었지만 지지했고, 산업화에 성공했죠. 국민을 물질 위주로 세게 드라이브한 겁니다. 그러다 보니 정신적인 측면이 피폐해졌죠. 압축적인 경제성장이 많은 문제를 가지고 온 건 사실입니다. 지금 우리가 그 대가를 지불하고 있는 것 아닌가요. 우리만 그런 게 아니라 세계적으로 그렇습니다. 다만 정도의 문제이지 그 비슷한 현상들을 많이 겪었죠. 연세대학교 박명림 교수가 작년 11월에 세미나에서 발제한 것 중 이런 대목이 있습니다. '한국은 인간 존재의 조건은 급속히 발전하는데, 인간 실존의 조건은 급속히 악화되어 갔다. 급속한 발전과 급속한 악화가 공존하는 변종 국가이다.' 변종 국가, 정상 국가가 아니라는 거죠. 1인당 GDP가 2만 달러가 넘었다고 자랑하는 한편, 자살률도 세계 최고입니다. 특히 청소년과 노인 자살률이 세계 최고이고, 출산율은 세계 최저입니다. 인간이 살아가는 데 필요한 물질적 기반은 훨씬 좋아졌습니다. 통계적으로 보면 좋아진 게 사실 아닙니까. 그런데 인간의 정신적 측면이 황폐해졌습니다. 1인당 소득이 1만 달러일 때보다 2만 달러면 배의 행복감을 느껴야 하는데, 배로 불행감을 느끼고 있죠. 세계적으로도 그렇습니다만, 한국 사회에 그에 대한 반성이 지금 일어나고 있는 것 아닌가요. 거기서 '사람이 먼저'라고 하는 그런 각성이 나온 것 아니겠습니까. 자본주의 시장경제가 인류에게 물질적 풍요를 안겨준 건 사실이죠. 그렇지만 그 과정에서 본의이든 본의가 아니든 인간을 생산의 도구화한 건 사실입니다. 본말이 뒤집힌 거죠. 그러니까 사람이 먼저라는 겁니다. 저는 문재인 전 후보가 왜 '사람이 먼저'라고 했는지 설명을 들은 일은 없습니다. 제가 해석하기에 그런 관점에서, 그런 성찰에서 나온 게 아닌가 싶었습니다. 그래서 굉장히 반가웠고요.

예를 들어, 한 대기업에서 노사 분규가 있었습니다. 근로자 몇 명이 스스로 목숨을 끊었어요. 대기업 총수가 국회 청문회장에 나가서 자신은 죽은 근로자의 이름도, 얼굴도 모른다고 아주 당당하게 말하는 걸 보고 제가 분노한 기억이 나는데요. 모르겠죠. 어떻게 그 많은 근로자의 이름과 얼굴을 기억하겠습니까. 그렇지만 자기가 고용했던 근로자가 어떤 이유로든 생명을 버렸고, 그 사람이 하나의 생명이라고 생각했으면, 그렇게 말할 수 있겠습니까. 전 그걸 보면서, 저 사람은 자기가 고용한 근로자를 사람이 아니라 수단이나 연장이나 도구로 생각한다는 걸 알았습니다. 연장이야 쓰다가 부러져도 바꾸면 그만이죠. 거기에 무슨 인간의 감정이 깃들어 있겠습니까. 그런데 그 노동자는 사람이라는 거예요. 생명이라는 거죠. 사람이고 생명이라고 생각했으면, 그 기업의 총수가 그렇게 얘기할 수 있겠습니까. 저는 그걸 보면서, 저 사람이 꼭 사람이 나빠서라기보다는 자본주의 시장경제 속에 물들어 살다 보니까 인간을 생산의 도구로 생각하는 관념이 생겨서 그런 것 같다는 생각이 들더라고요. 비단 그 사람만 그렇겠습니까. 세계적으로 생명과 생태를 강조하기 시작합니다. 국내에서도 그런 운동이 상당히 많이 일어나죠. 물질이 인간의 행복을 보장한다는 신앙 같은 신념에 매진해오다가 그게 아니라는 걸 깨달아가고 있는 게 아닌가 합니다. 그렇게 보면, 인간이 정신적으로 퇴화하는 것은 아니라고 봅니다. 일정 기간 그렇게 보이기도 하죠. 그렇지만 결국 길게 보면 사람의 생각과 정신은 진화하는 게 아닌가, 저는 그렇게 생각합니다.

사회자   그렇다면 유권자로서의 우리 시민들이 지난 30~40년 동안 주권의식, 정치의식 같은 부분에서 더 성장했다고 보십니까?

윤여준   상대적으로 성장하고 있다고 보죠. 그런데 우리 현실이 요구하는 절박함과 비교해보면, 아직도 성장이 굉장히 더디다고 생각합니다. 선거 때마다 좀 안타깝죠. 민주주의라는 게 추상적 가치 아닙니까. 추상성이 있는 가치이기 때문에 피부에 와 닿지 않거든요. 근데 일상생활에서 민주주의가 실현되지 않아서 큰 불편을 느끼면 안 그렇겠죠. 사실 우리나라가 아시아에서 꽤 높은 수준의 정치적 민주주의를 누리고 있지 않습니까. 비교해보면 일본 다음 단계 정도의 정치적 민주주의를 누리고 있다고 할 수 있죠. 내가 살아가는 데 정치적으로 큰 불편을 안 느끼니까 민주주의가 나와 무슨 관계가 있느냐, 이렇게 생각할 수 있습니다. 그러니까 지도자에게 민주적인 리더십이 요구된다고 아무리 얘기해도 많은 분들이 실감을 못 하시는 거죠. 현실이 절박하다 보니까, 민주주의가 나에게 밥을 주는 건 아니지 않으냐고 생각하기 쉽다는 겁니다. 직접 밥을 주지는 않지만, 민주주의가 내가 먹는 밥그릇의 크기를 결정합니다. 그건 분명하죠. 그러니까 민주주의라는 게 뭡니까. 자유와 평등이 핵심 가치입니다. 국가를 민주적으로 운영하려면 국민이 주인이어야 하죠. 국민이 주인이면 공공성을 생명으로 국가를 운영해야 하는데, 그러려면 밥그릇이 똑같이 커지진 않더라도 골고루 커져야 하지 않겠습니까. 그런데 민주주의가 실현되지 않으면, 내가 당연히 받아야 할 크기의 반밖에 안 되는 밥그릇에 밥을 받게 될 수 있다는 거죠. 그걸 국민들이 아직 실감하지 못하고 있습니다. 그렇기 때문에 리더십의 민주성에 대해서 크게 이의 제기를 하지 않는 것 아니냐, 그런 생각을 할 때가 많습니다.

***
대한민국 지도자에게 필요한 자질

청중 3 말씀 잘 들었습니다. '거대 정당의 좋은 후보가 나오기만을 기다릴 것이 아니라 국민이 직접 적극적으로 나서야 한다. 그리고 제도보다는 행위자가 더 중요하다'는 말씀에 동감합니다. 하지만 투표용지의 원하지 않는 사람들의 이름 중에서 그나마 나은 사람을 고르게 되는 현실이 계속 반복됩니다. 또다시 회의적인 생각이 들 수밖에 없는데요. 이에 대해서 어떻게 생각하시는지 궁금합니다.

윤여준 어쩔 수 없죠.(웃음) 그렇다고 절망하고, 포기하고 있을 수는 없는 것 아닙니까. 수많은 정치인들이 나와서 서로 자기가 나라를 잘 이끌어갈 지도자라고 얘기합니다. 그걸 어떤 기준으로 평가할 거냐. 국가를 통치하는 데 필요한 특별한 자질이라는 게 있습니다. 일반 이론이 있는 건 아닙니다만, 전 대개 대한민국 대통령으로서 갖춰야 할 중요한 자질이 뭐냐고 물으면 여섯 가지 정도를 꼽습니다. 우선 시대적 과제를 제시할 수 있어야 한다. 말하자면, 비전 같은 것이겠죠. 그다음으로, 시대적 과제를 실천하려면 정책을 만들어야 하니까 정책 능력이 있어야 합니다. 정책을 만드는 능력도 필요하고 정책을 집행하는 능력도 필요합니다. 그게 별개의 능력이거든요. 또한, 민주주의 국가는 국정이 국가 제도에 의해 이루어지니까 제도 관리

능력도 굉장히 중요합니다. 그리고 뭐니 뭐니 해도 인사, 사람을 쓰는 능력이 중요하죠. 조선조 때도 늘 인재 등용을 가지고 임금이 고민했습니다. 신하들과 대화를 나눌 때도 가장 많은 부분이 사람에 관한 문제일 정도로 인사는 굉장히 중요한 덕목이었습니다. 그다음에 외교 능력이 있어야 합니다. 마거릿 대처가 이런 얘기를 했죠. "미들 파워(중견 국가)는 외교 능력이 그 국가의 운명을 좌우한다." 강대국이 아닌 중견 국가의 경우에는 외교 능력이 굉장히 중요하죠. 우리 같은 경우는 지정학적 위치 때문에 외교 능력이 특별히 더 중요합니다. 현재 미·중·일 삼국의 움직임을 가만히 보면, 동북아의 새로운 틀을 만들려고 하는 것이 분명해 보입니다. 우리는 분단 상태로 동북아의 한복판에 있으니 그 강대국들이 무엇을 하려고 하는지 긴밀하게 파악해서, 그 속에서 어떻게 국익을 지키고 국가의 안전을 보장해야 하는가를 염두에 두고 외교 능력을 총동원해야 하죠. 그래서 우리의 경우에는 소위 '내셔널 시큐리티(national security)'라고 하는 국가안전보장에 있어서, 국방이 아니라 외교가 더 중요합니다. 그런데 박 대통령의 인사를 보면, 국가 안보를 국방으로 받아들인다는 인상을 받게 됩니다. 국방은 국가 안보의 한 부분이죠. 예를 들면 국정원장도 육군참모총장 출신, 국가안보실장도 육군참모총장 출신, 청와대 경호실장도 육군참모총장 출신이죠. 육군참모총장 출신을 그런 요직에 앉히는 걸 보면 국가안전보장을 국방이라는 개념으로 생각하고 있는 건 아닌가 하는 의심이 들 정도입니다. 우리나라는 특별히 외교 능력이 중요합니다. 그리고 또 하나, 대한민국 대통령으로서 꼭 가져야 할 게 '북한 관리' 능력이죠. 한반도 상황 관리, 한반도 평화 관리라고 표현하기도 합니다. 어쨌든 그 능력이 있어야 해요. 북한은 우리한테 가장 직접적이고, 결정적인 영향을 미치는 존재입니다. 북한과의 관계를 어떻게 잘 유지하고 관리하느냐가 굉장히 중요한 능력의 하나입니다.

이 여섯 가지 능력의 기초가 되는 소양도 있습니다. 예컨대 아주 높고 화려한 고층 빌딩을 보면, 그 높이와 화려함에 찬탄하게 되죠. 빌딩의 기초를 이루고 있는 부분, 눈에 보이지 않는 땅 밑에 있는 부분이 얼마나 잘되어 있는지에 관심을 두어야 합니다. 어떤 종목이든 운동선수에게 있어서 기본은 체력이죠. 히딩크가 국가대표 축구팀을 맡았을 때 제일 먼저 한 게 체력 훈련이었습니다. 우리는 늘 기초를 소홀히 하는 버릇이 있습니다. 제가 말씀드린 여섯 가지 능력과 자질을 떠받치는 기본 소양이 있습니다. 두 가지입니다. 하나는 투철한 공인의식이고, 하나는 민주적 태도입니다. 국가가 갖고 있는 특성을 정확히 파악하고, 공공성이라는 가치에 대한 인식이 투철하다면 공인의식이 생기죠. 그러면 권력을 남용하지 않고, 정실 인사를 하지 않고, 부패가 생기지 않습니다. 역대 대통령들이 모조리 이 공인의식 때문에 실패했습니다. 그다음에 민주적 태도입니다. 민주주의라는 게 제도로만 인식하면 헌법상 완벽한 제도입니다. 문제는 대통령이 국가를 운영하는 방식이 민주적이냐는 것이죠. 제도 따로 있고, 행태 따로 있으면 민주적이 안 되는 겁니다. 그러면 국가 내부에서 여러 가지 비민주적인 일이 벌어지고, 갈등이 생기고, 혼란스러워지죠. 대통령이 되고자 하는 사람 모두 '내가 투철한 공인의식이 있고, 민주주의도 잘 알아' 하는 경우에는 결국 그 사람이 살아온 과거 역사를 봐야 합니다. 한 사람이 특정한 가치를 얘기할 때, 자기 삶을 통해서 자기가 내거는 가치를 지키려고 노력한 사람이냐를 살펴보는 일이 굉장히 중요합니다. 마치 이명박 전 대통령이 광복절 경축사에서 '공정 사회'를 만들자고 했을 때 아무도 감동하지 않았듯이 말입니다. 이명박 전 대통령의 삶이 공정성과 관계되어 있다고 보는 사람이 별로 많지 않았다는 뜻이죠. 그러면 신뢰가 생기지 않습니다. 그러니까 비전이라는 것도 육화된 걸 내놔야 해요. 자기 속에서 이미 체화된 가치를 내놓아야 국민이 그걸 보고, 저 사람은 믿을 수 있다고 여기는 거죠. 그렇게 살아온 사람이기 때문에, 그렇게 판단할 수 있다는 거죠. 선거에 나온 많은 사람들 모두가 현란한 공약을 내걸고, 현란한 제스처를 쓰고, 언변이 훌륭하죠. 그럴 때 저는 앞서 얘기한 두 가지를 유심히 보는 겁니다. 이 두 가지를 그 사람이 살아오면서 어떻게 지켰느냐, 그걸 보면 대개는 크게 틀린 판단은 안 할 수 있다고 생각하거든요.

　후보로 나오지 않은 사람 중에서 찍을 수는 없는 것 아닙니까? 그렇다고 무조건 어느 당이어야 하고, 나와 고향이 같아야 하고, 같은 학교를 나왔어야 하고, 같은 군대를 갔다 오고, 이런 걸 기준으로 하면 우리부터가 주권자로서나 민주 시민으로서 자격이 없는 것이죠. 주권 행사를 이렇게 해놓고, 대통령에게 공공성을 지키라고 요구할 수 있습니까? 안 되는 거죠. 우리부터 냉철한 시민의식으로 공공성의 가치를 중시하는 태도로 사람을 뽑으면 좋은 지도자를 만날 수 있을 것이라고 생각합니다. 시민이 먼저냐, 지도자가 먼저냐. 마치 닭이 먼저냐, 달걀이 먼저냐는 얘기처럼 되었는데요. 어쨌든 우리가 사람을 잘 고르면, 한 번만 좋은 지도자를 뽑으면, 다음에는 그보다 못한 사람이 나오기 어렵습니다. 국민이 한번 수준을 보여줬기 때문이죠. 그러면 나라가 굉장히 빠른 속도로 달라질 수 있다는 것입니다.

순환논법 같은 말씀이라 좀 그렇긴 한데요. 국민에게 달려 있다고 생각할 수밖에 없습니다.

청중4 선생님 말씀 잘 들었습니다. 지금 현재 북한과의 문제에 대해서 어떻게 생각하시는지 궁금합니다. 과연 북한과 흑백논리의 대결 구도에서 벗어나 진정한 평화, 화해, 협력으로 나아갈 수가 있는 건지, 그게 정말 가능한 건지 궁금합니다.

윤여준 먼저 강조해두고 싶은 것이 있습니다. 남북한 관계에서도 무분별한 흑백논리는 마땅히 지양되어야 하겠지만, 여기에는 조금 유의해야 할 측면이 있습니다. 그것은 북한이라는 엄연한 정권의 실체를 인정하고 상대해야 한다는 것이지, 그렇다고 북한 체제와 그 가치까지를 수긍하는 식의 상대주의는 아니라는 점입니다.

우리가 북한을 당근 위주로 다루었던 시기가 김대중, 노무현 정부 10년이었습니다. 경제협력을 해서 많은 경제적인 지원을 하면 핵을 없애는 등 평화를 위해서 나올 거라는 희망을 가지고 지속했는데, 북한은 핵 개발로 대답을 한 셈이 되었으니 성공했다고 보기 어렵죠. 그 이후에 이명박 전 대통령 같은 경우는 제재와 압박 일변도로 갔습니다. 그러면 북한이 무너지거나 항복을 했어야 하는데, 결과적으로 보면 오히려 핵 개발할 시간만 벌어준 꼴이 되어버렸죠. 그러니까 당근만 쓰는 정책도 실패했고, 채찍만 쓰는 정책도 일단 실패했다고 평가하는 겁니다. 북한을 대할 때도 소위 협상의 일반 원칙을 적용해야 한다고 생각합니다. 당근과 채찍을 필요할 때마다 쓰는 거죠. 당근만 써도 안 되고 채찍만 써도 안 되니까 그걸 적절히 섞어서 쓸 수밖에 없는데, 이게 협상의 일반 원칙이죠. 북한 입장에서는 현재 내부적으로 경제가 몹시 어렵잖아요. 경제 문제를 해결하려면 개방해서 외자를 들여와야 하고요. 외국의 자본과 기술을 들여와서 경제를 일으켜야 하는데 그러면 또 체제가 문제가 되지 않습니까. 북한 입장에서는 대외 개방이나 대내 개혁이 별개가 아니라 하나입니다. 내부적으로 체제를 개혁하지 않고서는 외국 자본이 들어오지 않잖아요. 그래서 굉장히 진통을 겪고 있는데요. 북한이 이판사판이라는 생각을 하게 만들면 곤란합니다. 앉아 죽으나 서서 죽으나 마찬가지라고 한다면 한번 해보려고 하지 않겠습니까. 북한을 몸부림치게 하지 말아야 한다고 봅니다. 우리는 한미 군사동맹을 맺고 있습니다. 안보를 미국에 의존하고 있지 않습니까. 경제는 거의 중국에 의존하고 있습니다. 중국과의 교역량이 세계 어느 나라의 것을 합친 것보다도 많아요. 중국과 경제적 관계에 문제가 생기면 우리 경제가 마비된다고까지 하지 않습니까. 군사적으로는 미국에 의존하고 있고 경제적으로는 중국과의 교역에 의존하고 있는 상태에서, 북한이 몸부림을 치면서 무너지면 한반도에서 미국과 중국이 충돌하게 됩니다. 한반도에서 미·중이 부딪치게 되면 우리 입장에서는 미국 쪽에 섭니까, 중국 쪽에 섭니까? 아주 곤혹스러워지고, 자칫하면 국익에 큰 해가 되는 일이 벌어집니다. 국제적으로도 소위 '한반도 리스크'라는 게 생겨서, 우리 경제가 굉장한 타격을 입겠죠. 가능한 한 그걸 피해야 합니다. 우리나라 대통령이 일부러 갈등을 만들려고 하는 건 아니겠지만, 북한을 다룰 때 좀 섬세하게 다루었으면 좋겠다는 생각입니다. 뾰족한 방법은 없어요. 북한이라는 존재가 우리에게 이중적인 성격을 가지고 있잖아요? 동포이면서 한편으로는 적이죠. 남북 기본 합의서에 있는 것처럼 통일로 향하는 과정에서 특수 관계 아닙니까? 그렇기 때문에 많이 고민하고, 아주 섬세하게 상황을 관리해야 한다는 거죠.

사회자 질문이 많으시겠지만, 시간 관계상 양해를 구하겠습니다. 마지막으로 제 질문이 하나 있어요. 아까 네 개의 기둥 가운데 국민의 참여를 말씀하시면서, 우리 과거 정부가 분출하는 시민들의 정치 참여 에너지를 수렴할 제도를 만들어내지 못했다는 말씀을 하셨습니다. 그러면서 그에 대한 고민이 필요하다고 지적하셨는데, 염두에 두신 구체적인 방안이 있으십니까?

윤여준 그게 있으면 제가 대통령 선거에 나갔죠.(웃음) 요즈음 학자분들 사이에서 '숙의 민주주의', '합의제 민주주의' 같은 용어가 자주 나오는데요. 아직 담론 수준이긴 합니다. 하지만 이건 당면한 국가적인 과제이니까요, 여러 사람이 지혜를 모으고, 사회적 합의를 봐야 합니다. 그 논의 과정을 공개해야 하고요. 그 과정을 따라가면서 이해하는 일이 필요하지 않나, 그런 생각이 듭니다.

사회자 '새로고침'을 주제로 〈한겨레21〉 인터뷰 특강, 3주에 걸쳐서 달려왔습니다. 정말 마무리해야 할 시간인데요. 저는 사실 두려운 마음으로 이번 강연의 사회를 맡았고, 3주 내내 조마조마함에서 벗어나지를 못했습니다. 그래서 지금 이 순간이 참 행복합니다. 제가 사회를 그리 잘 못 봤기 때문에 내년에 의뢰가 없을 것으로는 알지만, 혹시 의뢰가 있더라도 내년에는 제가 복직해서, 방송 때문에 바빠서 못 했으면 합니다.(웃음) 여러분과의 인사는 여기서 해야 할 것 같습니다. 고맙습니다.

새로고침
열 번째 인터뷰 특강

ⓒ 은수미 정재승 표창원 홍세화 박래군 윤여준 2013

초판 1쇄 인쇄 2013년 8월 21일
초판 1쇄 발행 2012년 8월 26일

지은이 은수미 정재승 표창원 홍세화 박래군 윤여준
펴낸이 이기섭
편집인 김수영
책임편집 정회엽
기획편집 임윤희 김윤정 이지은 이조운 김준섭
마케팅 조재성 성기준 정윤성 한성진 정영은
관리 김미란 장혜정

펴낸곳 한겨레출판(주) www.hanibook.co.kr
등록 2006년 1월 4일 제313-2006-00003호
주소 121-750 서울시 마포구 공덕동 116-25 한겨레신문사 4층
전화 02)6383-1602~1603 **팩스** 02)6383-1610
대표메일 book@hanibook.co.kr

ISBN 978-89-8431-734-5   03810

- 책값은 뒤표지에 있습니다.
- 파본은 구입하신 서점에서 바꾸어 드립니다.